# 정부역할의 재정립

## - 행정 -

김동욱 · 최태현 · 김순은
이수영 · 김봉환 · 엄석진

박영사

# 서  문

2000년대에 들어 정부의 역할에 대한 논의가 확대되고 있다. 정보화·세계화 시대의 도래와 함께 행정환경은 하루가 다르게 변화하고 있는 반면 정부의 역할과 범위는 시대의 조류에 뒤쳐져 있다는 지적을 받고 있으며 이에 따라 정부역할의 재정립 논의는 학계는 물론 정부 차원에서도 중요한 화두가 된 것이다.

한국 정부의 역할은 크게 3개 시기로 나누어 변화되었다. 1960년대 산업화 과정에서 정부는 국가 전반에 걸쳐 매우 강한 역할을 하였고 고도 경제성장을 견인한 동력이 되었다. 1988년 이후 민주화 이행시기에는 시장의 자율을 인식하고 그 동안의 정부주도형 성장전략에서 보다 중립적이고 간접적인 개입을 하는 정부 체제로 전환되었다. 1997년 외환위기 이후에는 정부의 시장 개입을 대폭 축소하고 작은 정부와 시장자율 체제를 추구하였다. 그러나 2000년대에 들어 행정환경이 급변함에 따라 정부의 역할에 대한 논의가 다시금 활발해지고 있다.

본질적으로 정부역할의 재정립 문제는 현재의 문제이면서 동시에 미래 사회의 정부의 역할에 관한 논의이기도 하다. 왜냐하면 현재의 행정환경에서 타당하다고 생각되어 설정한 각 주체의 역할이 미래의 환경 하에서는 전혀 새롭게 재편될 수도 있기 때문이다. 따라서 정부역할 재정립에 대한 논의는 거시적·통시적인 관점에서 전개될 필요가 있으며 특히 과거에서 현재까지 정부의 역할이 어떻게 변화해 왔으며 그 과정에서 나타나는 일련의 대응방식이나 특성들은 무엇이었는지를 검토해봄으로써 미래 사회에 나타나게 될 변화에 대한 예측력 제고와 효과적인 역할 정립 방안을 도출해낼 수 있을 것이다.

서울대학교 행정대학원 정책지식허브연구센터는 정부역할의 재정립에 관한 주요 쟁점들에 대해 해당 분야의 학자·공무원·기타 전문가들과 함께 이론적·실천적 측면에서 활발한 토론을 계속하여 왔고, 토론 결과물로서의 정책지식을 꾸준히 구축하여 왔다. 또한 정부역할의 재정립과 관련하여 외국의 사례·제도를 연구하여 왔고, 세부적인 분야에 관한 연구결과물을 데이터베이스화함으로써 피상적인 논의가 아닌 적실성을 담보한 연구결과를 도출해왔다.

본서는 위와 같은 서울대학교 행정대학원 정책지식허브연구센터의 연구 결과물 가운데 '정부역할의 재정립'에 대한 행정 분야의 연구주제들을 모아 여섯 개의 장으로 정리해 놓은 내용으로 이루어져 있다.

제1장에서는 중앙정부의 기능 재정립과 조직 구조 개편에 관해 논의하고 있다. 먼저 국정기조가 시대별로 주요 내용을 달리해왔음을 간략히 서술하며, 현 정부의 4대 국정기조와 그에 따른 전략을 개괄하였다. 이어 세계 질서와 국내 환경이 정형화된 패턴에서 벗어나 빠르게 변화하고 있으며, 이에 따라 전문성·개방성·유연성을 갖춘 국가 조직 구조가 구축될 필요성을 제시하였다. 그러나 여전히 한국의 국정이 중앙집권적 정부를 중심으로 운영되고 있으며, 이러한 방식이 점차 효율성과 효과성을 잃어가고 있음을 지적하였다. 따라서 앞으로 중앙정부는 민간 부문과의 관계뿐 아니라 지방정부와의 관계에서도 협력 환경을 조성, 보조하는 역할을 수행해야 한다고 보았다. 그리고 이러한 문제의식에 따라 차기 정부의 국정기조로서 개방, 협력, 창의를 제시하였다. 또한 보다 효과적인 국정 수행을 위해 정부 조직이 기능을 중심으로 구조화되어야 함을 제언했다. 이에 의해 국가의 주요 기능을 최고의사결정 기능, 지원통제 기능, 국가 및 사회질서 유지 기능, 경제산업공간 기능, 교육문화복지 기능 등 5개 분야로 나누고, 각 기능을 담당하는 조직의 현황을 점검하였다. 그리고 이를 토대로 각 분야에 따라 축소 또는 확대되어야 할 기능을 제시하였다. 이러한 고찰을 통하여 제1장에서는 중앙정부의 기능을 재정립하고 중앙정부 – 지방정부 – 민간 부문의 역할 설정에 대한 새로운 대안을 제시하고 있다.

제2장에서 최태현 교수는 한국의 제도적 맥락에서 실효성 있는 공식적 시민 참여 제도에 대해 논의하고, 이를 위한 정부 역할을 모색하였다. 저자는 한국이 발전국가 패러다임 안에서 성장해왔으며, 시민참여제도에 있어서도 발전국가적 맥락이 투영되어 있음에 주목하였다. 따라서 한국의 시민참여는 정부주도적인 하향적, 공식적 시민참여 중심으로 이루어졌다고 설명한다. 저자는 이에 따라 전통적 행정패러다임과 참여적 행정패러다임의 쟁점들을 살펴보고, 실제 운영되고 있는 한국의 제

도화된 시민참여사례로서 주민참여예산제와 개발·위험시설 입지에 대한 시민참여 사례들을 살펴보고 소개하였다. 이를 통해 비록 한국의 시민참여의 형태가 이상적 이라고 볼 수는 없지만, 한국의 역사·정치·문화적 맥락을 고려하였을 때 제도화 되고 있는 시민참여의 여러 형태들이 나름의 의의를 가진다는 것을 밝혔다. 시민 참여 행정의 확대는 현대사회의 복잡한 정책문제 해결에 필수적이라는 것을 주지 하고, 한국의 시민참여가 바람직하게 발전하고 활성화될 수 있도록 현재 존재하고 있는 시민참여제도의 변화를 포괄하는 정부역할의 재정립을 요구하였다.

    제3장에서 김순은 교수는 지방분권과 중앙정부−지방정부 간 역할배분에 대해 논의하였다. 먼저 미국, 영국, 독일, 일본 등의 국가는 역사적으로 국가체제를 개혁 하는 과정을 반복해왔음을 지적하며, 현대에 들어 지방분권 개혁이 정부혁신의 주 요 과제가 되었음을 주지하였다. 이에 따라 일본, 영국, 한국 등 3개국의 지방분권 현황을 중점적으로 분석하였다. 또한 이를 토대로 지방분권의 추세 하, 한국의 중 앙−지방정부 간 기능 배분과 관계 정립에 대한 구체적 방향성을 제시하고자 하였 다. 저자는 이명박 정부의 조정기를 거쳐 현 정부에 들어 지방분권이 정책적 시련기 를 맞고 있는 실정이라고 지적하였다. 그럼에도 불구하고 오늘날 지방분권은 정치 적으로는 권력분립에 의해, 경제적으로는 지방분권의 정리에 의해 그 타당성을 인 정받고 있는 주요한 국정과제로서 인식되고 있다고 논하고 있다. 이에 따라 민주성 을 제고하고, 보다 효율적인 행정구조를 구축하기 위해서는 중앙정부, 상위 지방정 부, 하위 지방정부 각각의 역할과 기능이 일정한 기준과 보충성의 원칙에 따라 배분 되어야 함을 제언하였다.

    제4장에서 이수영 교수는 정부의 인사행정혁신의 현황과 이를 둘러싼 쟁점들 에 대해서 논의하고 있다. 저자는 정부의 인사행정혁신의 하나로서 2014년 신설된 인사혁신처가 추진하고 있는 다양한 정책들에 대해서 소개한다. 저자는 이러한 노 력들에 대해서는 긍정적인 시각들도 존재하지만 우려도 동시에 제기되고 있는 상황 임을 강조한다. 이에 채용의 혁신 측면, 공무원 교육의 정상화 측면, 전문성 강화 및 인사관리 측면, 공무원 삶의 질 측면으로 나누어 인사혁신처가 추진하고 있는 다양 한 정책들에 대하여 비판적으로 검토하고 있다. 이를 바탕으로 현재 진행되고 있는 인사혁신정책들의 지속가능성과 실현가능성을 고려하였을 때, 공무원시스템 혁신과

공무원들의 사기를 양양시킬 수 있는 혁신 전략이 필요함을 제언하였다.

제5장에서 김봉환 교수는 한국 정부회계체제상 현금주의 예산제도에서 발생주의 예산제도로의 전환이 필요한지를 논의하였다. 먼저 그간 발생주의 예산제도의 국내 도입에 대한 보다 면밀한 연구와 검토가 부족했음을 지적하며, 그의 개념, 특징, 종류, 형식, 장·단점 등을 간략히 살펴보았다. 이어 OECD 가입국 가운데 발생주의 예산제도를 채택한 국가들의 제도적 현황을 살피고, 이로부터 시사점을 도출하였다. 발생주의 예산제도를 국내에 도입하기 위해서는 발생주의 예산의 도입 정도, 대상사업, 예산의 승인방법, 제도 도입을 위한 인프라 확충 등 다양한 측면을 고려해야 한다고 제언하고 있으며, 제도의 전면적인 도입은 사회적 혼란과 각종 문제를 유발할 수 있으므로 단계적 접근이 필요하다고 보았다. 이에 따라 발생주의 예산제도를 우선 부채를 유발하는 사업에 부분적으로 도입할 것을 제안하였으며, 그 경우 사용될 수 있는 예산서의 양식을 함께 제시해 보다 현실적인 제도 활용방안을 모색하고자 하였다.

제6장에서 엄석진 교수는 스마트정보기술의 발전에 따른 전자정부의 변화에 대하여 논의하였다. 저자는 정보통신기술이 매년 더 빠르게 발전해감에 따라, 기존의 전자정부의 개념을, '스마트정부'로 재정립하려는 움직임이 있다고 설명한다. 그러나 이에 대한 연구가 아직은 부족함을 지적하며, 스마트 정부에 대한 이론적 논의들을 제공한다. 또한 고도의 전자정부 시스템을 갖추고 있다고 평가받고 있는 한국의 스마트정부 현황과 수준을 살펴보기 위하여 한국의 지방자치단체의 스마트폰 앱 활용 양태를 살펴보고, 이에 대한 발전수준도 측정하였다. 이를 바탕으로 한국의 스마트정부수준을 제고하기 위한 극복요인들에 대해서 이론적으로 살펴보았다. 마지막으로 저자는 스마트정부의 구축이라는 혁신을 위해서는 제도적·관리적 혁신의 필요성, 다양한 기관과 이해관계자들 간의 협력 촉진, 민간부문과의 지식중개자로서의 정부의 리더십이 요구됨을 밝혔다.

여기에 소개된 글들은 모두 서울대학교 행정대학원 정책지식허브연구센터에서 생산·구축·유통한 정책지식을 일부는 발췌하고 또 일부는 새롭게 정리한 것이다. 각 장에 수록되어 있는 정책지식의 세부자료를 열람하고 싶은 사람들은 정책지식허브연구센터 홈페이지(http://www.know.or.kr/)를 참조하기 바란다. 또한 본서와 함께 정책분야에서의 '정부역할의 재정립'에 대한 책도 출간된다. 이 두 권의 책이 한국 정부의 역할 재정립에 등불이 될 수 있기를 기대한다.

　　마지막으로 이러한 책이 나올 수 있도록 수고하신 분들의 노고에 대해 언급해야 할 것 같다. 연구주제의 선정부터 실제적 기획과 연구진행을 주도한 정책지식허브연구센터장 박상인 교수, 연구과 강의로 바쁜 일정에도 불구하고 시간을 쪼개어 연구에 참여한 김순은 교수, 김봉환 교수, 이수영 교수, 엄석진 교수, 최태현 교수의 수고가 많았다. 그리고 연구 준비를 비롯하여 원고의 마지막 교정까지 인내와 봉사로 임하여준 석사과정 최민지 학생에게도 감사의 말을 전한다.

2016년 2월
관악에서 대표저자　김동욱

# 차     례

# 제1장

# 중앙정부의 기능 재정립

## [김 동 욱]

> 제 1 장

# 중앙정부의 기능 재정립[1]

## Ⅰ. 국정기조

### 1. 박근혜 정부 이전 국정기조

국정기조(國政基調)란 국정운영의 기본이 되는 국정철학이나 국정방향을 말한다. 국정기조는 거시적·총체적 기조와 분야별·구체적 기조로 나누게 된다. 국정기조는 대개 국정철학(government philosophy), 국정비전(government vision), 국정원리(government principle), 국정목표(government objective), 국정지표(government guideline) 등으로 세분화된다(황윤원, 2007).

국정기조는 시대별로 주요 내용을 달리하고 있다. 이승만 정부에서는 건국기라는 시대적 상황과 6.25전쟁 등의 영향으로 주로 국가와 국민형성, 전후 복구 등을 국정기조로 제시하였다. 장면 정부에서는 이승만 정부가 안고 있었던 비민주적 문제, 부패 문제 등을 해소하는 것을 주요한 기치로 천명하였다. 박정희 정부에는 근대화, 안보, 경제자립을 국가 운영 근간으로 삼았다. 전두환 정부와 노태우 정부에서는 경제의 지속적 발전과 중진국으로서 면모를 갖추는 것을 목표로 하였다. 김영삼 정부와 김대중 정부에는 민주주의의 정착, 국민 화합, 경제 위기 극복 등을 제시

---
1) 이는 2014년 정부(교육부)의 재원으로 한국연구재단의 지원을 받아 수행된 연구임(NRF-2014S1A3A2044645).

하고 있다. 노무현 정부에서는 민주주의의 완성을 과제로 삼으면서 참여와 균형이 주요한 가치로 등장하였다. 이명박 정부에서는 중진국에서 선진국으로 도약을 목표로 삼고 시장경제의 활성화, 세계 시장 진출 등을 추진하였다.

## 2. 박근혜 정부의 국정기조

박근혜 정부에는 경제부흥, 국민행복, 문화융성, 평화통일 기반 구축을 4대 국정기조로 제시하고 있다.

경제부흥을 위해서는 창조경제, 경제민주화, 민생경제를 3대 전략으로 제시하고 있다. 창조경제 건설을 위해서는 과학과 ICT를 기반으로 하여 신산업, 신시장을 개척하고 창업과 투자가 활발한 경제 생태계를 조성하고자 한다. 경제민주화는 경제적 약자 보호, 대기업과 중소기업 동반성장, 공정경쟁을 가능하도록 시장의 규칙을 제시하고자 하였다. 민생경제는 서민생활 안정과 안정적 경제운영을 과제로 제시하고 있다.

국민행복을 위해서는 맞춤형 고용·복지, 창의교육, 국민안전, 사회통합을 4대 전략으로 제시하고 있다. 맞춤형 고용·복지를 제공하기 위해서는 생애주기별로 맞춤형 복지를 제공할 수 있도록 하고 자립을 할 수 있는 지원 체계를 구성한다. 또한 보육과 교육 측면 복지를 강화하고 여성 고용 활성화를 통해서 저출산을 극복하고자 한다. 창의교육을 위해서는 창의성과 전문성을 양성할 수 있는 교육을 실시하고 스펙을 초월한 능력 중심의 사회를 위한 여건을 조성하고자 한다. 국민안전을 위해서는 범죄·재난으로부터 안전하고 쾌적한 삶을 위한 환경관리를 제시하고 있다. 사회통합을 위해서는 통합과 화합을 추구하고 지역균형발전과 지방분권을 추구한다.

문화융성을 위해서는 문화 참여확대, 문화·예술 진흥, 문화와 산업의 융합을 3대 전략으로 제시하고 있다. 이를 위해서 구체적으로는 문화재정을 확충하고 문화 참여 기회를 확대하여 문화격차를 해소하고자 한다. 또한 문화·예술 진흥을 위해서 예술인을 지원하고 문화유산 보존을 강화하고자 한다. 문화와 산업의 융합을 위해서는 콘텐츠 산업, 고부가 관광 산업 등을 육성하고자 한다.

평화통일 기반 구축을 위해서는 튼튼한 안보, 한반도 신뢰 프로세스, 신뢰외교를 3대 전략으로 제시하였다. 이를 위해서 한미동맹의 지속적 발전 및 주변국과의 국방협력 강화, 남북간 신뢰형성, 한미동맹과 한중 동반자 관계의 조화·발전 및 한일관계 안정화 등을 제시하였다.

## 3. 향후 요구되는 국정기조

차기 정부에 요구되는 국정기조의 핵심은 개방, 협력, 창의로 제시할 수 있다.

개방은 경제뿐만 아니라 국가사회 전반적인 측면에서 지향해야 할 바이다. 경제 면에서 우리나라는 국내총생산에서 무역이 차지하는 비율(무역의존도)이 75%~90%에 이를 정도로 높다.[2] 사회 측면에서는 우리나라는 다양한 구성원이 활동하는 사회로 변모하고 있다. 외국인의 경우 2014년 우리나라에 입국한 외국인은 1,400만 명을 넘었다. 이 중 거주, 영주, 결혼 이민자는 20만 명이 넘으며 방문취업을 목적으로 한 경우까지 합산하면 60만 명에 이른다.[3] 외국인뿐만 아니라 그 동안 경제·사회 활동에서 소외되어왔던 장애인, 여성, 노인 등도 경제·사회 활동의 욕구가 높아지고 있다. 또한 사회 각 분야에서 유리천장(glass ceiling)을 없애야 한다는 주장들이 나오고 있다. 정치 측면에서는 이민자의 정치 참여가 나타나고 있으며 재외국민의 투표권도 인정되고 있다. 이러한 변화들은 개방 이전의 제도·법에 대한 변화를 요구한다. 이러한 변화는 단순한 양적 측면의 규제완화(deregulation)가 아니라, 국가의 구조를 둘러싸고 있는 다양한 요소들을 포괄적으로 고려하는 제도 형성적(institution building) 차원에서 논의되어야 한다.

협력은 정부 간의 협력뿐만 아니라 정부와 민간, 국제기구, 입법부, 정당 등 다양한 차원에서 요구된다. 민주화 이전에는 중앙정부는 우리나라의 많은 행위자 중 재원과 정보, 능력, 인재 등이 가장 풍부한 부문이었다. 이에 따라 중앙정부를 중심으로 하여 정부 우위의 협력 관계가 구축되었다. 하지만 기술 환경이 고도화되고 분야별 세부 영역이 조성되면서 정부 중심의 협력 체계는 효율성과 효과성을 잃어가고 있다. 따라서 이전과 달리 중앙정부는 협력 관계에 있어서 주도하는 역할이 아닌

---

2) http://stat.kita.net/
3) 법무부. (2014). 출입국·외국인정책 통계연보.

협력 환경을 조성하고 보조하는 역할에 중점을 두어야 한다. 이는 정부와 민간 부문 간의 관계뿐만 아니라 중앙 정부와 지방 정부 간의 관계에서도 마찬가지이다. 해당 지역의 공공서비스 수요를 가장 잘 파악할 수 있는 지방 정부에서 협력의 방향과 내용을 정해야하며 중앙정부는 협력의 적절성 여부를 판단하고 지원하며 향후 성과를 평가하여 책임을 명확히 하는 역할에 집중하여야 한다.

　　창의는 현재 우리나라가 경험하고 있는 저성장·고실업을 벗어나기 위해서 필요하다. 2008년 글로벌 금융위기와 2010년 유럽 재정위기 이후, 전세계적으로 저성장과 낮은 고용률이 일반적 현상으로 고착화 되었고 우리나라에서도 이러한 현상이 나타나고 있다. 이에 저성장과 고실업의 돌파구로서 창의성과 아이디어, 기술을 중심으로 하는 지식 기반 창업기업이 주목을 받고 있다. 하지만 우리나라에서는 생계형 창업의 비율이 기회형 창업 활동에 비하여 월등히 높은 실정이다.[4] 이는 개인의 창의성을 직업과 사업으로 연계시켜주는 시스템이 부족함을 보여주는 반증이기도 하다. 차기 정부에는 저성장·고실업의 늪을 탈출하고 선진국으로 도약하기 위해서 개인의 창의성이 최대한 발휘될 수 있는 환경을 조성할 필요가 있다. 페이스북 (Facebook), 애플(Apple), 구글(Google), 알리바바(Alibaba), 샤오미(Xiaomi) 등의 사례에서 알 수 있듯이 현재는 창의적이고 진취적인 한 명의 역할이 매우 중요하다. 이러한 창의적이고 진취적인 인재를 육성하기 위해서는 경제, 교육, 법제도 등 모든 방면에서의 변화가 필요하다. 개인의 창의성이 직업과 사업으로 이어질 수 있도록 도전과 모험이 용이한 경제 환경 그리고 창의성을 발휘할 수 있는 교육 환경이 조성되어야 한다. 또한 상속을 통한 부의 축적보다는 자수성가를 통한 부의 축적이 우대받는 문화를 조성하여야 하며 이를 제도적으로 뒷받침해야 한다.

---

4) 강요셉·최동혁. (2013). 창조경제시대 한국 창업생태계 현황과 과제: 국가 간 창업 지표 비교를 중심으로. 한국 과학기술기획평가원 이슈페이퍼 2013-20.

## II. 국가 기능 조정

### 1. 박근혜 정부의 정부조직개편

제18대 대통령직 인수위원회는 2013년 1월 15일 서울 삼청동 대통령직인수위원회 공동기자회견장에서 정부조직개편안을 발표하였다.

박근혜 정부의 정부조직은 기본적으로 부문별 컨트롤타워 기능의 수립을 통해 부처 간 칸막이를 낮추고 갈등을 줄여서 협업을 통해 행정효율화를 달성하고, 공공정보의 개방과 공유 수준을 높여 국민들에게 맞춤형 서비스를 제공할 수 있는 정부 3.0을 달성하겠다는 것을 목표로 하고 있다(홍성걸, 2013).

우선 최고의사결정 기구들의 변화를 보면 다음과 같다. 청와대는 3실 10수석으

〈표 1〉 이명박 정부, 18대 대통령 인수위안, 조직 개편 결과 비교

|  | 이명박 정부 말기 | 인수위 제안내용 | 개편결과 |
|---|---|---|---|
| 부 | 기획재정부, 교육과학기술부, 외교통상부, 통일부, 법무부, 국방부, 행정안전부, 문화체육관광부, 농림수산식품부, 지식경제부, 보건복지부, 환경부, 고용노동부, 여성가족부, 국토해양부 | 기획재정부, 미래창조과학부, 교육부, 외교부, 통일부, 법무부, 국방부, 안전행정부, 문화체육관광부, 농림축산부, 산업통상자원부, 보건복지부, 환경부, 고용노동부, 여성가족부, 국토교통부, 해양수산부 | 기획재정부, 미래창조과학부, 교육부, 외교부, 통일부, 법무부, 국방부, 안전행정부, 문화체육관광부, 농림축산식품부, 산업통상자원부, 보건복지부, 환경부, 고용노동부, 여성가족부, 국토교통부, 해양수산부 |
| 처 | 법제처, 국가보훈처 | 법제처, 국가보훈처, 식품의약품안전처 | 법제처, 국가보훈처, 식품의약품안전처 |
| 청 | 국세청, 관세청, 조달청, 통계청, 검찰청, 병무청, 방위사업청, 경찰청, 소방방재청, 문화재청, 농촌진흥청, 산림청, 중소기업청, 특허청, 식품의약품안전청, 기상청, 해양경찰청, 행정중심복합도시건설청 | 국세청, 관세청, 조달청, 통계청, 검찰청, 병무청, 방위사업청, 경찰청, 소방방재청, 문화재청, 농촌진흥청, 산림청, 중소기업청, 특허청, 기상청, 해양경찰청, 행정중심복합도시건설청 | 국세청, 관세청, 조달청, 통계청, 검찰청, 병무청, 방위사업청, 경찰청, 소방방재청, 문화재청, 농촌진흥청, 산림청, 중소기업청, 특허청, 기상청, 해양경찰청, 행정중심복합도시건설청 |
| 종합 | 15부 2처 18청 | 17부 3처 17청 | 17부 3처 17청 |

출처: 하태수, 2015.

로 변경되었고 경호실장, 국가안보실장, 비서실장이 장관급으로 변경되었다. 책임총리제·책임장관제의 실현을 강조하면서 정부체제운영의 효율성과 합리성 강화를 추구하였다.

그 외에 중앙정부 조직은 박근혜 정부에서는 이명박 정부의 15부 2처 18청을 17부 3처 17청으로 변경되었다. 이러한 조직 개편은 대통령직인수위원회가 발표한 안 이후에 정부조직법 개정에 이르기까지의 과정에서 부처 간 기능의 조정과 배분은 상당 부분 그 내용이 변경되었다(박수경, 2013). 〈표 1〉은 이명박 정부 말기, 18대 대통령직 인수위원회가 제안한 조직개편 내용, 최종 조직개편 결과를 비교한 것이다.

2013년 9월 새만금개발청을 신설하였고, 2014년 11월 정부조직 개편에 따라 안전행정부의 안전정책기능, 해양경찰청, 소방방재청을 통합하여 국민안전처(장관급)를 신설하고 안전행정부의 인사 기능을 인사혁신처로 분리하고 안전행정부의 나머지 기능을 행정자치부가 담당하게 되었다. 2016년 2월 현재 정부조직은 2원, 5실, 17부, 4처, 6위원회, 16청이다.

## 2. 국가 기능 조정의 방향

정부조직은 대통령의 국정의제를 실현하는 통치수단이며 추진체계이기 때문에 대통령은 국정의제를 성공적으로 수행하고 이에 대한 정치적 의지를 표방하기 위하여 때때로 정부조직 개편 및 정부 기능 조정을 수단으로 활용하기도 한다. 정부조직 개편은 크게 구조적인 개편과 기능적인 개편으로 볼 수 있다. 구조적 개편은 기존에 없던 새로운 조직을 신설하거나, 조직의 이름을 개칭, 또는 조직의 지위를 상위로 격상하는 것, 통폐합, 그리고 개편 후 강화 및 축소되는 것을 포함한다. 기능적인 조직개편은 기존의 조직에 필요한 새로운 기능을 추가하거나, 기능을 축소하거나, 조직에 새로운 권한을 부여하거나, 타 부처로 기능을 이관하는 것을 포함한다(이윤경 외, 2011).

차기 정부의 국정 기조를 실현하기 위한 정부 조직은 전략적이고 기능 중심적으로 재편되어야 한다. 세계 질서와 국내 환경이 정형화된 패턴에서 벗어나 쉽게 예측하기 어려울 정도로 빠르게 변화하고 있기 때문에 과거에 만들어진 정부 조직의 업무분장 패러다임에 얽매이지 않고, 국정 기조를 효과적으로 집행할 수 있는 전문성·개방성·유연성을 갖춘 조직 구성이 필요하다. 동시에 최고의사결정 기구에서는 국가의 미션을 명확히 하고, 미션을 수행하는데 필요한 전략적 요소들을 충분히 고려해야 한다. 이 과정에서 대통령의 전략적 판단을 지원하고 미션을 집행할 수 있는 총괄·전략 조직을 마련하는 것이 필요하다. 그리고 개별 부처가 더욱 전문적으로 국가의 미션을 수행할 수 있도록 기능 중심으로 정부 조직이 구조화되어야 한다(김동욱, 2012).

## 3. 5개 분야 기능 조정

여기에서는 국가 기능을 크게 5개 분야로 구분하였다. 5개 분야는 최고의사결정 기능, 지원통제 기능, 국가질서유지 기능, 경제산업공간 기능, 교육문화복지 기능이며 자세한 내용은 다음과 같다.

① 최고의사결정 기능과 조직은 정부의 최고 정책결정과 책임을 지는 조직으로 대통령과 국무총리의 보좌와 참모 기능을 수행하거나 의사결정을 지원하는 대통령비서실, 국무조정실 등의 정규 조직과 대통령과 국무총리를 자문하는 각종 자문기구 등이 있다. ② 지원통제 기능과 조직에 있어서는 현재 기획·통제 기능을 수행하고 있는 행정조직으로서 행정자치부, 기획재정부, 감사원, 국민권익위원회 등이 있다. ③ 국가질서유지 기능과 조직으로는 국가정보원, 국가인권위원회, 국민권익위원회(부패방지), 국민안전처, 외교부, 통일부, 국방부, 법무부, 경찰청 등이 있다. ④ 경제산업공간 기능은 산업통상자원부, 기획재정부(거시경제, 세제, 국제금융), 미래창조과학부, 환경부, 국토해양부, 해양수산부와 중소기업청, 산림청 등의 외청이 담당하고 있다. ⑤ 교육문화복지 기능을 담당하고 있는 조직으로는 교육부, 문화체육관광부, 문화재청, 보건복지부, 여성가족부 등이 존재한다.

이 글에서는 위와 같이 5가지로 구분한 분야의 조직 및 기능에 대한 현황을 살펴보고, 향후 확대되어야 하는 기능과 축소되어야 하는 기능을 검토하고자 한다. 다만 정부 조직의 구조적인 개편보다는 기능적인 개편에 중심을 두고 대안을 제시하고자 한다.

### 1) 최고의사결정 기능과 조직

#### (1) 최고의사결정 기능과 조직의 현황

정부의 최고정책결정을 하고 최종책임을 지는 조직으로서 대통령과 국무총리의 보좌와 참모 기능을 수행하거나 의사결정을 지원하는 대통령 비서실, 국가안보실, 대통령 경호실, 국무조정실, 국무총리비서실과 같은 정규 조직이 존재한다. 이외에도 대통령과 국무총리를 자문하는 각종의 자문기구들이 존재한다.

##### 대통령 비서실

박근혜 정부는 출범 이후, 기존의 대통령실에서 경호실을 분리하고 대통령 정책보좌기능을 담당하는 비서실을 설치하였고, 국가안보실을 새로 신설하여 3실 9수석비서관체제로 조직 개편을 단행하였다. 이후 2014년 10월에 인사시스템을 보완하기 위하여 인사수석을 신설하여 2016년 1월 현재에는 10수석체제로 운영되고 있다. 비서실장 하에 정책조정·정무·민정·외교안보·홍보·경제·미래전략·교육문화·고용복지·인사 등 10수석이 있다.

##### 국가안보실

국가안보실은 외교·국방·통일정책을 총괄하는 컨트롤타워로서 활용하고자 신설되었다. 국가안보실에는 국가안전보장회의(NSC) 상임위원장을 겸하는 국가안보실장과 국가안보실 제1차장과 2차장이 있다. 제1차장은 국가안전보장회의 사무처장을 겸하며, 2차장은 외교안보수석비서관을 겸임한다. 이하로는 5명의 비서관을 두고 있는데 정책조정비서관(NSC 사무차장 겸직), 안보전략비서관, 정보융합비서관, 위기관리센터장, 사이버안보비서관이 있다. 사이버안보비서관은 2015년 3월에 신설되었는데, 이는 한국수력원자력 원전 해킹 등 북한 소행 추정의 사이버 테러들로 인하여 안보를 위협받는 상황에 대비하기 위한 체제를 갖추기 위한 것으로 해석된다.

##### 국무조정실

국무조정실과 국무총리비서실은 국무총리의 원활한 국정 수행을 위한 직무 보좌와 행정기관에 대한 지휘·감독 및 정책 조정에 대한 사항을 관장하며, 국무총리를 보좌하는 기능을 담당한다. 2008년 이명박 정부의 조직개편으로 국무조정실과 국무총리비서실을 통합하여 국무총리실을 출범하였었다. 그러나 2013년 3월 다시 과거의 국무조정실과 국무총리비서실의 형태로 개편되었다. 현재의 국무조정실에는 국무조정실장과 국무 1·2차장을 두고 있으며, 조세심판원을 두고 있다. 국무 1차장은 국정운영실·정부업무평가실·규제조정실·공직복무관리관·총무기획관 및 법무감사담당관의 소관업무를 담당한다. 국정운영실에는 기획총괄정책관, 일반행정정책관, 외교안보정책관, 개발협력정책관, 주한미군기지이전지원단과 광복70년기념사업추진기획단이 존재한다. 정부업무평가실에는 국정과제관리관, 정상화과제관리관, 성과관리정책관이 존재한다. 규제조정실에서는 규제총괄정책관, 규제혁신기획관, 규제심사관리관, 민관합동규제개선추진단이 존재한다. 이외에도 공직복무관리관, 총무기획관, 법무감사담당관, 정부합동부패척결추진단이 국무 1차장 이하 조직이라고 볼 수 있다. 국무 2차장은 경제조정실장 및 사회조정실장의 소관업무를 담당한다. 경제조정실에는 재정금융기후정책관, 산업통상미래정책관, 농림국토해양정책관, 제주특별자치도정책관, 녹색성장지원단이있다. 사회조정실에는 사회복지정책관, 교육문화여성정책관, 안전환경정책관, 고용식품의약정책관이있다. 이외에는 세종특별자치시지원단, 영유아교육보육통합추진단, 세월호피해자지원추모사업지원단이 국무 2차장의 소관조직이라 할 수 있다. 마지막으로 조세심판원은 총 6명의 심판관을 두고 있다.

국무총리비서실은 마찬가지로 2013년 3월에 개편되었고, 국무총리비서실장 하에 정무실·민정실·공보실과 의전비서관을 두고 있다. 정무실에는 정무기획비서관, 정무운영비서관을 두고 있다. 민정실에는 민정민원비서관과 시민사회비서관을 두고 있고, 공보실에는 공보기획비서관, 공보협력비서관, 연설비서관을 두고 있다. 국무총리비서실에는 총 8명의 비서관을 두고 있다.

(2) 최고의사결정 기능 확대

최고의사결정 조직에서 강화되어야 할 부분은 국가 미래전략 구성, 자문 기능, 이를 뒷받침하기 위한 민간 전문가의 활용 등이다.

한국은 중국의 부상, 기후변화, 자원확보 경쟁 심화 등 급격하게 변화하는 국제환경 속에서 내부적으로 고령화, 연소화, 사회경제적 격차 심화, 저성장 등 기존의 접근 방식으로 대응하기 어려운 정책 문제에 직면해 있기 때문에 1960~80년대의 안정적인 고도성장기와는 근본적으로 다른 접근이 필요하다. 1997년 금융위기 이후 지금까지 정부는 단기적 과제에 함몰되어 장기적 추세에 대응하는 노력이 미흡하였다. 다양한 정보를 활용하여 장기적인 시계와 종합적인 관점으로 20년 이상의 미래 변화를 예측·분석하고, 그 결과를 바탕으로 국정 의제와 실천계획을 수립하는 장기적인 국가전략 체계를 구성하는 것이 요구된다.

그럼에도 불구하고 최고의사결정 조직조차도 현재 장기적인 국가전략 체계를 제시할 수 있는 기능을 제대로 수행하고 있지 못한 실정이다. 종합적인 미래예측 기능이 다소 결여된 한국의 상황을 개선하고, 대통령에게 효과적으로 미래전략에 관한 지원을 하기 위해서는 국가전략 연구기능을 확충할 필요가 있다. 이를 위해서는 독립성, 전문성, 장기성을 확보한 국가전략 연구조직을 설치할 필요가 있다. 이를 통하여 다양한 전문가를 활용할 수 있고 정권의 변화에 관계없이 조직을 유지하며 계속적인 연구를 수행할 수 있는 환경을 조성할 필요가 있다.

또한 대통령의 의사결정을 위해서 자문기구의 역할 확대가 요구된다. 하지만 자문기구가 너무 많을 경우에 대통령의 관심이 지속될 수 없는 경우가 발생하며 자문 기구 전반의 기능을 저해하는 결과를 가져올 수 있다. 따라서 적절한 수준에서 자문기구의 수를 조정할 필요가 있다. 현안의 발생시 임시 위원회 형태로 한시적인 자문기구를 설치·운용하고 현안이 종료된 이후에는 해체하여야 한다(김동욱, 2012).

국가전략 연구조직과 대통령 자문기구를 구성할 때에는 민간 전문가를 대폭 활용하여야 한다. 이를 통하여 민간과의 협력을 강화할 수 있을 뿐만 아니라 정부 조직에서 수집하지 못한 정보를 민간 전문가가 보완해주는 것이 가능해진다. 또한 다수의 공무원으로 구성된 조직에서 민간 전문가는 다른 관점과 의견을 제시하는 중요한 역할을 할 것으로 기대된다.

(3) 최고의사결정 기능 축소

최고의사결정 조직에서 축소되어야 할 대표적인 것은 감찰이다. 2014년 청와대에서 내부문건이 유출되었다는 의혹이 제기되었고 이로 인하여 한동안 국정 운영에 심각한 차질이 발생하였다. 2010년에는 국무총리실에서 민간인을 불법으로 사찰

한 사실이 들어나기도 하였다. 사건의 진실 여부를 떠나서 최고의사결정 조직에서 비공식적이고 불법적인 감찰을 하고 있다는 의혹을 받은 것은 문제가 있다. 군부독재를 경험하였던 역사적 배경상 이런 사건의 발생은 정부에 대한 국민의 신뢰를 크게 떨어뜨린다. 따라서 향후 최고의사결정 조직의 감찰은 목적과 대상을 분명히 하고 최소한으로 이루어져야 한다. 감찰이 이루어질 경우에는 사전 통보를 하고 최대한 공식적이고 합법적으로 이루어질 수 있게 하여야 한다. 그것이 불가능할 경우에는 감찰 이후에도 감찰의 대상, 목적, 사전 고지가 불가능하였던 사유 등을 공개할 필요가 있다. 지금까지의 감찰과 감사기능은 감사원에 맡기고 감사원에서 이를 수행할 수 있도록 할 필요가 있다.

### 2) 지원통제 기능과 조직

#### (1) 지원통제 기능과 조직의 현황

현재 기획·통제 기능을 수행하고 있는 행정조직은 행정자치부, 인사혁신처, 법제처, 기획재정부, 감사원, 국민권익위원회 등으로 볼 수 있다.

**행정자치부**

행정자치부에는 현재 기획조정실, 창조정부조직실, 전자정부국, 지방행정실, 지방재정세제실이 존재하고 있다. 행정자치부는 국무회의의 서무, 법령 및 조약의 공포, 정부조직과 정원, 상훈, 정부혁신, 행정능률, 전자정부, 개인정보보호, 정부청사의 관리, 지방자치제도, 지방자치단체의 사무지원·재정·세제, 낙후지역 등 지원, 지방자치단체간 분쟁조정 및 선거·국민투표의 지원에 관한 사무와 국가의 행정사무로서 다른 중앙행정기관의 소관에 속하지 아니하는 사무를 관장한다. 행정자치부의 소속 기관은 지방행정연수원, 국가기록원, 정부청사관리소, 정부통합전산센터, 국립과학수사연구원, 이북5도위원회 등이 있다.

**인사혁신처**

인사혁신처는 2014년 11월 19일 정부조직법 개정으로 안전행정부의 공무원 인사와 윤리·복무·연금 기능 및 공무원시험, 채용 등 인력개발과 관련한 업무를 이관받아 인사혁신 전담기관으로 신설되었다. 이는 공직사회의 개방성과 전문성을 강화하고 공직개혁을 추진하기 위해서였다. 인사혁신처의 주요 업무는 공무원의 인사·윤리·복무·연금에 관한 사무다. 처장 아래에 차장 1명, 인재정보기획관, 공무원노사협력관, 기획조정관, 인사혁신국, 인력개발국, 성과복지국, 윤리복무국을 두고 있다. 인사혁신처의 소속기관은 국가공무원인재개발원, 소청심사위원회 등이다.

### 기획재정부(예산·결산·국고·회계)

기획재정부는 중장기 국가발전전략을 수립하고, 재정·경제정책을 수립하고 총괄·조정하며, 예산편성과 집행, 국고관리와 회계 기능까지 담당하는 행정기관이다. 1961년 경제기획원 설치 이래 예산과 재무기능은 분리와 통합을 반복해왔다. 김영삼 정부에서 재무부와 경제기획원을 통합한 재정경제원을 설치하여 양자를 통합하기도 하였으나, 김대중 정부와 노무현 정부에 이르러서는 기획예산처와 재정경제부로 분리하여 운영하였다. 그리고 다시 이명박 정부에 들어와서 2008년 2월에 재정경제부와 기획예산처를 통합하여 발족하여 박근혜 정부에 이르기까지 지속되고 있다. 특히 박근혜 정부에 들어와서는 기획재정부 장관이 부총리를 겸직하도록 승격되었다.

현재 기획재정부는 경제부총리를 겸직하는 장관과 차관 2명을 두고 있다. 내부조직으로는 기획조정실, 예산실, 세제실, 경제정책국, 정책조정국, 미래경제전략국, 국제금융정책국, 국제금융협력국, 대외경제국, 국고국, 재정기획국, 재정관리국, 공공정책국, 복권위원회사무처, 역외소득·재산자진신고기획단, 보조금통합관리시스템추진단을 두고 있다. 기획재정부 소속 외청으로는 국세청, 관세청, 조달청, 통계청이 있다. 이처럼 기획재정부는 대한민국의 경제 전반에 대한 모든 기능을 담당하고 있다고 해도 과언이 아니다.

기획재정부의 조직들 중에서 기획과 통제기능 즉 예산, 결산, 국고, 회계 기능을 예산실, 국고국, 재정기획국, 재정관리국이 직접적으로 담당하고 있다.

### 감사원

감사원은 헌법 제97조 규정에 따라 국가의 세입·세출의 결산, 국가 및 법률이 정한 단체의 회계검사와 행정기관 및 공무원의 직무에 관한 감찰을 관장하는 행정기관이다. 감사원은 감사원장을 포함한 7인의 감사위원으로 구성되는 감사위원회의와 감사사무를 처리하는 사무처로 구성되어있다. 소속기관으로는 감사교육원과 감사연구원, 감사원장 자문기구로서 감사원정책자문위원회를 두고 있다.

**국민권익위원회**

국민권익위원회는 부패방지와 국민의 권리보호 및 구제를 위하여 과거 국민고충처리위원회와 국가청렴위원회, 국무총리 행정심판위원회 등의 기능을 통합하여 2008년 2월 이명박 정부 때 새롭게 탄생한 기관이다. 국민권익위원회는 고충민원의 처리와 이와 관련된 불합리한 행정제도 개선, 공직사회 부패예방·부패행위 규제를 통한 청렴한 공직 및 사회풍토 확립, 행정쟁송을 통한 행정청의 위법·부당한 처분으로부터 국민의 권리를 보호하는 기관이다. 국민권익위원회는 위원장 이하 부위원장, 상임위원, 비상임위원, 중앙행정심판위원회를 두고 있다.

(2) 지원통제 기능 강화

지원통제 기능을 담당하는 조직은 대통령과 국무총리의 국정운영을 지원하는 한편 각 부처가 효과적으로 정책을 수행하고 국민들이 쉽게 정부에 접근할 수 있게 만들어야 한다. 이미 행정정보시스템을 통해 업무 총괄과 통제 기능을 상당 수준 구조화하였다고 보며, 이제 과감하게 부처자율성을 부여하는 방향으로 조직과 기능을 정비할 필요가 있다(김동욱, 2012). 특히 예산과 조정·평가의 연계 및 자율성이 요구된다. 각 부처에 예산 집행의 자율성을 부여하는 동시에 국가의 목표를 달성하기 위하여 예산은 적절히 배분되어야 하고 예산 사용 성과에 대해서 책임성을 강화하여야 한다. 이를 위해서 국무조정실에서 수행하는 부처 간 조정 및 성과평가 기능을 예산과 연계할 필요가 있다. 예산의 기획·조정 – 집행 – 산출 – 평가 간의 연계를 강화함으로써 거시적인 재정 운용 관점을 유지할 수 있으며 투입 중심으로 예산을 관리하여 발생하던 중복과 비효율을 방지할 수 있다. 또한 부처 간 기능 및 업무 조정이 예산과 연계되어 조정이 더 용의해질 것이다.

(3) 지원통제 기능 축소

부처의 효과적인 정책 수행을 위해서는 인사·조직의 연계와 자율성도 강화되어야 한다. 현재 인사 기능은 인사혁신처에 있으며 정부 조직 관리 기능은 행정자치부에 있다. 2014년 11월에 출범한 인사혁신처는 공무원의 인사·윤리·복무·연금을 주요 업무로 하고 있다. 인사관리는 조직의 효율적인 목표 달성을 지원하기 위해 그에 적합한 인재를 충원하고, 적소에 배치하며, 능력 발전을 도모하고, 근무 의욕을 고취시키는 활동을 말한다. 조직관리는 행정조직의 능률성과 효율성을 제고하기 위해 적합한 관리기능을 개발하여 활용하는 것을 말한다. 이처럼 조직관리와 인사관리는 밀접한 연계가 필요한 기능이다. 따라서 분리되어 있기 보다는 한 기관에서 유기적인 관계로 있을 필요가 있다. 한편으로는 정부 기관 간에도 요구되는 능력과 전문성에 차이가 있다. 각 조직에서 효율적으로 업무를 수행하기 위해서는 각 조직에서 필요로 하는 인재를 필요시 임용하여 활용할 수 있어야 한다. 이를 위해서는 인사·조직 관리 부처 중심의 인사관리가 아닌 수요자인 각 부처가 자율적으로 인사관리를 할 수 있도록 하여야 한다.

투입 중심의 예산관리는 예산낭비를 억제하는 측면에서는 긍정적인 면이 있으나 예산편성이 지나치게 복잡하고 정책 우선순위가 예산에 반영되기 어려우며 칸막이식 재정운용을 유발하여 사업의 중복성과 비효율성을 초래한다는 한계가 있다. 특히 성과평가와 예산 집행 간 연계가 어려워 예산낭비를 억제하는 것이 기계적인 수준에 그친다. 이러한 한계를 극복하고자 사업별 예산, 성과주의 예산제도 등을 정부 부문에 도입·활용하고자 하는 노력이 진행 중이다. 하지만 산출보다는 투입을 파악하기 용이한 공공부문의 특징, 예산의 품목별로 관리하는데 익숙함 등으로 인하여 아직도 예산이 품목별로 관리되고 통제되고 있다. 이러한 관리 방식은 예산에 사전적·전략적 관점이 반영되기 어렵게 한다. 이는 전체적으로 예산 사용의 효율성과 효과성을 저해하는 요인이 되고 있다. 행정정보시스템을 통해 업무 총괄과 통제 기능을 상당한 수준으로 구조화한 상황이므로 예산에 있어 과감하게 자율성을 부여하고 품목별 통제는 축소할 필요가 있다.

지원통제 기능 중 축소되어야 할 부분으로 우선 중앙정부에 의한 지방정부의 사전 통제가 있다. 지방자치제도 도입 이후 분권화를 위한 많은 노력들이 이루어졌지만 여전히 중앙－지방 정부 간 사무의 배분, 합리적인 관할 범위의 설정 등은 해결해야 할 문제로 남아있다. 특히 지방의회에서 자치사무에 대한 결정이 이루어지고 있으나, 여전히 중앙정부의 위임사무가 차지하는 비율이 높기 때문에 중앙정부와 지방정부의 사이에서 기능조정이 필요하다(김동욱, 2012). 기본적인 방향은 그 지역의 특성과 정책수요를 반영한 행정관리를 목표로 한 지방자치제도의 취지를 살려서 법규, 재정 등의 측면에서 중앙 정부의 사전통제를 축소시키고 사후통제 중심으로 관리하는 것이다. 다만 국가 전체적인 관점에서 본다면 행정의 보편적 서비스(general service)가 어느 정도 균등하게 확보될 필요가 있기 때문에 최소한의 관리 및 통제는 필요하다.

### 3) 국가질서유지 기능과 조직

#### (1) 현  황

국가 및 사회질서 유지기능은 대체로 국가정보원, 국가인권위원회, 국민권익위원회(부패방지), 국민안전처, 외교부, 통일부, 국방부, 법무부, 경찰청 등의 조직이 수행한다고 볼 수 있다.

**국가정보원**

국가정보원은 국가안전보장에 관련되는 정보·보안 및 범죄수사에 관한 사무를 담당하는 대통령 소속 중앙행정기관이다. 주요업무로는 대공수사, 대북정보, 국외정보, 방첩, 산업보안, 대테러, 사이버안보, 국제범죄, 북한이탈주민 인도 등이 있다. 국가정보원은 1961년 중앙정보부 이름으로 창설되어, 1981년도에 국가안전기획부로 개칭되었고, 1999년에 국가정보원으로 재출범하게 되었다. 국가정보원의 조직으로는 장관급인 원장과 차관급인 차장 3인, 기획조정실장 등이 있다.

산하 센터로는 국가사이버안전센터, 산업기밀보호센터, 국제범죄정보센터, 테러정보통합센터가 있다. 국가사이버안전센터는 2003년에 있었던 인터넷 대란 후 2004년 2월에 설립되었고, 산업기밀보호센터는 첨단기술 국외유출을 방지하기 위하여 2003년 10월에 설립되었다. 국제범죄정보센터는 1994년 1월에 설치되어 운영되고 있고, 테러정보통합센터는 2005년 3월에 설립되어 운영되고 있다.

**국가인권위원회**

국가인권위원회는 인권보호, 인권침해조사, 인권보호 권고기능을 수행하는 무소속 독립기구이다. 국가인권위원회는 1993년 6월 비엔나 유엔세계인권대회에 참여한 한국 민간단체가 정부에 국가인권기구 설치를 요청한 이후, 1998년 김대중 정부가 새 정부의 국정과제 중 하나로 인권법 제정과 국민인권위원회 설립을 발표하게 되었다. 한 때, 법무부의 소관기구로서 설치하자는 의견도 나왔으나, 시민사회의 반대와 여러 노력 끝에 2001년 5월 24일 어디에도 소속되지 않는 독립된 위원회로서 정식 출범하게 되었다. 국가인권위원회는 위원장과 인권위원 10인(상임위원 3인, 비상임위원 7인)으로 구성되는 전원위원회를 두고 있으며, 그 이하로 상임위원회, 침해구제 제1위원회, 침해구제 제2위원회, 차별시정위원회, 장애인차별시정위원회가 존재한다. 또한 이에 대한 사무업무를 담당하기 위한 사무처가 존재하며, 사무총장을 두고 있고 그 이하로 기획조정관, 정책교육국, 조사국을 두고 있다.

### 국민권익위원회(부패방지)

국민권익위원회는 고충민원의 처리와 불합리한 행정제도 개선, 공직사회 부패예방·부패행위 규제를 통한 청렴한 공직 및 사회풍토 확립, 행정쟁송을 통한 행정청의 위법·부당한 처분으로부터 국민의 권리를 보호하는 기관이다.

### 국민안전처

국민안전처는 국민의 안전과 국가적 재난관리를 위한 재난안전 총괄기관으로서, 안전사고 예방과 재난시 종합적이고 신속한 대응·수습체계를 마련하기 위하여 설치되었다. 국민안전처는 2014년 4월 세월호 참사 이후 안전행정부의 안전정책 기능, 소방방재청과 해양경찰청을 통합 개편하여, 2014년 11월에 출범하게 되었다. 국민안전처는 국무총리 산하의 장관급 기구로 1차관, 2본부(중앙소방본부, 해양경비안전본부), 4실(기획조정실, 안전정책실, 재난관리실, 특수재난실) 체제로 구성되며, 소속기관은 중앙119구조본부, 중앙해양특수구조단, 해양경비안전교육원, 중앙소방학교, 국가민방위재난안전교육원, 국립재난안전연구원, 해양경비안전정비창, 5개 지방해양경비안전본부가 있다.

### 법무부

법무부는 정부수립 이후로 한번도 이름이 바뀌지 않은 몇 안되는 행정기관 중 하나이다. 현재, 법무부는 장관과 차관 1명을 두고 있다. 내부조직으로는 기획조정실, 법무실, 검찰국, 범죄예방정책국, 인권국, 교정본부, 출입외국인정책본부를 두고 있다. 소속기관으로 검찰청과 보호관찰심사위, 보호관찰소, 위치추적중앙관제센터,

소년원, 소년분류심사원, 청소년비행예방센터, 치료감호소, 지방교정청, 교도소, 구치소, 출입국관리사무소, 외국인보호소가 있다. 산하기관으로는 대한법률구조공단, 한국법무보호복지공단, 한국소년보호협회, 범죄예방위원전국연합회, 한국법문화진흥센터, 정부법무공단, 법조협회, 전국범죄피해자지원연합회가 있다.

검찰청은 법무부 소속으로서 대검찰청, 고등검찰청, 지방검찰청, 지방검찰청 지청이 존재하며, 검찰총장이 대검찰청 소속으로서 검찰사무를 총괄하고 검찰청 공무원을 지휘 및 감독한다.

### 국방부

국방부는 현재 장관과 차관을 두고 있고 내부조직으로 기획조정실, 국방정책실, 인사복지실, 전력자원관리실이 존재한다. 소속기관으로는 국립서울현충원, 국립대전현충원, 국방홍보원, 국방전산정보원이 존재한다.

### 외교부

외교부는 정부조직 이래로 외무부라는 명칭으로 존재하였으나, 1998년 2월 김대중 정부에 들어서 통상교섭과 대외경제 관련 외교정책을 종합적으로 수립·시행하기 위해 외교통상부로 개편하고 통상교섭본부를 신설하였다. 2013년 박근혜 정부 출범 이후, 외교통상부에서 통상기능을 분리하여 외교부로 개편하였다. 장관 1명과 차관 2명을 두고 있으며, 내부조직으로서 한반도평화교섭본부, 국립외교원을 두고 있다. 산하기관으로는 한국국제협력단, 한국국제교류재단, 재외동포재단을 두고 있다.

### 경찰청

경찰청은 경찰청장 이하로 차장을 두고 있으며, 7관(기획조정관, 감사관, 경무인사기획관, 정보화장비정책관, 홍보담당관, 수사기획관, 정보심의관)을 두고 있다. 또한 8국(생활안전국, 수사국, 사이버안전국, 교통국, 경비국, 정보국, 정보국, 보안국, 외사국)을 두고 있으며, 부속기관으로는 경찰대학, 경찰교육원, 중앙경찰학교, 경찰수사연구원, 경찰병원 등 총 5개 기관을 두고 있다. 치안사무를 지역적으로 분담하기 위하여 전국 특별시·광역시·도에 16개의 지방경찰청을 두고 지방경찰청 소속하에 경찰서 251개, 지구대 514개, 파출소 1463개를 운영하고 있다.

(2) 국가질서유지 기능 강화

국가질서유지 기능 중 조정되어야 할 부분은 우선 국가정보원의 기능이다. 국정원은 국가안보에 관련된 정보의 수집 분석 및 첩보 활동을 하고 있다. 현재 국정원은 대외, 대북, 국내 부문으로 나누어져 있는데 향후 국내 부문은 축소되고 대외와 대북 정보 기능이 대폭적으로 강화될 필요가 있다. 세계적 수준의 국내기술의 국외유출 가능성이 현실화되면서 기술 보안을 위한 공작, 수사, 홍보 등의 국가정보 기능을 강화할 필요가 있다(김동욱, 2012).

군대는 규모를 축소하고 전문성을 강화할 필요가 있다. 현대 전쟁은 기술 발전에 따른 전장가시화, 원거리 정밀 교전, 첨단 정보전, 병력·물자의 집중에서 효과의 집중으로 변화, 신속결전 등을 특징으로 한다(홍성표, 2006). 전쟁 양상의 변화에 따라서 우리의 군대 구성도 육군 중심에서 전문 전력 중심으로 변화해야 한다. 이를 위해서는 징병제를 대폭 축소하고 군대 지원 시스템을 다양화 하며 적극적인 인재 영입과 교육을 통해 전문성을 가진 기술병을 양성하여야 한다.

우리나라는 2013년에는 1,200만 명의 외국인이 입국을 하였고 2014년에는 1,400만 명 이상의 외국인이 입국하였다. 2014년에는 영주와 결혼이민을 목적으로 한 경우도 20만 명에 달한다. 점차 한국 사회가 다문화화 되고 있는 상황에서 사회통합과 질서유지를 위해서 외국인 관리와 이민 관리 기능의 개선이 고려되어야 한다. 현재 한국으로 이민은 결혼이민이 중심이며 직업별로는 비전문취업을 목적으로 한 입국이 대부분을 차지한다. 이는 한국 이민 및 외국인 노동력 유입은 주로 저학력·저임금 근로자 중심이라는 것을 보여주고 있다. 향후 한국으로 이민이 더 쉬워지는 동시에 고학력, 전문직, 투자 목적의 이민이 활성화 될 수 있도록 제도 개선이 필요하다.

(3) 국가질서유지 기능 축소

국가질서유지 기능 중 경찰 기능은 중앙정부와 지방정부의 역할을 나누어 중앙정부의 역할 축소를 고려할 만하다. 자치경찰제도는 김대중 정부 출범 이래 도입이 지속적으로 논의는 되고 있다. 지방자치의 실효성을 담보하기 위해서 주민생활 밀착형이면서 현장 서비스적 성격이 강한 교통관리, 방범, 행사 안전통제 등의 기능은 자치경찰 기능으로 지방자치단체에 이양하는 것이 필요하다. 제주특별자치도에서 「제주특별자치도 설치 법률」에 근거하여 시행되고 있는 자치경찰제도를 참조할 수 있다. 자치경찰제도의 도입을 전제로 하면 현재의 경찰청은 자치경찰과 국가경찰로 나누어진다. 자치경찰은 설치 초기에는 교통관리, 방범, 대형행사 안전관리 기능을 수행하면서 제도가 정착된 후에 점차 식품접객업소 불법행위 단속, 오염 자연훼손 단속, 단순 폭행 수사 등으로 기능을 확대할 수 있다. 현재 국민안전처와 시·도 소속의 소방본부 간의 역할분담 모형을 참조할 수 있다(김동욱, 2012). 국민권익위원회의 부패방지 기능은 법무부, 검찰청의 기능과 중복될 여지가 있으나 부패방지에 관한 종합정책기능을 강화하는 방향으로 차별화할 필요가 있다.

## 4) 경제산업공간 기능과 조직

### (1) 경제산업공간 기능 현황

산업·경제·에너지·환경 부문의 기능은 산업통상자원부, 기획재정부(거시경제, 세제, 국제금융), 미래창조과학부, 환경부, 국토해양부, 해양수산부와 중소기업청, 산림청 등 외청이 담당하고 있다.

#### 산업통상자원부

산업통상자원부는 상업, 통상, 통상교섭과 이에 대한 조정, 외국인 투자, 사업기술 연구개발정책 및 에너지산업에 대한 사무를 관장하는 행정기관이다. 이명박 정부 시기에는 이전의 정부들에서 10년간(1998-2008) 사용하였던 산업자원부라는 명칭 대신, 지식경제부라는 새로운 명칭을 사용하기도 하였다. 박근혜 정부 출범 이후, 지식경제부의 응용 R&D사업업무와 우정사업본부는 미래창조과학부로 이관하고, 외교통상부에서 통상 업무를 이관받아 2013년 3월에 산업통상자원부로 새롭게 발족하게 되었다.

산업통상자원부는 장관과 2명의 차관을 두고 있다. 내부조직으로 기획조정실, 무역투자실, 산업정책실, 산업기반실, 통상정책국, 통상협력국, 통상교섭실(자유무역협정), 에너지자원실이 있다. 소속기관으로는 국가기술표준원, 마산·군산·대불·김제·울산·동해·율촌 자유무역지역관리원, 무역위원회와 경제자유구역기획단, 광업등록사무소, 동부·중부·서부·남부광산사무소 등이 있다.

### 기획재정부(거시경제, 세제, 국제금융)

기획재정부의 산업·경제 기능과 직접적으로 관련이 있는 조직은 경제정책국, 세제실, 정책조정국, 국제금융정책국, 국제금융협력국, 대외경제국 등이다.

### 미래창조과학부

미래창조과학부는 박근혜 정부의 대표 핵심 공약이었던 창조경제와 관련된 정책을 수행하기 위하여 설립된 중앙행정기관이다. 미래창조과학부는 과학기술정책에 대한 수립, 조정, 과학기술의 연구 및 개발, 협력, 진흥, 과학기술인력양성, 원자력연구개발 업무, 국가정보화기획, 방송통신 융합 및 진흥, 정보통신산업, 우편업무에 관한 사무를 담당한다.

미래창조과학부는 장관과 2명의 차관을 두고 있으며, 내부조직으로 기획조정실, 연구개발정책실, 과학기술전략본부, 창조경제기획국, 미래인재정책국, 정보통신정책실, 방송진흥정책국, 통신정책국, 전파정책국이 있다. 별도기구로서 지식재산전략기획단, 국제과학비즈니스벨트조성추진단, 국가과학기술자문회의사무지원단, 민관합동창조경제추진단 등이 있다. 소속기관으로는 우정사업본부, 국립중앙과학관, 국립과천과학관, 국립전파연구원, 중앙전파관리소가 있다. 산하기관으로는 국가과학기술연구회, 한국과학기술연구원, 한국원자력의학원, 정보통신산업진흥원, 한국인터넷진흥원 등 64개의 기관이 있다.

### 환경부

환경부는 자연환경, 생활환경, 환경오염방지 등에 대한 사무를 관장하는 행정기관이다. 환경부는 1994년 환경처에서 승격·개편되어 발족하였으며 2008년에는 기상청이 외청으로서 소속되었다.

현재 장관과 차관 1명을 두고 있으며, 내부조직으로 기획조정실, 환경정책실, 물환경정책국, 자연보전국, 자원순환국을 두고 있다. 별도기구로서 국립낙동강생물자원관건립추진기획단, 환경산업실증연구단지추진단을 두고 있다. 외청으로는 기상청이 있으며 소속기관으로는 국립환경과학원, 국립환경인력개발원, 온실가스종합정보센터, 화학물질안전원, 각 유역(한강, 낙동강, 금강, 영산강)환경청, 수도권대기환경청, 새만금지방환경청, 중앙환경분쟁조정위원회, 지방(원주, 대구)환경청, 국립생물자원관 등 14개의 기관이 있다. 산하기관으로는 한국환경공단, 국립공원관리공단, 수도권매립지관리공사, 한국환경산업기술원, 국립생태원이 있다.

### 국토교통부

국토교통부는 국토종합계획에 대한 수립, 조정, 국토와 수자원의 보전·이용·개발, 도시와 도로 및 주택건설 해안·하천 및 간척, 철도 및 항공에 대한 사무를 관장하는 행정기관이다. 국토교통부는 2008년 이명박 정부 시기에 건설교통부와 해양수산부의 해운·물류, 항만·해안환경, 행정자치부의 지적업무 부분을 통합하여 국토해양부로 확대개편된 적도 있었다. 그러나 박근혜 정부 출범 이후 2013년 해양 업무가 분리되어 현재의 국토교통부로 개편되었다.

국토교통부는 현재 장관과 차관 2명을 두고 있다. 내부조직으로 기획조정실, 국토도시실, 주택토지실, 건설정책국, 수자원정책국, 교통물류실, 항공정책실, 도로국, 철도국이 있다. 별도조직으로는 공공기관지방이전추진단, 공공주택건설본부, 뉴스테이정책과, 지적재조사기획단, 용산공원조성추진기획단, 동서남해안 및 내륙권발전기획단, 산업단지개발지원센터가 있다. 소속기관으로는 국토교통인재개발원, 지방국토관리청, 홍수통제소, 철도특별사법경찰대, 지방항공청, 항공철도사고조사위원회, 중앙토지수용위원회, 국토지리정보원이 있다. 국토교통부 소속 외청으로는 2013년 새만금개발청을 설치하였다.

### 해양수산부

해양수산부는 해양수산정책, 어촌개발 및 수산물 유통, 해운·항만, 해양환경, 해양조사, 해양자원개발, 해양과학기술연구·개발 및 해양안전심판에 관한 사무를 관장하는 행정기관이다. 이명박 정부 시기에는 해양수산업무를 국토해양부와 농림수산식품부로 분산 수행한 바 있었다. 2013년 3월 박근혜 정부 출범 이후 조직개편에 따라 국토해양부의 해양업무와 농림수산식품부의 수산업무를 이관 받아 해양수산부로 발족하였다.

현재 해양수산부는 장관과 차관 1명을 두고 있다. 내부조직으로 기획조정실, 해양정책실, 수산정책실, 해양물류국, 해사안전국, 항만국이 존재하며, 별도기구로서 허베이스피리트피해자지원단, 세월호배상및보상지원단, 세월호인양추진단이 있다.

소속기관으로는 국립수산물품질관리원, 국립해양조사원, 동해어업관리단, 서해어업관리단, 부산해사고등학교, 인천해사고등학교, 지방해양수산청(부산, 인천, 여수, 마산, 동해, 군산, 목포, 포항, 평택, 울산, 대산), 중앙해양안전심판원, 국립수산과학원 등이 있다.

### (2) 경제산업공간 기능 강화

EU, 한·미 자유무역협정(FTA)이 발효되었고 중국과의 FTA는 비준되었다. 그리고 TPP 등 다자간 자유무역협정도 가시화되고 있고 에너지·자원외교의 중요성이 부각되고 있는 등 통상 기능의 강화가 향후 주요한 국정과제가 될 것이다.

여러 국가와 추진되고 있는 FTA가 한국 경제에 새로운 희망으로 작용하기 위해서는 FTA를 통한 중소기업의 시장 확대 효과가 반드시 필요하다. 삼성전자, LG전자, 현대자동차, 현대중공업 등 국내 주요 대기업은 수출과 외국 현지 투자를 통해 글로벌 기업의 위상을 확보하고 독자적인 경쟁력을 확보하고 있다. 따라서 정부는 대기업에 대해서는 공정경쟁의 질서를 형성하고, 주요 산업 지원 정책은 중소기업을 대상으로 추진하는 것이 바람직하다.

외국기업 투자 유치를 위한 환경조성도 강화되어야 할 기능이다. 현재 외국인 투자유치를 위한 경제자유구역은 인천(송도·청라·영종지구), 부산·진해(신항만·명지·지사·두동·웅동지구), 광양만권(광양·율촌·신덕·화양·하동지구), 황해(송악·인주·포승지구), 대구·경북(구미디지털산업·대구테크노폴리스지구), 새만금·군산(새만금산업·관광지구) 등 6개 지구가 지정되어 있다. 경제자유구역청이 외국인 투자를 효과적으로 유지하기 위해서 향후 특별법 등을 통해서 국내 규제를 대폭 완화할 필요가 있다. 또한 경제자유구역, 자유무역지역, 산업단지, 산업혁신클러스터 업무를 통합적으로 수행함으로써 외국인 투자 유치에 시너지 효과를 얻을 수 있을 것이다.

파리에서 개최된 제21차 유엔기후변화협약 당사국 총회에 참가한 196개 당사국은 격론 끝에 2015년 12월 12일에 파리협정 채택에 합의하였다. 이는 2020년 만료 예정인 기존의 교토의정서 체제를 대체하는 것이다. 파리협정은 다음과 같은 특징을 갖는다. 우선 모든 국가의 자발적 참여를 근간으로 하는 상향식 체제를 지향한다. 다음으로 지구평균온도 상승 2℃ 이내 억제를 장기목표로 설정한다. 이를 평가하기 위해서 각국은 5년마다 기여방안을 제출하고 지구적 차원에서는 종합적 이행

점검을 5년 마다 실시한다. 장기목표 달성을 평가하고 환류하는 시스템을 구축한
것이다. 마지막으로 온실가스 감축목표 달성을 위해 다양한 국제탄소시장 메커니즘
의 활용이 가능하게 되었고, 기술협력 강화기반이 구축되었다.[5] 새로운 기후협정으
로 우리나라 에너지 정책도 전환점을 맞이할 것이다. 한국은 급속한 산업화 과정에
서 석유와 석탄 등의 화석연료 사용이 증가하면서 세계 7위의 이산화탄소 배출국이
됐었다. 새로운 기후협정이 채결된 상황에서는 저탄소 청정에너지를 기반으로 한
새로운 산업정책으로 전환이 필요한 상황이다. 우리나라는 이번 파리 총회에서
BAU(2030년 온실가스 배출 전망치) 대비 37% 감축하는 방안을 제시했다. 박근혜 대통
령은 파리 총회에서 2030년까지 내수와 해외 진출을 포함해 에너지 신산업으로 100
조원의 시장과 50만 개의 일자리를 창출하고 자발적 온실가스 감축목표를 달성하겠
다고 선언하였다.[6]

　　이처럼 환경문제와 경제문제가 점차 긴밀해지는 상황에서 관련된 기술을 선도
적으로 개발하고 제도를 우선적으로 도입하여 경험을 축적하는 것 등은 우리나라의
국가경쟁력을 향상시킬 수 있는 기회가 될 수 있다. 그러나 그 동안 기후변화 대응
이나 환경문제 보다는 경제성장에 방점을 두고 발전해온 한국은 산업구조가 에너지
집약적이다. 향후 기후변화 대응을 위해서 산업구조를 바꾸기 위해서는 많은 난관
과 시행착오가 있을 전망이다. 이 속에서 부작용을 최소화하고 기회를 극대화하기
위해서는 우선적으로 환경 행정기능과 에너지 행정기능 간의 긴밀한 조율이 필요하
다. 또한 환경－에너지 기능의 연계가 긴밀해지면 더 나아가 환경－에너지－산업
행정기능 간 유기적인 연계가 이루어질 수 있어야 한다.

　　나로호의 발사 성공 등으로 인하여 우주개발에 대한 관심이 높아졌다. 우주개
발은 세간의 관심도가 높은 분야일 뿐만 아니라 소재·항공·로켓·컴퓨터 등 국가
과학기술 전반의 수준을 한 단계 높여줄 수 있고, 국방·항공·통신 등 관련 산업 영
역의 확대에도 크게 기여를 할 수 있는 전략적인 요소에 해당한다. 때문에 전담조직
을 설치하는 등 향후 우주 개발 기능을 강화하여야 한다. 한국항공우주연구원이 우
주 발사체의 개발과 제작을 담당하고, 국방과학연구소와 민간간기업인 한국항공우

---

5) 이데일리, 2015.12.23., 파리기후협정, 우리가 나아가야 할 길.
6) 연합뉴스, 2012.12.13., 파리 기후협정, 신성장 기회로 적극 활용해야.

주산업(KAI) 등 관련 기관과의 적극적인 기술 교류를 추진하는 것이 바람직하다(김동욱, 2012).

### (3) 경제산업공간 기능 축소

경제산업공간 기능 중 축소되어야 할 부분으로 R&D 기능이 있다. R&D의 규모를 줄이는 것이 아니라 정부 주도의 R&D 분야를 축소하는 것이다. 정부는 시장성이 분명하지 않으나 국가 기초 학문·기술·과학 발전 필요한 R&D, 국가 미래 전략에 관한 R&D, 장기적인 연구가 필요한 R&D 등에 집중하여야 한다. 세부 분야 및 응용 기술에 관련된 R&D는 민간 연구기관 및 대학 연구소로 이관할 필요가 있다. 정부에서 수행하거나 정부 과제로 수행된 R&D는 결과, 자료 등을 공개함으로써 개인과 기관이 활용할 수 있게 해야 한다.

과학기술 출연 연구기관의 연구과제에 대한 관료제적 간섭도 축소되어야 한다. 관련 위원회, 주무부처 관련 부처의 중복된 통제는 연구개발 과제를 수행하는 과학자에게는 엄청난 행정 부담으로 작용할 수밖에 없다. 출연 연구기관에 대한 관리 구조를 간소화하여 연구자의 부담을 줄이는 방안을 강구해야 한다. 관련 주무 부처의 인적 구성에서 민간 과학기술 연구자의 비중을 충분히 확보하여, 과학기술연구 행정의 전문성을 강화하는 것이 필요하다(김동욱, 2012).

### 5) 교육문화복지 기능과 조직

#### (1) 현  황

교육, 문화, 복지를 주로 담당하는 행정기관으로는 교육부, 문화체육관광부, 문화재청, 보건복지부, 여성가족부 등이 있다.

**문화체육관광부**

문화체육관광부는 전통문화예술, 창작, 음악, 신문, 출판, 영상, 광고, 영화 등의 문화산업과 도서관, 박물관, 체육 등의 진흥기능을 담당하고 있다. 또한 영상물과 게임물 등의 저작권, 종무(宗務), 국어, 역사, 국정홍보 등의 기능을 담당하고 있다. 장관과 차관 2명을 두고 있고, 내부조직으로 기획조정실, 문화예술정책실, 문화콘텐츠산업실, 체육관광정책실, 국민소통실, 종무실이 있다. 또한 2018년 평창동계

올림픽을 지원하기 위한 동계올림픽특구기획단을 두고 있다. 문화체육관광부는 담당하는 기능이 다양한 만큼 많은 수의 소속기관을 두고 있다. 소속기관은 총 16개로서 한국예술종합학교, 국립국악고등학교, 국립국악중학교, 국립전통예술중·고등학교, 국립중앙박물관, 해외문화홍보원, 국립국악원, 국립민속박물관, 대한민국역사박물관, 국립한글박물관, 국립중앙극장, 국립현대미술관, 한국정책방송원, 국립아시아문화전당, 예술원사무국 등이다. 또한 문화재청이 문화체육관광부 소속 외청이다.

### 교육부

교육부는 2013년 3월 박근혜 정부 때 정부조직법 개정에 따라 교육부로 개편되었다. 과거에는 교육과학기술부로서 교육인적자원부와 과학기술부가 통합되어 과학기술 경쟁력과 인재양성의 시너지 효과를 창출하고자 존재하였지만, 이는 이명박 정부출범 초부터 이와 같은 통합이 부적절하다는 지적이 있었다. 이에 박근혜 정부는 교육부가 교육부문의 기능만 담당하도록 정부조직법을 개정하였다. 또한 과거 교육과학기술부의 과학기술정책 기능은 미래창조과학부로 이관되었다.

교육부의 조직으로는 부총리겸 교육부 장관 하에 차관 1명을 두고 있다. 내부조직으로는 기획조정실, 학교정책실, 대학정책실이 존재하며, 총 11명의 관(정책보좌관, 사회정책협력관, 정책기획관, 국제협력관, 학교정책관, 교육과정정책관, 학생복지정책관, 대학정책관, 대학지원관, 학술장학지원관)과 3개 국인 지방교육지원국, 평생직업교육국, 교육안전정보국이 있다. 최근에는 국정 역사교과서 개발을 지원할 내부조직으로서 역사교육정상화추진단은 2015년 11월에 출범하여 2016년 5월까지 1년 6개월간 한시 조직으로서 운영될 예정이다. 소속기관으로는 국사편찬위원회, 국립특수교육원, 중앙교육연수원, 교원소청심사위원회, 국립국제교육원, 대한민국학술원이 있다.

### 보건복지부

보건복지부는  보건위생·방역·약정·생활보호·자활지원·사회보장·아동·장애인 및 노인 등에 관한 사무를 관장하는 행정기관이다. 보건복지부는 장관과 차관 1명을 두고 있으며, 현재 기획조정실, 보건의료정책실, 사회복지정책실, 인구정책실, 건강보험정책국, 건강정책국, 보건산업정책국, 장애인정책국, 연금정책국, 사회보장위원회사무국을 내부조직으로 두고 있다. 산하기관으로는 질병관리본부, 국립병원,

국립재활원, 국립검역소 등이 있다.

### 여성가족부

여성가족부는 여성정책의 기획·총괄 및 여성의 사회참여확대, 청소년정책의 협의 조정, 가족 및 다문화가족 정책의 기획·종합, 성폭력·가정폭력 예방 및 피해자 보호, 이주여성·여성장애인 등의 권익보호 업무를 수행하는 행정기관이다. 여성가족부는 1999년 "남녀차별금지 및 구제에 관한 법률"이 제정됨에 따라, 정부 각 부처에 분산된 여성관련업무를 관리 집행하기 위하여 2001년에 여성부라는 명칭으로 처음 출범하였다. 이후 2005년에 여성 가족 및 영유아 보육업무를 담당하게 되면서 여성가족부로 개편되었다. 이명박 정부가 출범한 2008년에 다시 여성부로 개편되었지만, 2010년에 다시 여성, 가족 청소년정책 및 건강 가정사업을 위한 아동업무를 담당하는 여성가족부로 재편되었다. 2012년에는 우리사회가 점차 다문화사회로 변모함에 따라 이에 대한 수요에 대응하기 위하여 다문화가족지원과를 신설하였다. 2013년 이후로는 학교밖청소년지원과와 청소년활동안전과를 신설하여 청소년업무를 전담하게 되었다. 따라서 현재로는 각종의 여성정책 기획 조정 전반, 청소년정책과 가족 정책 그 중에서도 다문화가족 정책을 주로 담당하고 있다고 볼 수 있다.

현재 여성가족부는 장관과 차관 1명 하에 정책기획관, 여성정책국, 청소년정책관, 가족정책관, 권익증진국, 청소년보호중앙점검단을 두고 있다.

### (2) 교육문화복지 기능 확대

인구고령화, 만성질환 증가, 외국을 통한 새로운 질병의 등장 등으로 보건의료 지출비가 증가하고 있다. 세계화가 진전되면서 국가 간 물자와 인적 교류는 급증하고 있으며 전 세계의 다양한 물질과 병원체들이 국내로 유입되고 있다. 화학, 약품, 식품 기술이 발달하여 새로운 약품과 물질이 창조되면서 보건·위생·안전에 대한 잠재적 위험도는 증대되고 있다. 메르스(MERS-CoV), 사스(SARS), 지카(Zika virus) 등 외국에서 유입되는 병원체가 야기하는 대규모 보건 위험은 중앙정부가 국제적 협력 속에서 대처해야 한다는 것을 보여 주었다. 따라서 정부는 고령화와 세계화 환경변화에 유연하게 대응하기 위해서는 보건의료체계에 대한 접근성 개선, 의료체계 역량 강화, 보건의료개혁 마무리, 필수 국가 보건의료와 안전관리 강화, 첨단의료를 위한 보건산업 육성에 초점을 두어야 한다(김동욱, 2012).

교육 분야에서는 창의성 교육을 강화해야 한다. 교육자치와 주 5일 수업제의 전면 자율 시행, 교육 기부 확산 등 교육풍토가 변화화고 있으며, 고졸자 취업 강화와 같은 정책 수요도 증가하고 있다. 또한 저출산으로 학생 수가 지속적으로 감소하고, 다문화 가정의 자녀가 증가하는 상황에 대비하기 위해 국가의 역할 강화가 필요하다. 따라서 유아와 초중등 학생 등 대학 진학 이전까지의 교육에 대해서는 창의적이고 전략적인 교육 정책을 추진할 필요가 있다.

한국이 경제적·정치적·사회적으로 급속히 발전할 수 있었던 원동력 중 하나로 수준 높은 교육을 꼽을 수 있다. 그 중에서 고등교육 기관인 대학의 양적 확대는 우리 사회가 필요로 했던 고급 인력을 공급해주는 역할을 하였다. 그러나 이러한 양적 성장에 비해 교육의 질적인 내용과 여건은 상대적으로 저조한 수준이라는 것이 일반적인 평가이다. 따라서 차기 정부는 부실 대학에 대한 평가와 퇴출 과정을 강화하고, 고등교육에 대한 품질관리에 역점을 두어야 할 것이다.

대학의 산학협력 실질화 등 대학 체제 변화도 요구된다. 최근 심화되는 청년실업 문제에 대한 대응으로서 대학교육과 일자리를 연계한 교육체계를 정립하고 대학 운영의 경쟁력을 강화해야 한다(김동욱, 2012).

(3) 교육문화복지 기능 축소

한국은 2007년 5월 개정된 지방교육자치법에 따라 2010년부터 시·도 교육감과 교육의원을 주민들이 직접 선출하고 시·도 의회 내 상임위원회의 하나로 교육위원회가 설치되면서 본격적인 교육자치가 실시되었다. 주민 직선에 의해 선출되는 교육감과 교육위원으로 교육행정의 집행부와 의회(교육위원회)가 구성됨으로써 정치적 위상이 높아지고 있다. 이러한 변화에 따른 지방교육자치 기능의 강화가 자연스러운 현상이며 초중등 교육에 대한 지방이양이 요구된다. 이 과정에서 중앙정부는 유아·초중등 교육에 대하여 법제를 정비하고 재정 지원에 대한 기준을 마련하는 등 유아·초중등 교육에 관한 표준 체계를 만드는 것이 중요하다. 초중등 교육의 기본 방향은 교육자치를 통해 지역 사정에 맞고 주민이 원하는 형태로 이루어져야 하지만, 한편으로는 유아·초중등 교육은 국민의 보편적인 교육을 받을 권리이기 때문에 정부의 역할이 필요하다. 때문에 중앙정부는 지방정부에서 수행하는 유아·초중등 교육에 대하여 국가 전체적인 표준 체계를 형성하고 제시해야 한다. 또한 지방교육 재정지원에 관련하여 공정하고 객관적인 방식에 따른 보통 교육교부세의 비중을 대폭 강화해야 한다. 그리고 중앙정부의 차등적 지원 형식의 특별 교육교부세, 국고보조금 등의 상대적 비중을 줄여야 하고, 현재 교육부의 교육청 평가와 같이 차등 지원을 위한 활동은 축소되어야 한다(김동욱, 2012).

## Ⅲ. 정리 및 요약

박근혜 정부에는 경제부흥, 국민행복, 문화융성, 평화통일 기반 구축을 4대 국정기조로 제시하고 있다. 경제부흥을 위해서는 창조경제, 경제민주화, 민생경제를 3대 전략으로 제시하고 있다. 국민행복을 위해서는 맞춤형 고용·복지, 창의교육, 국민안전, 사회통합을 4대 전략으로 제시하고 있다. 문화융성을 위해서는 문화참여 확대, 문화·예술 진흥, 문화와 산업의 융합을 3대 전략으로 제시하고 있다. 평화통일 기반 구축을 위해서는 튼튼한 안보, 한반도 신뢰 프로세스, 신뢰외교를 3대 전략으로 제시하였다.

차기 정부에 요구되는 국정기조의 핵심은 개방, 협력, 창의로 제시할 수 있다. 개방은 경제뿐만 아니라 우리나라의 전반적인 측면에서 지향해야 할 바이다. 개방을 위한 제도 개선은 변화는 단순한 양적 측면의 규제완화(deregulation)가 아니라, 국가의 구조를 둘러싸고 있는 다양한 요소들을 포괄적으로 고려하는 제도 형성적(institution building) 차원에서 논의되어야 한다. 협력은 정부 간의 협력뿐만 아니라 정부와 민간, 국제기구, 입법부, 정당 등 다양한 차원에서 요구된다. 협력의 방식은 이전과 달리 중앙 정부는 협력 관계에 있어서 주도하는 역할이 아닌 협력 환경을 조성하고 보조하는 역할에 중심을 두어야 한다. 창의는 고착화되고 있는 저성장·고실업 구조를 벗어나기 위해서 필요하다. 저성장·고실업의 늪을 탈출하고 선진국으로 도약하기 위해서 개인의 창의성을 최대한 발휘될 수 있는 환경을 조성할 필요가 있다. 개인의 창의성이 직업과 사업으로 이어질 수 있도록 도전과 모험이 용의한 경제 환경과 창의성을 발휘할 수 있는 교육 환경이 조성되어야 한다.

다음으로 최고의사결정, 지원통제, 경제산업공간, 교육문화복지 등 5개 분야로 나누어 현황을 제시하고 강화되어야 하는 기능과 축소되어야 하는 기능을 제시하였다.

최고의사결정 기능에서 강화되어야 할 것은 국가미래전략 구성, 자문기능, 이를 뒷받침하기 위한 민간전문가 활용 등이고, 축소되어야 할 것은 감찰기능이다.

지원통제 기능에서 강화되어야 할 기능은 예산과 조정·평가의 연계 및 자율성, 인사·조직의 연계와 자율성이다. 축소되어야 할 기능은 예산에 대한 품목별 관리 관행, 중앙정부에 의한 지방정부의 사전 통제이다.

국가 및 사회질서 유지 기능에서 강화되어야 할 기능은 국가정보원의 대테러 기능과 산업스파이 검거 등 기술 보안 기능이다. 군대의 경우에는 현대전에 적합한 군 양성을 위해서 징병제를 최소화하고 군대 지원 시스템을 다양화 하며 적극적인 인재 영입과 교육을 통해 전문성을 가진 기술병을 양성하여야 한다. 현재 결혼, 저학력, 저임금 위주의 외국인 이민과 유치 대신 고학력, 전문직, 투자 목적의 이민이 활성화 될 수 있도록 제도 개선이 필요하다. 국가질서유지 기능 중 경찰 기능의 중앙정부 역할은 축소를 고려할만하다.

경제산업공간 기능에서 강화되어야 할 기능은 통상협상 기능, 공정경쟁 질서 확립과 중소기업 보호, 외국인 투자 유지 환경 조성, 기후 등 환경변화 적응, 우주개발 등이 있다. 축소되어야 할 기능으로는 정부 주도의 R&D, 연구기관에 대한 관료제적 간섭과 통제 등이 있다.

교육문화복지 기능에서 강화되어야 할 기능은 보건·위생·안전에 대한 잠재적 위험에 대응하기 위한 보건기능, 창의성 교육의 확충, 대학의 산학협력 실질화 등이 있다. 축소가 필요한 기능은 초중등 교육에 대한 중앙정부의 통제가 있다.

## 참고문헌

강요섭·최동혁. (2013). 창조경제시대 한국 창업생태계 현황과 과제: 국가 간 창업 지표 비교를 중심으로. 한국과학기술기획평가원 이슈페이퍼, 2013-20.

박수경. (2013). 박근혜 정부조직개편의 시론적 논의. 한국공공관리학보, 27(2): 129-152.

법무부. (2014). 출입국·외국인정책 통계연보.

이윤경·문명재. (2011). 국정의제의 변화와 정부조직개편에 대한 연구. 한국조직학회보, 8(1): 59-106.

황윤원. (2007). 새 정부의 국정기조와 정책 과제 분석. 한국인사행정학회보, 6(2): 33-60.

홍성걸. (2013). 박근혜정부의 정부조직개편: 평가와 전망. 2013 한국정책학회, 하계학술대회 겸 국제학술대회.

홍성표. (2006). 21세기 합동전장환경과 한국군의 전력체계 건설 방향. 국방연구, 49(2): 3-24.

하태수. (2015). 박근혜 정부 출범 시기의 중앙정부조직 개편 분석. 한국정책연구, 15(1): 51-74.

김동욱. (2012). 정부 기능과 조직. 법문사.

대기원시보. (2014). "정부조직개편 안행부 → 행정자치부, 국민안전처 인사혁신처 신설되". 2014년 11월 18일.

동아일보. (2013). "국정원 국내파트 조직 6개 분야로 전면 개편". 2013년 9월 26일. 고성호 기자.

민중의 소리. (2013). "청와대 조직개편, 2실 9수석 슬림화". 2013년 1월 22일. 최명규 기자.

한국경제. (2013). "조율사 정책실 폐지.. 컨트롤타워 경제부총리에 힘 실린다". 2013년 1월 22일. 정종태 기자.

연합뉴스. (2015). "교육부 '역사교육정상화추진단' 출범. 국정교과서 지원". 2015년 11월 13일. 황희경 기자.

지디넷코리아. (2015). "국가안보실에 사이버안보비서관실 신설". 2015년 3월 31일. 손경호

기자.

위키피디아. https://ko.wikipedia.org/wiki/. 검색어: 청와대 비서실, 국무조정실, 국무총리
　　비서실, 국가인권위, 감사원, 국가정보원, 국민권익위원회, 기획재정부, 미래창조과
　　학부, 교육부, 외교부, 법무부, 국방부, 행정자치부, 인사혁신처, 문화체육관광부, 농
　　림축산식품부, 산업통상자원부, 보건복지부, 환경부, 여성가족부, 국토교통부, 해양
　　수산부, 국민안전처. 검색일: 2016년 2월 18일.


감사원 홈페이지. http://www.bai.go.kr

교육부 홈페이지. http://www.moe.go.kr

국가인권위원회 홈페이지. http://www.humanrights.go.kr

국가정보원 홈페이지. http://www.nis.go.kr

국무조정실, 국무총리 비서실 홈페이지. http://www.pmo.go.kr

국민권익위원회 홈페이지. http://www.acrc.go.kr

국민안전처 홈페이지. http://www.mpss.go.kr

국방부 홈페이지. http://www.mnd.go.kr

국토교통부 홈페이지. http://www.molit.go.kr

기획재정부 홈페이지. http://www.mosf.go.kr

농림축산식품부 홈페이지. http://www.mafra.go.kr

문화체육관광부 홈페이지. http://www.mcst.go.kr

미래창조과학부 홈페이지. http://www.msip.go.kr

법무부 홈페이지. http://www.moj.go.kr

보건복지부 홈페이지. http://www.mohw.go.kr

산업통상자원부 홈페이지. http://www.motie.go.kr

여성가족부 홈페이지. http://www.mogef.go.kr

외교부 홈페이지. http://www.mofa.go.kr

인사혁신처 홈페이지. http://www.mpm.go.kr

청와대 홈페이지. http://www.president.go.kr

해양수산부 홈페이지. http://www.mof.go.kr

행정자치부 홈페이지. http://www.moi.go.kr

환경부 홈페이지. http://www.me.go.kr
한국무역협회 무역 통계. http://stat.kita.net

# 제 2 장

# 제도적 시민참여 활성화와
# 정부 역할의 모색

## [최 태 현]

> 제 2 장
> 제도적 시민참여 활성화와
> 정부 역할의 모색

## 초 록

　　시민참여에 의한 행정은 민주화된 한국 사회에서 규범적 가치를 지닌 제도이면서 동시에 오늘날 한국사회가 당면하고 있는 심각한 사회갈등 비용을 줄이기 위한 대안으로 꾸준히 논의되고 있다. 실천적으로도 풀뿌리 수준부터 법제화된 제도까지 다양한 수준에서 실천 단계에 들어서 있다. 그러나 여전히 학계와 실무자들은 이상으로서의 시민참여와 현실에서의 행정 간의 괴리에 주목하면서 시민참여에 의한 행정에 대한 기대 혹은 실망을 표출하고 있다. 이 글에서는 시민참여에 의한 행정의 가능성과 한계에 대해 시민참여의 여러 이론적 논점들, 그리고 한국의 몇몇 사례를 면밀히 논의함으로써 정부 역할의 재정립 논의에서 시민참여에 의한 행정이 자리할 수 있는 부분을 비판적으로 검토하고자 한다. 또한 한국의 제도적 맥락에서 작동 가능한 공식적 시민참여 제도를 위한 정부 역할의 모색에 초점을 두고 사례들을 논의한다. 이 글에서 저자는 시민참여에 의한 행정의 설계는 한국의 정치·행정적 맥락을 고려하여 정부의 역할을 인정할 필요가 있다는 점과, 동시에 발전국가적 유산인 강한 전문가주의의 한계를 인식하고 시민참여행정이 가져올 수 있는 집합적 합리성, 정당성, 실효성을 재평가해야 한다는 점을 제시한다.

# I. 서 론

한국의 정책결정 과정에서 시민참여는 최소한 규범적으로 정당한, 그리고 법적으로 하나의 표준적인 제도로 자리잡고 있다. 전국 지방자치단체들에 의해 채택된 주민참여예산제, 주민의 집합적 의사 표출을 위한 주민투표, 그리고 정부위원회로서 사회갈등과 관련된 국책사업들에 대한 초기 참여의 가능성을 연 댐 사전검토협의회 등 풀뿌리 수준부터 관이 주도하는 수준에 이르기까지 다양한 시민참여 제도가 운영되고 있다. 이러한 시민참여 제도의 활성화는 민주주의의 정착 이후 변화하는 행정 환경의 한 측면이다.

이 가운데 시민참여의 활성화가 담고 있는 의미는 간단하지 않다. 한편으로 시민참여는 민주주의 사회에서 규범적 정당성을 지님과 아울러(이승종·김혜정, 2011), 극심한 사회갈등을 해소할 수 있는 마지막 제도적 출구로서의 실효성도 지니고 있다 (Innes & Booher, 2010). 따라서 시민참여는 꾸준히 그 확대의 필요성이 주장되고 있다. 다른 한편으로 시민참여의 활성화와 아울러 제기되는 비판은 시민참여의 내실에 관한 것이다. 즉 시민참여가 형식은 갖추었으나 실제로는 관이 주도하여 운영된다거나, 시민들의 참여도 및 만족도가 높지 않다거나, 시민참여에 의해 사회갈등이 실제로 해소되기 어렵다거나 하는 비판이 제기된다. 이러한 비판은 사실 전혀 놀라운 것은 아니다. 그 어떤 행정체제도 현실에서 그 이상이 완벽하게 구현될 수는 없다. 지금까지 관료제의 문제 해결 능력에 대한 비판들을 상기하면 하나의 제도로서 시민참여의 문제 해결 능력에 대한 비판 역시 새로울 것은 없다. 그러나 이러한 비판으로부터 교훈은 필요하다. 또한 이러한 비판에도 불구하고 시민참여의 확대가 하나의 시대정신이라는 점도 부인하기 어렵다.

시민참여에 관한 논의의 핵심 중 하나는 그 규범적 정당성에 대한 이해를 바탕으로 어떻게 그 제도의 실효성, 즉 시민참여를 통한 문제 해결 능력을 제고할 것인가의 문제이다. 또한 이 과정에서 필요한 자원을 어떻게 확보할 것인가의 문제가 있다. 나아가 서구의 사회적 배경이 아닌, 그리고 미래의 이상적 제도적·문화적 조건이 아닌, 바로 현재의 한국적 배경에서 시민참여의 바람직한 형태는 무엇인가에 대한 고민 역시 이루어져야 한다. 이러한 인식을 바탕으로 이 글의 목적은 정부역할을 재조정하는 하나의 방향으로서 시민참여에 대해 비판적으로 검토하는 것이다. 이를 위해 우선 한국의 전통적인 정부역할을 발전국가론을 중심으로 요약한다. 다음으로 그간 도입되어 온 시민참여 제도들을 간략히 살펴본다. 여기서는 정부역할의 모색이라는 관점에서 마을만들기와 같은 자발적인 시민참여보다 공식적으로 제도화된 시민참여를 중심으로 살펴본다. 이어서 발전국가적 제도화와 시민참여 제도를 전문가주의와 참여민주주의 이념 간 대조를 중심으로 살펴봄으로써 시민참여 활성화를 위한 논점들을 검토한다. 이를 바탕으로 현재 적용되고 있는 시민참여 제도들을 협력적 시민참여와 갈등해소적 시민참여로 나누어 사례를 통해 자세히 논의한다. 마지막으로 향후 시민참여의 활성화 및 내실화를 위한 함의들을 제시한다.

## Ⅱ. 전통적 행정의 유산 및 참여적 행정제도의 확산

이 장에서는 한국 발전국가의 역사를 살펴보고, 민주화 이후 참여적 행정제도의 확산에 대해 살펴보고자 한다. 한국 행정의 미래에서 참여적 행정 패러다임의 규범적 정당성과 가능성은 논리적으로만 도출되는 것이 아니라 한국 행정이 지나온 과거에 비추어 이해하는 것이 필요하다. 과거는 미래 행정에 방향을 제시하기도 하고 제약으로 작용하기도 한다. 어떠한 행정 제도도 과거와 완전히 단절될 수는 없다. 따라서 미래는 과거에 종속된다. 동시에 미래의 행정 제도는 과거 및 현재 구축된 행정 제도의 바탕 위에서 전개될 수 있다. 따라서 과거는 미래의 방향을 제시하고 가능성을 부여해준다. 이러한 제도적 역사의 양면적 속성을 이해하는 것이 참여적 행정 패러다임에서 정부 역할의 설정을 논의하는 바탕이다.

이어지는 절에서는 우선 한국 발전국가의 전개 과정 및 그 정치사회적 맥락에 따른 발전국가적 행정의 특성에 대해 살펴본다. 시민참여는 백지에서 적용되는 것이 아니라 기존 제도 위에 적용되는 것이기 때문에, 기존 제도의 특징을 이해하는 작업은 중요하다. 이어서 1987년 민주화 이후 오늘날까지 점진적으로 확산되어 온 참여적 패러다임에 대해 살펴본다. 마지막 절에서는 전통적 행정 패러다임과 참여적 행정 패러다임 간의 간극을 행정의 합리성과 전문성 문제를 중심으로 논의한다.

## 1. 한국 발전국가의 유산

발전국가(developmental state)는 국가가 경제 성장이라는 최종 목적을 달성하기 위해 미시적·거시적 계획에 밀접하게 영향을 미치는 국가(Onis, 1999: 110), 또는 경제활동(economic life)을 구조화하는 정치적·관료적·관리적 영향력의 간결한 연결망(Woo-Cumings, 1999: 28)으로 정의된다. 발전국가의 개념은 Johnson(1982)에 의해 최초로 소개되었다. 발전국가의 개념정의에서 확인할 수 있듯이 발전국가는 경제성장을 목표로 한다. 그런데 그 과정에서 전적으로 자유 시장에 의존하지도, 사회주의에서의 국가적 계획에 의존하지도 않는다는 특징이 있다. 대신 사적 소유권과 국가적 지도 사이의 결합, 즉 자본주의 경제와 관료적 권위주의 구조를 가지는 절대주의 국가 간의 결합이라는 색다른 조합이 발전국가의 특징이다. 한국은 일본, 대만, 싱가포르, 홍콩과 더불어 발전국가의 대표적 사례로 꼽힌다(Evans, 1995; Johnson, 1982; 1999; Kohli, 1994; Wade, 2005; Woo-Cumings, 1999).

한국 발전국가의 특징은 부국강병 지향적인 정치엘리트, 응집성이 높고 능력 있는 관료제, 그리고 국가가 시민사회에 침투하는 매개로서 잘 조직된 중간조직을 들 수 있다(정용덕 외, 2014). 우선 발전국가 시기, 혹은 이른바 개발연대로 언급되는 1960년대 이후 핵심 정치엘리트들이 부국강병을 국정의 일차적 목표로 삼고 이를 추진하였다는 데에는 별다른 이론이 없다. 이러한 발전국가적 정치엘리트의 일관된 경제성장정책은 부패와 무능으로 점철된 수탈국가의 정치엘리트의 목표와는 구별되는 것이다.

둘째, 한국의 정치 경제를 연구하는 학자들 사이에는 1980년대까지 한국의 국가 관료제(state bureaucracy)가 경제 발전을 이룩하는데 효과적인 역할을 했다는 동의가 형성되어 있다(Woo-Cumings, 1995: 432). 과거제라는 능력 위주의 관료 임용 시험의 전통은 국가적 계획에 정당성을 부여하는 한편 "가장 뛰어나고 똑똑한(the best and the brightest)" 사람을 공직으로 이끄는 비물질적 유인이 되었다(Evans, 1995: 51). 이러한 관료들은 주로 경제성장을 이끄는 발전국가의 구성요소 중 하나인 선도기구

(pilot agency)에 임용되었다. 한국의 대표적인 선도기구는 경제기획원(the Economic Planning Board)이었다. 발전국가에서 관료들은 발전시킬 산업을 선택하고(산업 구조 정책), 해당 산업이 빠르게 발전할 수 있도록 하는 방법과 수단을 확인·선택한다. 그리고 경제적 건전성과 효과성을 보장하기 위해 지정된 전략적 부문의 경쟁을 감독한다(Johnson, 1982: 314-15). 한편 한국의 관료제는 경제 발전에 도움이 되는 특정한 가치와 이념을 시민사회에 주입하여 대중을 동원하는 역할을 수행하기도 하였다(Woo-Cumings, 1995: 433).

한국 발전국가의 세 번째 특징은 잘 조직된 중간조직이다. 한국의 높은 수준의 국가 자율성은 여러 사회적 계층에 비해 국가가 지배적 위치를 차지할 수 있었음을 의미한다(Minns, 2001: 1025). 일본 식민지 시기 이후 한국의 사회적 제도는 권위주의적이고, 침투적인 조직으로 변화되어 갔으며, 한국 사회를 통제하고 변화시킬 수 있는 능력을 갖추게 되었다. 예를 들어, 박정희 정부에서는 정부가 개입하여 산업의 개인소유, 금융의 국가 통제, 국가적 계획, 그리고 저임금의 유지를 가능하게 했다(Minns, 2001: 1031). 중앙정부의 관료는 지방자치단체, 공기업, 이른바 정부산하단체, 그리고 각종 직능단체들을 포함하는 다양한 유형의 조합주의적 중간조직들을 활용하여 비교적 적은 규모로도 자신들의 정책을 효과적으로 시민사회에 전달할 수 있었다. 이에 주목하여 Evans(1995)는 기존의 자율성 개념에 배태성(embeddedness)의 개념을 추가하여 배태된 자율성(embedded autonomy)의 개념으로 발전국가를 설명한다. 배태성은 긴밀하고 적극적으로 변화적 사업을 함께 수행하는 특정한 사회적 집단과 국가를 연결시키는 단단한 연결의 집합을 의미한다(Evans, 1995: 59). 관료제는 국가와 사회를 묶는 단단한 사회적 결속의 집합을 이용하여 효과적으로 시민사회를 통제할 수 있었고, 중간조직들은 중앙 관료와 시민사회 사이에서 국가의 목표와 정책에 대해 지속적인 협상과 재협상을 할 수 있는 제도화된 통로를 제공하였다(Evans, 1995: 51).

요컨대 개발연대는 관료적 기획의 합리성이 지배하고 민주적 참여의 가치는 상대적으로 경시되던 시기였다. 더욱이 국가 제도는 엘리트 관료 및 이들에 연결된 조합주의적 중간조직 구조로 위계적으로 구성되어 있었다. 이러한 제도적 조건에서 중요한 국가정책은 물론이고 주민들의 생활과 관련된 정책들까지도 정치인 및 관료의 강력한 리더십과 일사불란한 집행을 선호하는 방식으로 이루어져왔다.

## 2. 민주화와 참여적 패러다임의 등장

### 1) 시민사회의 성장

한국 시민사회는 1987년 헌법 체제의 등장 이후 양적으로 팽창을 경험하였다. 몇 가지 지표를 살펴보면 다음과 같다. 우선 〈그림 1〉에서 보는 바와 같이 자발적 결사를 의미하는 민간단체의 수는 1997년에는 5000개 미만으로 파악되었으나 이후 꾸준히 증가해오고 있다. 시민단체에 가입한 회원의 수 역시 비슷한 추이로 증가하고 있는 것으로 추정된다(신동준 외, 2005).

민간단체 수의 증가와 더불어 주목할 것은 중산층의 성장이다. 1980년대 이후 한국의 중산층은 매우 가파른 성장세를 보여왔다. 통계청의 도시가계조사에 따르면, 1982년 67%를 기록했던 중산층은 1992년에는 그 비율이 75%까지 육박하였다(유경준·최바울, 2008). 본인이 중산층에 속했다고 느끼는지를 측정하는 중산층 귀속감 역시 높은 상승세를 보였다. 경제기획원이 발표한 「88년 한국의 사회지표」에 따르면 국민의 약 60.6%가 본인을 중산층에 속한다고 생각하였고, 이는 1987년에 비해 8%

〈그림 1〉 한국 민간단체의 수 추이

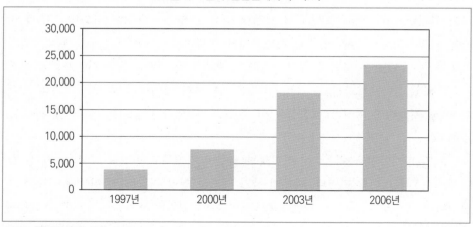

자료: 한국민간단체 총람, 2006.

정도 증가한 수치였다(동아일보, 1989. 1. 23.). KDI가 1989년 실시한 조사에서는 이 비율이 61.5%였으며(경향신문, 1991. 1. 9.), 같은 해 갤럽연구소의 조사 결과에서는 75%에 달했다(매일경제, 1989. 4. 21.) 이를 정리하여 보면, 조사마다 차이는 있으나 최소 60%에서 많게는 80%에 이르는 사람들이 본인을 중산층이라고 느끼고 있었다(강원택 외, 2014: 120-121). 그러나, 중산층의 비율 및 중산층 귀속 의식은 1990년대 이후 계속 줄어들고 있다. 2006년 통계청이 발표한 결과에 따르면 조사 대상 중 53%만이 본인이 중간층이라고 응답했으며(한국경제, 2007. 1. 4.), 2012년 현대경제연구소의 조사 결과에서는 본인을 중산층으로 느끼는 비율이 약 46%로 더욱 낮았다(동아일보, 2013. 1. 14.).

## 2) 참여민주주의적 제도의 도입과 확산

시민사회의 성장에 따라 정책 결정 및 행정 과정에 대한 참여의 요구도 증대되었다. 이에 따라 시민들의 참여를 조장하는 제도들이 꾸준히 확산되어 왔다. 공청회는 매우 기본적인 시민 의견 수렴의 창구로 작용해왔으나, 실질적인 시민참여의 기회보다는 행정부가 정책과 제도를 시행하기 전 정당화의 기제로 사용되어 왔다는 인식이 강하였다. 이외에도 여론조사, 간담회 등도 활발히 진행되고 있으며, 동시에 보다 의미있는 시민참여를 가능하게 하는 공식적 제도들이 도입되었다. 예를 들어 주민참여예산제도는 지방정부 수준에서 예산의 일정 부분에 대해 주민들로 구성된 위원회에서 사업의 대상 및 우선순위를 참여적 방식으로 결정하여 집행하도록 하는 제도로서 2003년에 광주광역시 북구에서 처음 도입되어 현재 전 지방자치단체에 도입되었다. 이 외에도 아래에서 정리하는 바와 같이 다양한 시민참여제도 방안들이 실험되고 있는 실정이다. 이 제도들은 참여에 의한 의사결정 관련 제도 및 지방자치단체의 행정 견제 관련 제도로 나누어볼 수 있다.

우선 의사결정 관련 제도로서 현재 시행되고 있는 공식적인 주민참여제도로는 대표적으로 주민투표 및 주민발의 등이 있다. 우선 주민투표제에 따라 지방자치단체의 장은 "주민에게 과도한 부담을 주거나 중대한 영향을 미치는 지방자치단체의 주요 결정사항 등에 대하여" 주민 투표에 부칠 수 있다(지방자치법 제14조 제1항). 이 제도는 주민투표의 대상, 발의자, 발의요건, 투표절차 등에 대해 규정한 「주민투표법」이 2004년 제정된 이후 실제로 활용되고 있다. 대표적 사례로는 제주도 행정계층구조 개편에 관한 주민투표(2005년), 원전수거물관리센터 부지선정에 관련된 주민투표(2005년) 등이 있다.

한편, 주민 의사에 조응하는 조례의 개정 및 폐지를 목적으로 하는 제도로 주민발의제가 있다. 주민발의제를 통해서 일정한 수 이상의 주민이 서명한 조례의 제정이나 개폐 건은 지방의회의 안건으로 상정된다. 2000년부터 시행된 이 제도는 현행 지방자치법 제15조를 근거로 하며, 대의민주주의의 한계를 보완하고 참여의 불평등을 해소하는 데 일정부분 기여하고 있다고 평가받는다(박현희, 2010).

다음으로 지방자치단체 행정 견제 관련 제도로는 주민옴부즈만 및 주민감사, 주민소송, 주민소환 등이 있다. 부천시 등 일부 지방자치단체에서는 지방 옴부즈만 제도를 1997년부터 도입하여 운영하였다. 옴부즈만이란 국민의 침해된 권익을 해결해 주는 제3자를 지칭하는 용어로, 한국형 옴부즈만 제도는 「부패방지 및 국민권익위원회의 설치와 운영에 관한 법률」 가운데 제3장 시민고충처리위원회 및 제4장 고충민원의 처리 부분을 법적 근거로 하고 있다. 서울시에서도 이를 본받아 "시민감사관제도"를 설치하였다. 이 제도는 이후 주민감사제도의 설립에 큰 영향을 주었다(심남식, 2003). 1999년 8월부터 시행되어 온 주민감사청구제도는 지방행정 예산 편성 및 집행에 주민의 감시와 참여를 목적으로 하고 있다(지방자치법 제16조). 주민감사제의 도입으로 주민들은 지방정부를 구성하는 대리인을 선출하는 것뿐만 아니라 이들의 잘못된 활동에 대해 통제할 수 있는 권한을 가지게 되었다. 주민들은 지방자치법이 규정하는 바에 따라 "당해 지방자치단체와 그 장의 권한에 속한 사무의 처리가 법령에 위반되거나 공익을 현저히 해한다고 인정되는 경우"에 감사를 청구할 수 있다. 그러나 도입 취지와는 별개로 실제 도입 이후 2002년 6월까지 주민이 감사를 청구한 건은 21건에 불과하였다(심남식, 2003).

따라서 납세자로서의 권리를 확보하기 위한 추가적 제도의 필요성이 지속적으로 제기되면서 2005년 1월에는 주민소송제도가 도입되었다(지방자치법 제17조). 주민소송제의 도입과 함께 주민들은 개인의 직접적 이익과 관계없는 경우에도 자치단체의 부당한 재무행위로 인한 공익 침해 가능성이 있는 경우 소송을 제기할 수 있게 되었다. 대표적 승소 사례로 지난 2009년 도봉·양천·금천구 주민들이 해당 구청을 상대로 낸 소송에서 법원이 주민들의 손을 들어준 판례가 있다. 이 사건에서 서울행정법원은 구청들이 구의회 의원들에게 지급하는 의정비를 인상하는 과정에서 위법이 있었음을 인정하고 인상분을 환수하라고 판결하였다(경향신문, 2009.5.20.).

　지방자치단체의 장이나 지방의원들을 주민의 참여를 통해 소환할 수 있는 제도인 주민소환제는 국가 차원에서 2006년 5월 「주민소환에 관한 법률」이 제정되었으나, 2004년 즈음부터 개별 지자체에서 주민소환에 관한 조례를 통과시켜 일찍 도입한 사례도 있다(연합뉴스, 2004. 4. 29.). 광역자치단체장에 대한 최초의 주민 소환 사례는 2009년에 제주특별자치도에서 이루어졌다. 당시 제주 지사가 제주해군기지 건설을 추진하며 부당한 여론조사를 이용하는 등 주민의 이익에 반하고 민주주의의 원리를 어겼다는 이유로 소환투표의 대상이 되었으나, 투표율 미달로 무산되었다(연합뉴스, 2009. 8. 26.).

　한편, 행정부의 범위를 넘어서 최근 도입된 의미있는 참여 제도 중 하나는 국민참여재판제도이다. 2008년 1월부터 시행된 「국민의 형사재판 참여에 관한 법률」에 따라 만 20세 이상 국민은 무작위 선정을 통해 배심원 자격으로 형사재판에 참가할 수 있다. 배심원들은 사건에 대해 사실의 인정, 법령의 적용 및 형의 양정에 관한 의견을 판사에게 전달하게 된다. 다만 이 의견은 권고적 효력만 있을 뿐 법적 구속력을 가지지는 않는다. 그럼에도 불구하고 배심원 평결과 재판부 판결이 일치하는 비율은 약 93%에 이르고 있다(중앙일보, 2015. 9. 12.).

## 3. 전통적 행정 패러다임과 참여적 행정 패러다임: 쟁점들

　다양한 공식적 시민참여제도들이 실험되고 일부 성공하고 있음에도 불구하고 참여적 행정 패러다임에 대해서는 여전히 회의적인 시각들이 존재한다. 특히 한국의 발전국가적 유산은 강력한 관료 주도의 중앙집권형 합리적 행정 이데올로기와 제도를 발전시켰다. 다른 측면에서 보면 이는 시민들에 비해 전문가 집단의 정책결정능력을 더 신뢰하고 선호하는 전문가주의의 제도화를 의미하였다. 그럼에도 불구하고 참여적 행정 패러다임은 두 가지 점에서 여전히 주장되고 있다. 하나는 정당성이고 다른 하나는 실효성이다. 이러한 문제들에 대해 하나씩 살펴본다.

## 1) 합리적 행정 이데올로기: 전문가주의 대 참여의 문제

근대 행정의 전문가주의는 베버관료제의 이념형에 반영되어 있다. 베버관료제는 실적에 따른 관료의 임용, 분업에 따른 관료 전문성의 증진 등을 그 기본 원리로 한다. 관료의 전문성은 동일한 작업을 보다 효율적으로 할 것이라는 기대의 근거가 된다. 또한 이러한 전문 관료는 감정이 아니라 합리적 판단에 기초하여 의사결정을 할 것이 기대된다. 관료의 합리적 판단이 가능하다는 것은 합리적 판단에 필요한 정보를 충분히 수집하고, 사안에 대한 모형을 수립할 수 있을만큼 환경이 충분히 안정적이라는 가정이 깔려 있다. 관료는 이러한 전문성을 바탕으로 일반 시민들보다 더 나은 의사결정을 할 수 있다고 기대된다. 따라서 전문가주의의 일차적인 논리적 귀결은 공적 의사결정에 일반 시민들을 관련시키는 것은 의사결정의 질과 효율을 낮출 뿐이라는 것이다. 이에 반해 참여민주주의를 강조하는 입장에서는 전문가주의의 가정들을 하나씩 비판한다.

### (1) 합리적 의사결정의 한계

첫째, 시민참여를 주창하는 입장에는 도구적 합리성에 기반한 의사결정의 한계에 대한 비판이 깔려있다. 합리적 의사결정의 제약성은 여러 가지 근원을 가지고 있다. 우선 정보의 제약이다. 합리적 의사결정 모형은 상황에 대한 완전정보를 가정하나, 현실에서 완전정보를 보유하는 것은 시간과 자원의 제약으로 인해 거의 불가능하다. 또한 환경의 변화가 잦다면 한 시점의 완전정보는 다음 시점에서는 불완전정보로 전락한다. 이는 끊임없이 새로운 정보를 수집해야 함을 의미하는데, 강한 완전정보 가정을 취할 경우 이렇게 되면 최종적인 의사결정은 사실상 불가능하다.

정보의 제약을 가져오는 또 다른 근원은 조직의 의사소통 구조이다. 베버관료제의 의사소통 구조는 수직적이다. 즉 동급에 속한 관료들 간의 의사소통보다는 상위 관리자와의 의사소통이 보다 강조된다. 관료제에서는 상위 관리자가 자신의 관할 범위에 속한 관료들로부터 정보를 받아 이를 통합/조정하는 기제가 중심이 되기 때문이다. 그러나 이러한 조직구조에서는 그 누구도 완전정보를 보유하고 의사결정을 하지 못한다. 수직적으로 유통되는 모든 정보는 요약된 정보이거나, 권력욕구와 같은 일부 행동유인에 따라 걸러진 정보이다(Adler, 2001). 이상적으로 볼 때 특정 관료조직 전체로 보면 상당히 충분한 정보가 각 전문가에 의해 보유되고 있다고 할 지라도, 실제 의사결정은 이들 정보들이 어떻게 유통되고 조합되느냐 하는 조직 의 사소통 구조에 의해 제약될 수밖에 없다. 사이먼(Herbert Simon)의 제한된 합리성 개념은 완전정보를 지닌 완전히 이성적인 의사결정자 혹은 조직 관념에 대한 중대 한 수정이었다(Simon, 1991).

### (2) 행정 환경의 변화

두 번째 비판은 첫 번째 비판과 밀접하게 연결된 것으로서, 행정 환경의 변화 에 주목한다. 행정 환경이 안정적일 경우 상황은 반복되고 그에 따라 정보는 예측가 능한 범위 내에서 생성되고 유통된다. 특히 베버관료제의 관념은 조직 과업이 상당 히 안정적인 상황, 그렇기에 조직 환경 자체가 안정적이라는 가정이 내포된 상황에 적합하다. 전문성은 바로 이러한 예측가능한 정보처리에 기반해서 구축가능하다. 그 런데 조직 환경이 불안정해지면 조직 내 관료나 조직 전체는 합리성의 가정으로부 터 더욱 멀어지게 된다. 오늘날 행정에서 환경의 복잡성은 이른바 "사악한 혹은 고 약한 사회문제(wicked social problem)"라는 용어로 요약될 수 있다(Rittel & Webber, 1973; Weber & Khademian, 2008). 고약한 사회문제는 보통 여러 다른 문제들과 얽혀 있 어 그 문제가 무엇인지 정확히 정의하기 어렵고, 문제의 범위를 한정하기도 어려우 며, 해법을 모색하기도 어렵다(최태현, 2014). 이러한 문제들은 악성(mailgnant)이고, 악 랄하고(vicious), 까다롭고(tricky). 공격적(aggressive)이다(Rittel & Webber, 1973: 160). 오늘 날 정부관료제가 비판받고 신뢰를 잃어가는 이유 중 하나는 관료제가 이러한 환경 문제를 다루는 데에 적합한 제도가 아니라는 점이다. 대신 보다 분권화된 체계가 복 잡한 환경에 대응하기에 보다 적합하다는 주장이 설득력을 얻고 있다(Wise, 2002).

### (3) 지식의 사회적 구성론

마지막으로 최근 점점 관심을 받고 있는 전문가의 정치적 중립성에 대한 의문 또한 시민참여론의 기저에 있다. 기존 시민참여론에 대한 비판적 관점은 시민들은 비전문적이고 자신들의 이해관계에 종속되어 있다고 지적하는 반면 전문가들은 객 관적이고 중립적인 지식을 보유함을 강조하였다(박희봉·김명환, 2004). 즉 시민들은 자신의 이익에 따라 편향된 정보를 제공하고 이익표출을 하는 반면, 전문가들은 중립적인 입장에서 객관적인 지식을 보유하고 이에 근거하여 의사결정을 한다는 것이다. 그러나 이러한 전문가의 객관성과 중립성은 최근 들어 많은 비판에 직면하고 있다. 그러한 비판의 핵심에는 과학적 지식의 사회적 구성론 혹은 보다 광범위하게는 과학학 혹은 과학사회학이 자리하고 있다(김환석, 1997). 이 관점은 과학적 지식의 절대성과 객관성을 부인하고 과학적 지식 역시 연구자가 처한 사회적·시대적·문화적 환경의 결과물이라고 본다(김환석, 1997; 이영희, 2006). 나아가 전문가들의 지식의 통일성에도 의문이 제기되었다. 특정한 문제, 예를 들면 특정 화학물질의 인체 유해성과 같은 문제에 대해 관련 분야의 전문가들이 모두 동일한 결론을 지지하지 않는다는 것이다(김서용, 2006; 채종헌, 2015). 20세기 중반 이래로 과학 지식의 구성성에 대한 논의가 지난 수 십 년을 거치면서 과학학이라는 학문으로 정립되고, 여기서 과학자들이 생산하는 과학 지식 자체보다 과학 지식이 생산되는 제도에 초점을 두면서 전문적 지식은 점차 그 신화성을 잃어가고 있다.

우리나라에서도 사회적 갈등을 유발하는 정책 문제에 있어서 의견을 제시하는 전문가들의 지식의 중립성 및 통일성에 대한 실증 연구들이 있다. 예를 들어 새만금 사업과 관련된 자문을 수행했던 전문가들을 대상으로 한 김서용의 연구(2006)에 따르면 전문가들도 동일한 과학기술적 사실에 대해 자신들의 입장이 반영된 비중립적 해석을 한다. 이는 전문가들 역시 사회적 관계 내에 위치해 있고, 또한 문화적 편향을 내재화하고 있기 때문이라는 것이다.

## 2) 시민참여행정의 정당성

위의 합리성 비판이 시민참여행정의 필요성을 부각하기는 하지만 이것만으로 시민참여행정의 활성화가 정당화되는 것은 아니다. 기존의 관료제 및 이와 결부된 전문가주의의 대안으로는 시민참여 이외에도 시장 등이 존재하기 때문이다. 따라서 시민참여의 확대가 바람직하다고 볼 보다 적극적인 이유가 필요하다. 시민참여행정의 정당화 논리는 두 가지로 찾아볼 수 있다. 첫째는 정치적 정당성이고 둘째는 실효성이다.

(1) 시민참여행정의 정치적 정당성

시민참여행정의 정당화 논리는 다양하게 존재하는데, 요약하면 대략 다음과 같다. 첫째, 주권자로서의 시민을 넓게 그리고 총체적으로 이해할 경우, 시민의 정치 및 행정에의 참여를 그들의 대표자를 뽑는 투표행위에 한정할 근거는 없다(장용근, 2007). 시민은 자신의 사익, 혹은 공적 이해관계에서 자신의 의사를 반영하기 위해 공적 의사결정의 어느 단계에서든 정치적으로 정당하게 참여할 수 있다는 것이다. 둘째, 참여는 어떤 형태의 민주주의에서든 그 근간이 되는 "교양있는 시민" 및 "시민성"을 양성하는 교육의 기회를 제공한다(이승종·김혜정, 2011; Barber, 1984). 셋째, 공적 의사결정에의 참여는 그 자체로 의미있는 삶의 양태라는 것이다(이승종·김혜정, 2011). 공적인 삶에 있어서의 자결성은 민주주의 체제가 시민들에게 제공할 수 있는 가장 가치있는 요소 중 하나이다.

이러한 정당화 논리가 일견 자명해 보임에도 불구하고 시민참여를 조장하는 참여민주주의적 방식의 행정의 정치적 정당성의 문제는 단순하지 않다. 가장 근본적인 문제 중 하나는 참여민주주의와 대의민주주의 간의 이념적 충돌이다(김세중, 2014). 가장 직관적인 형태의 충돌은 지역 개발에 있어서 시민의 의사가 그 지역의 대표자(국회의원, 지방의원 등)를 통해 표출되어야 하는가 아니면 행정적 참여제도를 통해 직접 표출되어야 하는가에서 드러난다. 특히 논란이 되는 의제가 대의제의 지역구 경계를 넘나들 경우 해당 주민들의 이익이 잘 대표되기 어렵다. 이 경우 행정적 참여제도에서 지역의 대의 대표는 더 이상 독점적 대표성을 가질 수 없고, 일반적으로 참여제도의 한 참여자로 들어가게 된다. 이는 기본 논리상 대의민주주의와 잘 어울리지 않는다. 둘째로 참여민주주의에서 가정하는 교양있는 시민의 존재가 경험적으로 분명하지 않다는 점이다. 참여민주주주의론이 가정하는 시민은 상당한 수준의 지적 역량과 의사소통능력, 그리고 관용의 미덕을 요구한다. 참여민주주의 비판자들은 이러한 시민의 조건이 보편적으로 충족되리라 기대하기는 어렵다고 본다(김세중, 2014). 그 이유가 정보의 비대칭성이든, 이성이 아닌 감정적 반응이든, 교육의 유무이든, 교양있는 시민은 일반적이기보다는 예외적이라는 것이다. 마지막으로 과연 시민들이 참여민주주의에서 강조하는 형태의 직접적인 참여를 선호하는지에 대해서도 경험적 연구는 그리 긍정적이지 않다(Thompson, 2008). 공적 의사결정은 이에 참여하는 개인에게 상당한 책임감과 스트레스를 안긴다. 모든 시민이 기꺼이 이를 감당하고자 하는 것은 아니라는 것이다.

그러나 이러한 논쟁에서 올바르게 부각되지 않았던 논의는 참여민주주의 혹은 대의민주주의 제도가 적용되는 수준 혹은 대상의 문제이다. 해당 논쟁은 많은 경우 암묵적으로 중앙국가 수준에서 어느 제도가 주된 제도여야 하는가를 따지는 것으로 이해되는 경우가 많다. 그러나 이는 참여민주주의의 가능성에 대한 오해임과 동시에 참여민주주의의 한계에 대한 외면이기도 하다. 기존의 연구를 살펴보면 참여민주주의는 중앙보다는 지역 수준에서 적용하기에 적합하다. 지역 수준에서는 시민들이 보다 많은 정보를 가지고, 보다 직접적인 이해관계에 놓여 있고, 보다 명확한 선호를 형성하며, 따라서 보다 적극적인 참여의 동기를 가질 수 있다. 이 장에서 살피는 대부분의 시민참여 제도들이 지방정부 수준에서 제도화된 것은 자연스런 일이다. 문제는 기존에 시민참여를 문제해결 기제로 활용했던 대규모 국책사업들이 중앙국가 수준의 사안을 두고 이러한 시민참여의 정당성 측면만 강조하였다는 데에 있다. 국가적인 사업을 추진함에 있어 지역적인 주민들의 동의 여부를 묻는 것은 바람직한 일이지만 이것이 시민참여의 전부로 이해되는 것은 문제가 있다. 따라서 시민참여는 언제 잘 작동하는가 하는 실효성 문제를 고려할 필요가 있다.

### (2) 시민참여행정의 실효성

시민참여행정은 단순히 이념적으로 바람직하고, 정치적 의사결정의 정당성을 높여주는 규범적 차원의 장점만을 지닌 것은 아니다. 시민참여행정의 몇몇 성공 사례들에 대한 보고를 보면 시민참여행정이 다른 행정 기제로는 해결하기 어려운 특정한 성격의 문제들을 적절하게 해결할 수 있는 기제라는 것을 알 수 있다. 예를 들어, 뒤에서 살펴볼 이천시 쓰레기소각장 사례는 오랜 시간동안 관 주도로 추진된 해결책이 작동하지 않았던 상황에서 이천시가 시민참여를 실질화하면서 이를 해결한 대표적인 사례이다. 시민참여의 한 형태라고 할 수 있는 협력적 거버넌스는 당사자들 간의 오랜 갈등 및 법적 분쟁해결절차로도 조정이 불가능한 대립 상황에 있어서 이 문제를 해결할 수 있는 최후·최선의 수단으로 이해되기도 한다(Innes & Booher,

2010). 또한 마을만들기 사업과 같이 풀뿌리 수준에서 시작되어 지역의 복지를 지역 주민 스스로 증진시키고자 하는 공동체적 운동으로서 시민참여의 실효성은 매우 높다. 다만 바람직한 결과를 가져오는 시민참여의 경우는 그 적용 범위가 주로 지역 수준으로 한정된다는 특징이 있다. 즉 시민참여 제도가 관료제나 시장처럼 보편적 행정 수단이 되기는 어려우나 갈등 상황 혹은 지역적 지식(local knowledge)이 유용한 특정한 상황에서 가장 실효성 높은 제도가 될 수 있다는 것이다.

## Ⅲ. 한국에서 제도적 시민참여와 정부 역할

### 1. 개  관

이 장에서는 한국에서 실제 적용되었던 공식적 시민참여 제도에 대해 살펴본다. 이러한 경험을 살펴봄에 있어서 우리는 참여의 정당성과 실효성 및 전문가주의와 참여민주주의의 조화에 초점을 두고 기존의 경험들을 재해석하는 시도를 한다. 또한 공식적 시민참여 공간에서 정부의 적절한 역할의 문제에 초점을 둔다. 이를 통해 기존의 참여 경험을 단순한 성공/실패의 틀로 재단하는 것이 아니라, 향후 실천을 위한 교훈을 도출하는 방향에서 비판적으로 이해할 수 있을 것이다. 이를 위해 이 장에서는 시민참여 제도를 협력적 시민참여와 갈등해소적 시민참여로 구분한다. 양자가 논리적으로 완전히 구분되는 것은 아니나 협력적 시민참여는 상대적으로 기존하는 심각한 갈등이 부재한 상황에서 자원의 배분 혹은 협력을 통한 가치의 창출을 둘러싼 공적 의사결정에 초점을 두는 시민참여를 의미한다. 이는 주로 특정 지방정부 권역 내에서 이루어지는 생활중심의 시민참여이다. 반면 갈등해소적 시민참여는 기존의 공적 의사결정 기제에 의해 해결되지 못하는 사안을 시민들을 참여시킴으로써 해결하고자 하는 시민참여를 의미한다. 이는 특정 지방정부 권역을 넘어서 여러 지방정부 혹은 중앙정부까지 아우르는 등 정치적으로 복잡한 관계망의 사안이 주로 다루어진다. 갈등해소적 시민참여 역시 가치를 창출하나, 그 본질은 갈등의 해소에 있다.

바로 이어지는 절에서는 우선 협력적 시민참여의 예로서 전국의 지방자치단체에 도입된 주민참여예산제에 대해 살펴본다. 주민참여예산제는 애초의 기대에 비해 제한적으로 운영되고 있는 것이 사실이나, 외양과는 달리 의미있는 시민학습이 일어나고 있는 부분을 지적할 것이다. 다음으로는 갈등해소적 시민참여로서 환경보전 혹은 주민안전과 관련된 시설들의 입지 선정을 중심으로 하는 갈등과 여기서의 시민참여의 경험에 대해 다양한 제도들을 하나씩 살펴본다. 특히 이 형태에서는 전문가주의와 참여민주주의의 이념간 대립이 보다 명확하게 나타난다.

이들 사례들은 포괄적이기보다는 열거적이다.[1] 즉 이 글에서는 한국에서 최근 시민참여행정의 경험들을 논리적으로 분류하는 것을 목적으로 하지 않으며, 서로 성격이 상이한 참여 경험의 분석을 통해 얻을 수 있는 교훈들에 초점을 두고자 한다.

## 2. 주민참여예산제: 협력적 시민참여

### 1) 제도의 도입과 확산

주민참여예산제(participatory budgeting)는 지방자치단체 수준에서 전면적으로 시행되고 있는 가장 대표적인 시민참여행정의 한 예이다. 주민참여예산제는 지방자치단체 예산의 결정과정에 주민들로 구성된 위원회가 예산의 일부를 심의·제안하도록 하는 참여제도이다. 이 제도는 주민들이 지방정부 예산을 자기 스스로 결정할 수 있는 기회를 제공해 주어 지역사회 사업의 민주성을 증대시키고 주민자치를 활성화 할 수 있는 토대를 마련해 준다(임동완, 2014). 또한 시민의 참여로 인해 예산에 있어 재정책임성과 투명성이 제고되고 재정의 효율성도 높일 수 있다(선소원, 2015). 이 제도는 브라질의 포르투 알레그레(Porto Alegre)시에서 1989년 처음 시도된 이후 전세계 여러 국가에 도입되었고, 한국에는 2003년 광주광역시 북구에서 이 제도를 최초로 도입하였다(선소원, 2015; 임동완; 2014). 이후 주민참여예산제는 지방자치단체들 사이에 매우 빠르게 확산되어, 2005년 8월에 지방재정법 제39조는 주민참여예산제의 법적 근거를 제공하였다.[2] 또한 이에 따른 지방재정법 시행령 제46조 제1항은

---

1) 이 장에서 다루어지는 사례들은 주민투표를 제외하고는 2013-2015년 서울대학교 행정대학원 정책&지식 포럼에서 민-관 협력을 주제로 한 발표들에서 다루어진 사례들을 선정하였다.

2) 지방재정법 제39조(지방예산편성과정에 주민참여) 지방자치단체의 장은 대통령령이 정하는 바에 따라 지방예산 편성과정에 주민이 참여할 수 있는 절차를 마련하여 시행할 수 있다.

주민참여의 구체적인 절차들을 다음과 같이 규정하였다.

   1. 주요사업에 대한 공청회 또는 간담회
   2. 주요사업에 대한 서면 또는 인터넷 설문조사
   3. 사업공모
   4. 그 밖에 주민의견 수렴에 적합하다고 인정하여 조례로 정하는 방법

   또한 동 조 제2항은 지방자치단체장이 제1항의 규정에 의하여 수렴된 주민의견을 검토하고 그 결과를 예산편성시 반영할 수 있다고 규정하였다. 마지막으로 동조 제3항은 보다 구체적인 사항들을 지방자치단체 조례로 정할 수 있도록 규정하였다. 이어서 2006년 행정자치부는 표준조례안을 만들었다.

   이러한 초기 입법은 주민참여예산제를 민주적으로 의미있는 수준까지 운영할 수 있는 정도의 제도적 기반을 제공하기에는 부족했다. 즉 초기 입법은 주민참여를 의사결정이 아닌 의견제시 수준으로 제한하고 있으며, 이러한 의견 또한 지방자치단체장이 단지 예산편성시 반영할 수 있을 뿐, 반드시 이에 기속되는 것은 아니었다. 이에 2011년 3월, 그리고 2014년 5월 지방재정법 제39조가 개정되면서 주민참여예산제도에 따른 주민의견의 지방의회 제출이 의무화되었다. 아래 〈그림 2〉는 이러한 의무를 담은 지방재정법 제39조 제2항의 설문 변화를 요약한 것이다.

   이와 더불어 정부는 주민참여예산제 운영조례 모델안을 제시함으로써 주민참

〈그림 2〉  지방재정법 제39조 제2항 주민의견 지방의회 제출 의무화 과정

| 2005년: 해당 규정 없음. | 2011년 3월 8일 신설 | 2014년 5월 28일 개정 |
|---|---|---|
| 〈지방재정법 시행령 제46조 제2항〉 지방자치단체의 장은 제1항의 규정에 의하여 수렴된 주민의견을 검토하고 그 결과를 예산편성시 반영할 수 있다. | 지방자치단체의 장은 제1항에 따라 예산편성과정에 참여한 주민의 의견을 수렴하여 그 의견서를 지방의회에 제출하는 예산안에 첨부할 수 있다. | 지방자치단체의 장은 제1항에 따라 예산 편성 과정에 참여한 주민의 의견을 수렴하여 그 의견서를 지방의회에 제출하는 예산안에 첨부하여야 한다. |

여예산의 운영과 관련된 필수사항을 제시하였다. 주민참여예산제의 운영조례 모델안은 3가지 유형으로 구성되어 있으며 지방자치단체별로 그 지역 실정에 맞게 모델안을 선택할 수 있다. 크게 보아 세 안들의 차이는 주민참여위원회 제도를 얼마나 자세히 규정하였느냐에 있다. '모델안 1'은 위원회 설치를 임의규정으로 하였고, '모델안 2'는 위원회의 설치를 기본으로 하였으나 상대적으로 단순한 제도를 규정하였고, '모델안 3'은 위원회 및 분과위 설치를 자세히 규정하였다. 지방정부가 주민참여예산제도를 의무적으로 도입해야 하는 실정에서 참여 수준이 낮은 '모델안 1', 중간단계인 '모델안 2'와 참여 수준이 다소 높은 '모델안 3' 중에서 지방정부가 자율적으로 선택할 수 있도록 하였다.

구체적으로 주민참여예산제의 모델안 내용을 살펴보면 '모델안 1'은 2006년의 표준안과 같으며 주민참여예산위원회 구성과 운영을 임의에 맡기고 있다. '모델안 1'은 제1조(목적), 제2조(용어의 정의), 제3조(법령준수의무), 제4조(시장의 책무), 제5조(주민의 권리), 제6조(운영계획 수립 및 공고), 제7조(의견수렴 절차 등), 제8조(의견 제출), 제9조(결과 공개), 제10조(위원회 운영 등), 제11조(시행규칙)에서 주민참여예산제도에 대한 기본적인 총칙과 운영계획을 규정하였다. 그러나 제7조(의견수렴 절차 등)[3]의 시행령에서 규정하고 있는 설명회, 공청회, 토론회 및 제10조(위원회 운영 등)[4]의 예산위원회, 예산협의회, 예산연구회 등은 이를 둘 수 있다고 규정하여 다른 모델안들에 비해 위원회를 소극적으로 운영할 수 있는 제도적 여지를 마련하였다.

반면, '모델안 2'는 주민참여예산제도 운영에 있어 주민참여예산위원회의 구성과 기능, 운영 등을 비교적 실질적으로 규정하고 있다. '모델안 2'는 모델안의 기본적인 총칙과 운영계획 면에서는 '모델안 1'과 비슷하나 '모델안 1'의 제10조 내용을 보다 구체화시켰다. '모델안 2'는 제10조(주민참여예산위원회)에서 주민참여예산위원회를 둔다고 명시하였으며, 제11조(위원회의 기능)에서 예산편성에 대한 의견 제출, 수렴 및 집약 등으로 위원회의 기능을 규정하였다. 또한 위원회에서의 위원장과 부위원장 및 위원들의 선출방법 및 임기에 대해 규정하였으며(제12조(위원회 구성)), 재

---

3) ① 시장은 예산편성에 대한 주민들의 의견수렴을 위해 설명회, 공청회, 토론회 등을 개최할 수 있다. ② 시장은 필요시 주요사업에 대한 서면 또는 인터넷 설문조사 및 사업공모 등을 통해 의견을 수렴할 수 있다.
4) 시장은 예산편성에 대한 주민들의 의견을 수렴하고 주민참여예산제도의 효율적 운영을 위해 위원회, 협의회, 연구회 등을 둘 수 있다.

적위원 과반수 출석과 출석위원 과반수 찬성과 같은 회의운영방식 등을 명시하였다 (제13조(위원회의 운영)). 다만 연구회, 협의회 구성에 대해서는 임의규정으로 두었다 (제14조(연구회 운영 등)).

　'모델안 3'은 주민참여예산위원회에 대한 규정과 더불어 위원에 대한 교육, 회의록 공개의 원칙 등 다른 모델안에 비해 제도화 수준이 높으며, 지방재정 건전성 확보 및 활발한 주민참여의 취지에 가장 부합하는 모델안이다(선소원, 2015). '모델안 3'은 총칙과 운영계획에서는 '모델안 1'과 '모델안 2'의 내용과 비슷하나 제10조에서 제23조까지 주민참여예산위원회를 보다 구체적으로 규정하였다. 주민참여예산위원은 지역대표성을 고려하여 균형 있게 위촉해야 한다는 다소 추상적인 '모델안 2'의 제12조(위원회 구성)와 다르게, '모델안 3'의 제10조(위원회 구성)에는 사회적 약자의 참여를 보장하기 위해 노력해야 한다는 조항이 추가되었으며 지자체의 세부지역에서 1명씩은 선발되도록 하는 의무규정이 추가되었다. 제11조(위원의 위촉 및 임기)에는 지방자치단체장이 위원을 위촉할 시 적용되는 선정기준 및 추천기한을 사전에 공고하여야 한다는 조항을 추가시켰으며 제12조에서 위원장 및 간사의 직무에 대한 명확한 언급을 하고 있다. 제13조(기능)는 '모델안 2'의 제11조(위원회의 기능)와 다르게 의견수렴을 위한 설명회, 공청회, 토론회 등의 개최 및 예산편성과 관련하여 구청장이 부의하는 사항이라는 조항을 추가하여 주민참여예산제도의 기능을 구체화하였다. 또한 '모델안 3'은 다른 안들과는 다르게 주민의 복리증진 및 지역 공동체 형성에 대한 기여, 주민참여의 보장 및 재정자치 실현 등과 같은 주민참여예산제도의 운영에 대한 원칙들을 구체적으로 규정하고 있다(제14조(운영원칙)). 이와 더불어 분과위원회 운영을 의무화하고 그 구성에 대한 조항을 명시하였으며(제15조(분과위원회)), 위원회와 분과위원회의 개최 요건 및 의결에 대한 조항을 구체적으로 규정하였다(제16조(회의 및 의결)). 또한 주민참여예산위원회의 개최일시, 심의안건, 출석위원 성명, 발언내용, 결의내용 등을 담은 회의록을 지방자치단체 홈페이지를 통해 공개한다고 규정하여 재정운영의 투명성을 확보하였다(제17조(회의록 공개의 원칙)). 이 밖에 위원의 해촉에 대한 규정을 구체화하였으며(제18조(해촉)), 위원회 필요 시 정책토론회와 공청회를 개최하여 주민들의 의견을 듣거나(제19조(의견청취)) 전문가 또는 관계공무원의 협조를 얻을 수 있다고 규정하였다(제20조(관계기관 등의 협조요청)). 또한 홍보활동을 적극적으로 해야 하며(제21조(주민참여 등 홍보)), 위원회가 구성될 때마다 예산의 편성과정과 주민참여 방법·위원회 운영계획 등에 관한 사항에 대하여 교육을 하여야 하며(제22조(위원에 대한 교육)), 지자체에서 위원회 활동을 위한 행정적 지원 및 위원에게 수당과 여비와 같은 재정적 지원을 해야 한다고 명시(제23조(재정 및 실무지원))하여 주민참여예산에 대한 구체적인 제도를 구축하고 있다.

## 2) 제도의 실제 운영과 한계

위에서 살펴본 바와 같이 주민참여예산제 하에서 주민참여를 의미있게 만들기 위한 제도적 기반은 일정 수준 형성되어 있다고 볼 수 있으나, 실제 운영이 참여의 이념을 충분히 반영하고 있는지는 다른 문제이다. 이를 참여율과 예산 검토의 실효성 측면에서 살펴본다.

우선 주민참여예산제 운영과정의 참여도는 결코 높지 않은 것으로 알려졌다. 비교적 활발하게 운영된다고 볼 수 있는 서울의 일부 구의 경우 주민참여예산위원회 정기회의의 평균 참석률이 50%를 약간 상회하고 정족수 미달로 회의를 개최하지 못하는 경우도 있다(심제천, 2014). 참여 주민들이 일과 시간에는 회의에 참석할 수 없어 주로 일과 이후에 회의가 개최되나 현실적으로 참여가 쉬운 일은 아니며, 출석률도 시간이 갈수록 떨어진다(강명옥, 2014). 또한 도시가 아닌 농어촌 지역의 경우 인구구성의 특성상 인구밀도가 낮고 고령인구비율이 높은 경우 회의를 개최하는 것 자체가 사실상 불가능한 경우도 있다(선소원, 2015). 이렇게 낮은 참여율과 주민참여예산제 의무규정의 결합은 결국 일부 형해화된 제도운영으로 귀결된다.

둘째로 주민참여예산제 적용 대상 예산 규모가 그리 크지 않다는 문제점이 있다. 2014년에 전국 평균 주민참여예산 규모는 76억 원이었으며, 평균적으로 지방자치단체 예산의 1.74%에 해당하는 규모로 나타났다(선소원, 2015: 56). 물론 지방자치단체들의 낮은 재정자립도를 고려하면, 자체재원 기준 주민참여예산제 검토 대상 예산의 비율은 이보다 높을 것이다. 실제로 일부 지방자치단체들은 자체재원에 의한 사업을 모두 주민참여예산제 검토 대상으로 하는 경우도 있고, 서대문구와 같이 본예산의 1%를 주민참여예산으로 규정하는 경우도 있다(임동완, 2014: 19). 이러한 "실링제"는 예산의 일정 부분을 주민참여예산으로 확보한다는 장점이 있다. 이들

은 주민참여예산제를 실질적으로 운영하려는 의도가 반영된 예들이다. 그러나 공공
부문 재원이 점점 부족해지는 추세에서 지방자치단체들이 자체재원을 확보하기 어
려운 실정이다.

실효성과 관련된 또 다른 문제점은 주민참여예산 사업을 제대로 심의하는 것이
쉽지 않다는 점이다. 우선 지역회의는 현실적으로 지나치게 시간과 비용이 많이 들
거나, 농어촌 지역의 경우 큰 의미가 없는 실정이다(강명옥, 2014; 선소원, 2015). 또한
주민참여예산 운영에 있어서 지방정부에서 실시하고 있는 사업과 중복되거나 도로
정비와 같은 다소 단순한 사업에 그쳐 다양한 사업들이 검토되지 못하고 있다(심제
천, 2014). 주민참여예산위원회의 운영도 시간이 촉박하여 사업들을 제대로 검토할
시간이 부족하다(강명옥, 2014). 이와 연결되어 평가와 피드백 기능을 담당하는 예산
연구회의는 주민참여예산위원회가 형해화된 경우 운영의 의미가 반감되어 더욱 제
대로 운영되지 못하는 상황에 처한다(강명옥, 2014). 결국 많은 지방자치단체에서 주
민참여예산의 검토는, 위원회 형태이든 설문조사 형태이든, 다소 형식적으로 이루어
지는 부분이 있다.

## 3) 전문가주의와 참여민주주의

이상과 같이 주민참여예산제를 검토해 볼 때, 많은 제약 하에서 제도가 다소
형식적으로 운영되고 있다는 진단이 있다. 그럼에도 불구하고 몇 가지 의미있는 부
분들을 발견할 수 있다. 첫째, 서울시 주민참여예산위원회에 참여했던 한 인사는 위
원회가 1기부터 3기까지 거쳐감에 따라 점차 세부적인 제도가 개선되고 전체적인
제도 운영에서 진보가 이루어졌다고 평가하였다(강명옥, 2014). 둘째, 많은 시민참여
제도들이 그러하듯이 의사결정과 같은 어떤 가시적인 성과 외에 참여 시민들의 사
회적 학습이라는 매우 중요한 부산물이 주민참여예산제에서도 발견된다는 점이다.
예를 들어, 서울시 주민참여예산위원회에 참여했던 시민들은 "참여예산 네트워크"
라는 시민단체를 발족시켜 꾸준히 주민참여예산활동을 지원하고 있다(강명옥, 2014).
또한 예산학교의 운영을 관이 아닌 민간단체에 위탁하고, 예산학교를 수료한 주민
에게만 주민참여예산위원 자격을 부여하는 등 내실화를 기하고 있는 모습도 발견된
다(임동완, 2014).

주민참여예산제의 성과를 합리적 예산 결정의 관점에서만 평가하는 것은 최선의 기준에 의한 평가는 아니라고 볼 수 있다. 예산 결정 과정 자체가 합리적이기보다는 정치적·점증주의적 성격이 강하다. 지방정부 수준에서의 주민참여예산제 역시 예산 결정의 기술적 합리성을 높인다는 관점보다는 정치적 정당성을 높이고, 예산 사업의 합목적적 합리성, 즉 주민의 실질적인 선호를 실현하는 사업에 우선순위를 부여한다는 관점에서 이해해야 한다.

예산 과정이 정치적이라는 관점을 취할 경우, 전문가주의와 참여민주주의적 이념은 상호 보완적인 위상 정립이 가능할 것이다. 즉 전문가들은 민주성의 가치에 기반하여 주민들이 이해할 수 있는 형태로 사업과 예산 정보들을 가공하여 제공하고, 주민들은 소정의 학습 과정을 이수하고 이를 이해할 수 있는 자질을 습득한 후 예산 과정에 참여하여 정치적 의사결정을 내리는 것이다. 여기서 핵심은 전문가들이 지역의 현안들의 상대적 가치 및 예산의 타당성 정보를 얼마나 주민들이 이해하기 쉽도록 정리하여 전달하느냐일 것이다. 뒤에서 살펴볼 혐오시설 입지 등에 비해 상당한 수준의 과학적 지식을 요하지 않는 이 경우는 전문가주의와 참여민주주의적 이념 간 대립이 심하지 않다. 주민들은 예산학교, 주민참여예산위원회 혹은 다양한 의견수렴 통로에의 참여, 시민단체 활동 등을 통해 이상적인 의미의 참여민주주의적 소양을 습득하고 지역적 삶을 누릴 수 있다. 여기에 이 제도의 가치와 가능성이 있다.

## 3. 위험시설 입지와 갈등해소적 시민참여

### 1) 개  관

한국에서 시민참여에 대한 논의는 사실 위에서 살펴본 주민참여예산제 같은 협력적 시민참여보다는 혐오시설 입지 선정, 대형 국책사업 부지 선정 및 보상 문제 등과 같이 심각한 사회적 갈등요소를 잠재적으로 품고 있는 사안들을 중심으로 한 갈등해소적 시민참여에 초점을 두어온 부분이 있다. 이러한 다소 치우친 초점은 지난 1987년 이후 한국 행정에 있어서 민주화의 맥락 속에 후자의 경험들이 많았던 반면, 전자와 같은 전향적 제도들은 형성이 덜 되어있었다는 실정에 기인한다. 또한 갈등해소적 시민참여와 관련된 사안들은 실제로 국가적으로 매우 중대한 사안들이었기에 학문적 논의의 대상으로도 보다 적실했다.

그럼에도 불구하고 그간의 시민참여 논의가 갈등해소적 시민참여에 더 많은 초점을 둔 점은 시민참여행정을 논함에 있어서 몇 가지 문제를 가져왔다. 하나는 갈등해소적 시민참여와 관련되었던 사안들이 본질적으로 풀기 어려운 정치적 문제들이었다는 사실이다. 달리 말해 시민참여가 아닌 그 어떤 기제로도 모두를 만족시킬 수 있는 대안을 마련하기 어려운 문제들이었다는 것이다. 그럼에도 불구하고 시민참여는 일종의 정치적 정당성 향상 혹은 절차적 정당성 향상을 위해 호소되었고, 조정의 실패는 시민참여의 실패인 것으로 간주되었다.

다른 하나는 시민참여의 본질에 대한 다소의 왜곡이 발생하였다는 점이다. 갈등해소적 시민참여가 관련된 사안들은 상당히 첨예한 이익이 현재적으로 대립하고 있는 사안들이었다. 즉 관련 이해당사자들은 자신들의 어떤 권익이 침해될 우려가 있고, 해당 사업을 통해 누가 이익을 얻을 것인지를 비교적 쉽게 인식할 수 있는 상황에서, 이익 배분의 형평성에 대한 인식을 형성할 수 있는 상황에 있었다. 이러한 상황에서 비용과 편익의 배분을 둘러싼 협상은 시민참여론이 기반하는 공동체적 가치 창출보다는 상당히 개인주의적인 경쟁적 협상에 가깝다. 그 결과 시민참여 제도가 마치 이기적인 집단들을 위한 더러운 협상(pork barrel)을 제공하는 장인 것처럼 이해되기도 하였다.

마지막으로 갈등해소적 시민참여 사례에서 전문가주의와 참여민주주의의 이념이 극명하게 대립되는 결과, 양자간의 관계가 매우 소모적인 것으로 이해되었다는 점이다. 이러한 프레임으로 인해 사업과 관련된 전문가집단, 주민들, 시민단체 등 이해당사자들 간에 지적 분업을 통해 기술적으로 건설적인 대안을 형성하거나, 정치적으로 수용 가능한 대안을 형성할 가능성이 있다는 인식이 차단되는 문제가 있었다.

이 절에서는 이러한 혐오시설 혹은 대규모 국책사업과 관련된 갈등적 사안을 해결하고자 점차 증가하는 제도적 노력들을 살펴본다. 과거 이러한 사안에서 참여를 유도하기 위해 도입되었던 제도들의 특성과 운영 결과 및 문제점들을 간략히 살펴보고, 정부 차원에서 제기되고 있는 국가공론위원회나 댐 사전검토협의회 등의 제도의 가능성에 대해서도 간략히 살펴본다. 마지막으로 논의를 종합하면서 이러한 공식적 참여제도의 틀 내에서 전문가주의와 참여민주주의 이념이 어떻게 조화될 수 있는지에 대해 논의한다.

### 2) 갈등 사안에 있어서 시민참여제도 활용의 역사적 경험

#### (1) 주민투표

한국에서 위험시설 입지와 관련하여 활용되고 있는 전형적인 시민참여 제도 중 하나는 주민투표이다. 주민투표는 지방자치단체장의 발의로 실행되는 공식적 주민투표도 있는 반면, 지방자치단체와 일부 주민들 간 대립이 심할 경우 주민들의 주도로 실행되기도 하였다. 후자의 경우는 그 결과의 법적 효력이 없으나 정치적 영향력을 무시할 수 없기 때문에 다시 갈등을 증폭시키기도 하였다. 또한 주민투표의 대상이 주로 국가의 위험시설 입지와 관련된 바, 이러한 사안이 주민투표의 대상이 되는지의 문제가 존재하였다.

이러한 문제를 잘 보여주는 사례가 삼척시 주민투표 사례이다. 삼척시는 과거부터 원전 유치 시도와 원전 반대 운동이 활발하게 발생한 지역이다. 1982년에는 당시 동력자원부의 삼척시 덕산(현재에는 근덕면으로 바뀜) 원전 건설계획 발표와 이에 대응한 덕산 원전 건설 백지화 투쟁이 있었다. 당해 원전계획과 투쟁은 결국 1998년 12월 산자부가 근덕원전건설 후보 예정지 해제를 발표하면서 마무리되었다(김영희, 2012).

이후 2008년 말, 정부와 한수원이 원전 12기를 신설하고자 하는 계획을 발표하자 당시 삼척시장은 원전유치신청을 추진하게 되면서 원전을 둘러싼 대립이 재개되었다. 특히 주민투표 실시 여부가 갈등의 중심이 되었다. 삼척시장과 삼척시의회 간 주민투표를 실시하겠다는 합의가 이루어져 삼척시의회는 2010년 12월 14일 회의를 개최해 삼척시장이 제출한 "원자력 발전소 유치동의안"을 시의원 8명 전원 만장일치로 가결하면서 갈등은 일단락된 것으로 보였다. 의결 이후 삼척시장은 원전유치신청을 하였고, 2012년 9월 삼척시에 대한 전원(電源)개발사업예정구역의 지정처분이 고시되었다. 그러나 삼척시장은 주민투표 등 주민의 의사를 묻지 않아 다시금 갈등이 발생하였다(김영희, 2012).

급기야 2014년 6월 지방자치단체장 선거에서 '원전 유치 반대' 공약을 내세운 무소속 후보가 시장에 당선되었고, 공약의 이행을 위해 원전 유치 여부에 관한 주민투표를 실시하겠다며 삼척시 선거관리위원회에 투표 사무 수탁을 의뢰하였다. 이에 대해 원전 주무부서인 산자부는 원전 사무는 국가사무이므로 원전 유치에 관한 사항은 주민투표의 대상이 아니라는 입장을 표명하였고, 선관위 역시 투표 사무 수탁을 거부하였다. 거부의사를 통보 받은 삼척시장은 자체적으로 2014년 10월 9일에 주민투표를 실시하였다. 투표 결과, 84.9%의 압도적인 반대표가 집계되었다(한겨레, 2014. 10. 9.). 이를 토대로 삼척시장은 2012년 고시된 전원개발예정구역의 지정처분을 철회해 줄 것을 중앙정부에 요청하였으나, 산자부는 여전히 국가사무를 대상으로 한 주민투표는 법적 효력이 없다며 거부하였다(박태현, 2015). 이 사안의 쟁점들을 정리하면 다음 〈표 1〉과 같다.

삼척시 주민투표 사례는 주민투표와 관련하여 두 가지 쟁점을 제기한다. 하나는 원전 건설과 같은 국책사업에 해당하는 사업에 대해 "주민"투표가 가능한지 여부이며, 다른 하나는 지방자치단체장과 주민 다수의 의견 불일치의 문제이다. 이러한 관할권의 문제는 법적으로는 납득할 수 있으나 특정 지역 주민들의 권익에 영향

〈표 1〉   삼척시 원전부지 선정 관련 주민투표 쟁점들

| | 원전유치 찬성 입장 | 원전유치 반대 입장 |
|---|---|---|
| 대표 행위자 | 산자부(중앙정부) | 삼척시장(지방정부), 다수의 주민 |
| 해당사안이 주민투표의 대상인지 여부 | • 해당 사안은 원자력 개발사업으로서 국가사무인데, 주민투표법에서는 국가사무에 해당하는 사항은 주민투표에 부칠 수 없다고 규정<br>• 당해 고시 지정은 삼척시의 유치신청에 따라 적법절차를 거쳐 하자 없이 지정되었고, 국가사무를 대상으로 진행된 주민투표는 전원개발예정구역의 지정에 아무런 법적 효력이 없음 | • 원자력 개발사업은 국가사무이긴 하지만, 원전 유치신청행위 자체는 자치사무<br>• 유치신청이 자치사무라면 그 철회 역시 당연히 자치사무이므로 주민투표의 대상 |
| 지향 가치 | 국가 전체 관점에서의 공익 | 풀뿌리 민주주의와 주민자치 |
| 관련법령 | 주민투표법 제7조, 지방자치법 제9조, 제11조 | |

출처: 박태현, 2015를 참조하여 재구성.

을 미치는 국가사무에 대해 주민투표라는 수단에 의해서는 주민들의 집합적 의사를 표시할 수 없다는 제도적 제한이 바람직한 것인지는 논의할 필요가 있다. 또한 지방자치단체장, 지방의회, 그리고 주민 다수(혹은 일부) 간 의견의 불일치는 결국 대의민주주의와 직접민주주의의 제도적 갈등 문제를 반영하는 것이다. 어떤 갈등 사안에 대해 주민 다수의 의견이 여론 조사 등을 통해 명백할 경우 사안을 주민투표에 부치는 것 자체가 매우 정치적인 행위가 된다. 주민투표제는 그만큼 정치적으로 상당히 강력한 참여제도라고 볼 수 있다.

### (2) 합동조사

앞서 살펴본 주민투표는 주민들의 의사를 직접 묻는 참여제도이긴 하지만, 최종적인 의사결정 기제는 아니며, 숙의가 반드시 뒷받침되지 않는다는 한계가 있다. 여기서는 숙의에 보다 초점을 두고 2011년 발생했던 캠프캐롤 고엽제 매립의혹 사건 사례를 중심으로 주민참여의 경험을 살펴본다. 캠프캐롤 사례는 2011년 5월 세 명의 퇴역 미군이 경상북도 왜관에 위치한 캠프캐롤 미군기지에 30여 년 전 미군이 고엽제를 매몰했다고 주장하면서 사건이 시작되었다(김은성, 2013). 이 사안은 주변 지역(칠곡군) 주민 안전부터 한-미 관계까지 매우 복잡한 사안이지만, 여기서는 주민 안전을 초점으로 이 문제가 어떻게 다루어졌는지를 중심으로 살펴보고자 한다.

이 사례에서 주민 안전에 대한 대응의 핵심은 민-관 합동조사였다. 즉 주민들의 안전에 대한 우려를 불식하면서 한-미 간 외교적으로 수용할만한 조사단을 구성하고 조사 대상을 선정하며, 그에 따른 조치를 취하는 문제였다. 우선 조사단 구성에 있어서는 한미공동조사단/민-관합동조사단이 꾸려지고 이에 관계부처 공무원, 전문가, 지역주민대표 등이 참여함으로써 주민들의 참여가 이루어졌다(김은성, 2013: 5). 다만 일부 시민단체 추천 전문가를 조사단에 포함시킬 것이냐의 문제에서 한-미간 갈등이 있었다(김은성, 2013: 5).

이 사례는 전문가주의와 참여 간의 조화의 가능성과 한계를 모두 보여준다. 우선 이 사례는 전문가적 판단의 실제적 한계의 단면을 부각시켰다. 첫째, 김은성(2013: 9)에 따르면 환경부는 고엽제 매몰 관련 과학적 사실 확인 중심의 접근을 선호한 반면, 총리실은 다부처 참여를 통한 통합적 접근을 선호했다. 이는 정부의 입

장이 단순히 "과학적" 사실에 의해서만 결정되는 것이 아님을 의미한다. 나아가 무
엇이 과학적 사실인지에 대한 타협의 가능성 역시 반영하고 있다. 이는 조사 대상의
문제에서도 드러났다. 합동조사단의 과제 중 하나는 다이옥신 210종 가운데 독성
이 있는 17종 중에서 조사 분석 대상을 선정하는 문제였다. 한국은 17종 모두, 그
리고 관련 화학물질도 조사대상에 포함시켜야 한다는 입장이었던 반면, 미국은 애
초에 문제가 되었던 1종의 다이옥신만을 포함시키자는 입장을 보였다(김은성, 2013:
13). 둘째, 합동조사단에 주민대표가 참여하긴 했으나, 전체적인 정부의 대응에서는
주민들과의 직접적인 의사소통보다는 통일된("one voice system") 창구를 통한 언론
홍보 위주의 의사소통이 있었다는 진단이다(김은성, 2013). 이러한 의사소통 채널의
제한은 관료주의가 그간 노정해온 폐쇄성의 한 단면이다. 그러나 다른 한편으로 이
사례에서 정부가 유해성을 일방적으로 조사하여 결정하지 않고 합동조사를 통하여
구성주의적 접근의 가능성을 연 것은 매우 의미 있는 일이다.

　　요컨대 캠프캐롤 합동조사 사례를 통해 발견되는 교훈은 환경위해성에 대한 조
사가 단순히 과학적으로 깔끔하게 대상과 기법이 정의되지 않는다는 것이다. 조사
대상에 포함시킬 다이옥신 및 기타 화학물질에 대한 논의, 지하수조사 및 토양조사
여부 등 위해성 조사는 과학적 판단과 정치적 판단이 한데 섞여 있었다. 게다가 정
부 내에서도 환경부와 총리실의 입장이 다소 상이한 것은 과학적 접근과 정치적 접
근이 명확히 구분되는 것이 아니라는 점을 보여준다. 이 사례가 또한 보여주는 것은
의사결정이 아닌 공동 사실확인 수준에서 진행되는 시민참여 제도의 가능성과 그
한계에 대한 것이다. 이 사례에서는 30년 전 매립되었다고 주장되는 고엽제의 현재
위해성 여부 판단이 핵심 사안이었다. 따라서 사실 확인에 있어서 관련 주민들의 참
여가 요구되었고, 주민들의 참여는 조사단의 정당성과 대표성을 높여주었다. 위해성
이 없다는 결론에 대해 주민들이 더 이상 이의를 제기하기를 주저했다는 점은 이
사례의 특징이라고 하겠다. 조사 결과 1차 발표 때에 위험성이 낮다는 발표 이후
주민들의 관심은 물리적 위해성보다는 경제적 이익으로 옮겨갔다(김은성, 2013: 17).
이는 다시금 사실의 구성적 성격을 보여주는 것이다. 만일 주민들이 위해성에 대해
보다 엄격한 증거를 요구했다면 이 사안은 달리 흘러갔을 것이나, 그것이 주민들의
이익은 아니었던 것이다.

(3) 혐오시설 입지선정위원회

앞서 캠프캐롤 고엽제 매립의혹 사례가 시민참여에서 숙의 측면에 보다 무게를 둔 것이라면, 여기서 논의할 이천시 쓰레기 소각장 입지선정 사례는 숙의를 넘어 최종적인 의사결정 권능을 부여받은 참여 사례에 해당한다. 이천시 소각장 입지선정 사례는 시민참여에 기반한 갈등해소 노력이 바람직한 결과를 가져올 수 있다는 것을 보여준 대표적인 사례이다(채종헌, 2015). 이천시 사례는 2000년 이전에는 10여 년 동안 입지를 선정하지 못하고 주민 갈등만이 이어졌으나 주민참여의 시도 이후 4년여의 협의기를 거쳐 마침내 집행이 이루어졌다(채종헌, 2015: 10-11). 이 과정에서 중앙정부로부터 소각장 광역화 지침이 내려오는 변수가 있었으나, 이 또한 성공적으로 관련 지자체들과 확장된 합의에 도달하였다(채종헌, 2015).

이 사례에서 주목할 요소는 이천시가 범시민폐기물처리시설 추진협의회 구성을 지원하고 소각장 건설 관련 의사결정 권한을 부여한 점이다. 나아가 이천시는 행정·재정적 지원을 담당하였다(채종헌, 2015: 11). 이는 시민참여행정에서 정부의 바람직한 역할에 대해 많은 함의를 주는 부분이다. 즉, 시민참여에 기반한 성공적인 갈등 해소를 위해서 정부의 역할은 두 가지 축을 중심으로 이해되어야 한다는 것이다. 하나는 자원제공자의 역할이며, 다른 하나는 의사결정에 있어서 열린 수용자의 역할이다(Choi, 2014).

자원제공자의 역할은 주민참여가 성공하기 위한 필수 조건이다(Purdy, 2012). 한국의 상황에서 시민사회 영역은 아직까지 참여에 소요되는 자체적인 자원을 충분히 동원하기 어려운 정도의 역량을 보유하고 있다. 일부 시민단체의 적극적 활동이 관찰되고 있으나, 갈등 사안과 관련된 주민들을 참여시키는 것은 다른 문제이다. 성공적인 참여를 위한 자원은 회의를 위한 물적 기반, 행정·재정적 기반을 제공하는 것을 포함해서, 공동학습을 위한 견학 기회, 이벤트 마련, 정보 수집 비용 등 상당한 비용을 수반한다. 현재 한국에서 이러한 자원을 제공할 수 있는 주체는 정부가 거의 유일하다.

시민참여행정에서 어려운 부분 중 하나는 이렇게 정부가 자원제공자의 역할을 함과 동시에 정부의 의사결정에의 영향력을 감소시켜야 한다는 모순된 역할기대이다. 시민참여의 이념은 기본적으로 정부 주도의 의사결정을 거부하고, 정부의 영향력을 감소시키는 것이다. 따라서 주민들과의 협의에 의한 의사결정에 대해, 어떤 결정이 내려지든 그것에 대해 열려있는 수용자로서의 정부 역할 기대가 기본적이다. 문제는 한국적 맥락에서 정부의 의사결정에의 영향력은 줄이면서, 행정·재정적 지원은 기대할 수밖에 없다는 것이다. 이것은 주민참여를 기본으로 하는 협의체 구성과 운영에 있어서 하나의 파트너인 정부에게 일종의 희생을 기대하는 것이다. 그러나 이천시 소각장 사례는 이러한 역할기대에 정부가 부응할 때, 성공적인 합의와 정책 집행이 이루어질 수 있다는 것을 보여준다.

이 사례에서 주목할 또 다른 요소는 주민들과 전문가 사이에 구축된 신뢰관계이다. 소각장 입지 선정에서 중요한 쟁점은 소각장의 안전성이었다. 이 사례에서 소각장의 입지타당성 조사는 두 번 이루어졌다. 첫 번째의 조사 결과에 대해 주민들이 이를 신뢰하지 못하자 입지타당성 조사를 한 번 더 하여 유사한 결과를 얻음으로써 주민들의 수용을 얻을 수 있었다. 또한 이 과정에서 입지선정위원회는 주민들 및 위원회가 추천하고 주민들이 모니터링하는 전문기관이 조사를 진행하게 함으로써 신뢰성을 제고하였다(채종헌, 2015: 12).

마지막으로 이 사례는 갈등해소적 시민참여로서 사안이 지역 수준에 있었다는 점이다. 즉 대규모 국책사업 유치 관련 입지 선정 문제가 아니라, 특정한 지역 내에서 해당 지역의 주민들의 이해가 걸려 있는 사안이었다는 점이다. 이러한 사안에서 지방자치단체의 자세에 따라 얼마나 성공적으로 갈등이 해소될 수 있는지를 이 사례는 보여주었다.

요컨대 이천시 소각장 입지선정 사례는 시민참여가 성공하기 위해서는 정부의 역할과 주민 – 전문가집단 간 신뢰 구축이 필요함을 보여준다. 이 사례를 심층 분석한 채종헌(2015)은 소각장과 같은 혐오시설에 대한 주민 인식의 전환은 과학적 설명만으로는 불가능하고 주민의 실질적 이해관계 파악 및 비합리적 행태에 대한 이해가 필요하다고 주장한다. 다시 말해 소각장과 같은 위험시설 입지 선정 문제는 단순히 과학적 판단의 문제가 아니라 정치적·문화적 고려가 필요하다는 것이다. 앞장에서 살펴본 바와 같이 과학적 판단 역시 일률적인 것은 아니며 정치적 맥락 안에서 관련 당사자들에 의해 평가된다.

## 3) 새로운 시도들

최근 위험시설 혹은 대규모 국책사업 관련 시민참여를 증대시키려는 노력 가운데 주목할 만한 것은 정부 주도로 고안되고 있는 위원회 제도이다. 여기에는 한때 논의가 되었으나 제도화에 이르지는 못했던 국가공론위원회와 현재 운영되고 있는 댐 사전검토협의회 등이 포함된다. 국가공론위원회는 사회 갈등의 씨앗이 되는 대규모 국책사업의 경우, 사업 아이디어를 제공한 정부가 아닌 중립적인 제3의 조정기관을 통해 관련 당사자간 합의를 이끌어내고자 하는 제도이다(김동완, 2014). 프랑스 국가공공토론위원회(Commission nationale du debat public)의 성공적 운영을 참고로 한 제도로, 국가공론위원회 제도가 기존의 제도에 비해 가지는 차별성은 바로 정부로부터 독립된 제3의 기관 형태로 설치되어야 한다는 점이다. 기존의 분야별 분쟁조정위원회나 갈등심의위원회 등의 경우 독립성이 취약하여 그 심의와 결정의 객관성에 대한 국민적 신뢰가 떨어지는 문제가 있다는 것이다(김동완, 2014). 이 아이디어는 심의의 대상이 될 대규모 국책사업의 정의, 위원회 구성의 문제, 운영의 문제 등 여러 논란 가운데 실현되지는 못했으나, 주무부처와 독립적인 참여적 위원회를 구성하고 대규모의 참여를 조장하는 제도를 구상했다는 점에서 참고가 될 만하다.

현재 운영되고 있는 댐 사전검토협의회도 기본적으로 정부 주도의 기구이다. 이 협의회 절차는 기존에 댐을 건설하는 과정인 기본구상, (예비)타당성조사, 그리고 기본계획 수립의 과정 중 기본구상과 예비타당성조사의 중간 과정에 설치되었다(이성해, 2015). 즉 댐 건설 기본구상 이후 사전검토협의회의 협의를 거치고 지역의견을 수렴하여 시민적 합의를 확보한 후 타당성조사에 들어가는 것이다. 사전검토협의회는 관련 분야의 전문가, 시민단체, 언론, 관계부처 등이 참여하도록 되어 있다(이성해, 2015). 이 시험적인 제도가 가지는 핵심적인 의의는 "사전"에 참여와 소통의 단계를 마련한다는 데에 있다. 즉 정부 주도의 정책 추진 및 이에 따른 갈등의 경험 후 사후적 갈등 해소를 위해 참여의 장을 마련하는 것이 아니라 정책의 추진 여부 자체를 참여의 장을 통해 우선 결정한다는 데에 이 제도의 의의가 가진 독특함이 있다는 것이다. 댐 사전검토협의회는 그러나 구성원의 대표성을 어떻게 확보할 것인가의 도전을 안고 있다(이정수, 2015). 모든 정부 주도의 참여제도가 그러하듯 관련 이해당사자, 특히 영향력이 작은 집단의 경우 협의회가 내리는 결론에 따라 협의회의 존재를 요식행위로 인식하고 이를 부정할 가능성이 존재한다. 이 점에서 한국의 맥락에서 관련 전문가에 대한 문제도 주의해서 보아야 한다. 즉, 시민들은 전문가를 단순히 과학적 전문성의 차원에서만 보는 것이 아니라 그들이 내리는 결론(그것이 아무리 과학적으로 타당하다 해도)의 정치적 성격에 따라서도 본다는 것이다(김서용, 2006). 극단적으로 말해 참여의 장에서 순수히 과학적인 판단은 존재하지 않는다. 또한 앞서 논의했듯이 이러한 제도의 도전 중 하나는 이러한 제도를 운영하는 데 소요되는 비용을 정부가 공급하지만 정부는 협의회의 결론에 열려있어야 한다는 규범적 압력에 직면한다는 것이다.

## IV. 결 론

이 글에서는 정부역할의 재정립을 모색하는 기본 관점에서 시민참여의 가능성과 정부의 역할을 살펴보았다. 우선 시민참여의 제도적 환경으로서 정부가 공적 의사결정의 중심이 되어 온 한국 발전국가의 역사적 맥락을 살펴보았고, 다음으로 시민참여에 대한 이념적 반론으로서 전문가주의를 둘러싼 논점들을 살펴보았다. 이어서 실제 운영되고 실험된 공식적 시민참여 제도들을 협력적 시민참여와 갈등해소적 시민참여로 나누어 분석하고 그 함의를 정부의 역할과 전문가주의의 한계를 중심으로 논의하였다.

위에서 살펴본 시도들은 본질적으로 시민들이 자발적으로 참여의사를 가지고 조직화를 하는 방식의 상향식 참여가 아니라 정부가 참여의 판을 짜고 이후 과정을 주도하는 하향식·공식적 제도적 참여이다. 따라서 급진적인 참여민주주의의 관점에서 이러한 시도는 절름발이 제도로 이해될 수도 있다. 그럼에도 불구하고 한국의 정치, 행정 및 문화적 맥락을 고려하면 이러한 시도가 가지는 나름의 의의를 인정할 수 있다(Choi, 2014). 한국 발전국가적 역사의 맥락과 시민참여 제도 확대라는 변화의 맥락 사이에서 앞으로의 논의를 위한 함의를 요약하면 다음과 같다. 첫째, 한국은 여전히 정부가 시민사회에 비해 많은 자원과 정보를 가지고 있다. 즉 정부와 시민사회 간 정보 및 자원비대칭이 그 특징이다. 참여 제도의 운영에는 많은 자원이 소요되는데, 이러한 자원이 시민사회로부터 충분히 조성되기 어렵다는 것이 한국 행정의 현실이다. 둘째, 한국에서 정부는 구성원의 자율을 중시하는 조장적 리더십(faci-litative leadership)보다는 리더가 해법을 제시하고 과감히 이를 추진하는 지시적 리더십(directive leadership)을 발휘할 것이 기대되는 문화적 맥락에 놓여 왔다. 유교적 정치문화에서 정부는 "하늘의 뜻"을 묻고 솔선하여 백성들에게 답을 제시하고 이를 추진하는 존재이지, 백성들이 스스로 문제를 해결하도록 조장하는 존재는 아니었다 (박병련, 2009). 이러한 문화적 신념은 현대에 있어서도 아직까지 크게 달라졌다고 보기 어렵다. 셋째, 위의 정부 리더십과 관련하여, 한국의 시민들이 선호하는 공적 의사결정 방식에 대한 논의가 부족하다. 참여민주주의가 여러 측면에서 정치적으로 바람직하다 해도 그것이 일부 시민들의 선호에 머문다면 정치적 정당성 역시 근거가 약할 수밖에 없다. 오히려 정부가 주도하는 가운데 시민의 참여는 일종의 자문 역할을 하는 "수의형" 리더십도 선호될 가능성이 높은 것이다. 이는 단순히 논리의 문제가 아니라 역사적 실천의 결과를 반추하고 조정할 문제이다.

이러한 현실 인식에도 불구하고 행정에서 시민참여의 확대는 공적 삶에 대한 시민 스스로의 자기결정권의 강화 및 복잡한 정책환경에 적응성 증대, 그리고 현실 갈등의 해결능력 고양이라는 차원에서 필요하다. 요컨대 시민참여행정은 중앙 수준에서 지방 수준으로, 전문가로부터 일반 시민으로, 단순 자문에서 일정 수준의 의사결정 권능 부여로, 그리고 숙의 과정에서 관료제에서 위원회 형태로의 제도적 변화를 포괄하는 정부역할의 재정립을 요청한다. 마지막으로 시민참여행정의 가능성에 대한 평가는 적절한 제도화와 더불어 시민참여를 통해 보다 잘 수행할 수 있는 정책과 행정이 무엇인지에 대한 사회적 고민과 학습을 통해 이루어지는 것이 바람직할 것이다.

참고문헌

김서용. (2006). 정책과정에서 전문가의 중립성에 대한 실증분석. 한국행정학보, 40(4): 127-153.

김세중. (2014). 한국 민주주의의 전개와 외환위기: 대의민주주의 정상화 방안의 모색을 중심으로. 이태정 외. 외환위기 이후 한국사회의 변화. 서울: 한울아카데미. 66-131.

김영희. (2012). "국회 삼척 진상조사단 구성을 촉구한다". 탈핵법률가모임 해바라기 파워포인트 자료. 6월 28일.

김환석. (1997). 과학기술에 대한 사회학적 이해. 과학사상, 20: 223-238.

박태현 (2015). 원전 개발과 지방자치. 동아법학, 67: 121-141.

박현희. (2010). 주민발의 제도의 운영현황과 특성. 한국행정학회 학술대회 발표논문집. 316-344.

박희봉·김명환. (2004). 외국의 과학기술정책에 대한 민간참여 형태. 한국행정학회 추계학술대회 발표논문집. 1-27.

선소원. (2015). 주민참여예산제도의 활성화 정도가 정책유형별 예산지출에 미치는 영향에 관한 연구. 서울대학교 행정대학원 석사학위논문.

신동준·김광수·김재온. (2005). 연구논문: 한국 시민단체의 성장에 대한 양적 연구. 조사연구, 6(2): 75-101.

심남식. (2003). 주민감사청구제도의 효율적 운영에 관한 연구. 감사논집 2003.

이영희. (2006). 과학기술과 민주주의: 시민참여를 중심으로. 제99회 과학사 및 과학철학 협동과정 콜로키움 발표논문.

장용근. (2007). 국민주권론의 비판적 재구성-대표제와 직접민주주의의 관계를 중심으로. 세계헌법연구, 13(1): 111-142.

최태현. (2014). 자기조직적 거버넌스의 재고찰: 설계와 창발 개념의 통합을 중심으로. 행정논총, 52(2): 67-90.

강원택·김병연·안상훈·이재열·최인철. (2014). 당신은 중산층입니까: 서울대 교수 5인의 계층 갈등 대해부!. 21세기북스.

박병련. (2009). 동양역사에서의 리더십. 홍재환·함종석 편. 국가경쟁력과 리더십. 파주: 법문사. 14-52.

시민운동정보센터. (2006). 2006 한국민간단체총람.

유경준·최바울. (2008). KDI 이슈분석: 중산층의 정의와 추정. KDI 재정·사회정책동향 2008년 상반기.

이승종·김혜정. (2011). 시민참여론. 서울: 박영사.

정용덕 외. (2014). 현대 국가의 행정학. 파주: 법문사.

강명옥. (2014). "주민참여예산제도의 분화와 시사점"에 대한 토론문 Ⅰ. 서울대학교 행정대학원 제739회 정책&지식 포럼 토론문.

김동완. (2014). 갈등해소를 위한 국가기구 제도화 방안: 국가공론위원회법안을 중심으로. 서울대학교 행정대학원 제723회 정책&지식 포럼 발표문.

김은성. (2013). 캠프캐롤 고엽제 매립의혹 갈등: 한미 군사관계에서의 통합적 갈등관리와 분권적, 참여적 거버넌스의 도전. 서울대학교 행정대학원 제689회 정책&지식 포럼 발표문.

심제천. (2014). "주민참여예산제도의 분화와 시사점"에 대한 토론문 Ⅱ. 서울대학교 행정대학원 제739회 정책&지식 포럼 토론문.

임동완. (2014). 주민참여예산제도의 분화와 시사점. 서울대학교 행정대학원 제739회 정책&지식 포럼 발표문.

이성해. (2015). 댐 사전검토협의회: 공공갈등에 대한 새로운 접근. 서울대학교 행정대학원 제786회 정책&지식 포럼 발표문.

이정수. (2015). "댐 사전검토협의회: 공공갈등에 대한 새로운 접근"에 대한 토론문. 서울대학교 행정대학원 제786회 정책&지식 포럼 토론문.

채종헌. (2015). 공공갈등 해결을 위한 협력적 거버넌스의 효과에 관한 연구. 서울대학교 행정대학원 제773회 정책&지식 포럼 발표문.

경향신문. (1991). 자칭 「中産層」이 61.5%. 1991년 1월 9일.

경향신문. (2009). 지자체 상대 주민소송 첫 승소. 2009년 5월 20일.

동아일보. (1989). 국민 절반이상 強竊盜 피해 공포. 1989년 1월 23일.

매일경제. (1989). 긴급診斷 우리 經濟 어디로 … 〈6〉 分配 구조 비판목소리 높다. 1989년 4월 21일.

연합뉴스. (2004). 첫 공직자 소환 조례안 탄생 예고. 2004년 4월 29일.

한국경제. (2007). '난 중산층' 갈수록 줄어. 2007년 1월 4일.

연합뉴스. (2009). 제주지사 주민소환 무산..투표율 미달. 2009년 8월 26일.

한겨레. (2014). "'삼척 원전' 유치 주민투표 결과 … 84.9% 반대". 2014년 10월 9일.

동아일보. (2013). 중산층, 정부통계론 68% 체감비율은 46%. 2013년 1월 14일.

중앙일보. (2015). 배심원 평결, 재판부 판단과 일치율 93% 'A학점'. 2015년 9월 12일

Adler, P. (2001). Market, Hierarchy, and Trust: The Knowledge Economy and the Future of Capitalism. *Organization Science*, 12(2): 215-234.

Barber, B. (1984). Strong Democracy: *Participatory Politics for a New Age. Berkeley*: University of California Press.

Choi, T. (2014). Revisiting the Relevance of Collaborative Governance to Korean Public Administration. The Korean Journal of Policy Studies, 29(2): 21-41.

Evans, P. B. (1995). *Embedded Autonomy: States and Industrial Transformation*. New Jersey: Princeton University Press.

Innes, J. E. and D. E. Booher. (2010). Planning with Complexity: An Introduction to Collaborative Rationality for Public Policy. New York: Routledge.

Johnson, C, (1999). The Developmental State: Odyssey of a Concept. in Meredith Woo-Cumings (ed.) *The Developmental State*. Cornell University Press.

Johnson, C. (1982). *MITI and the Japanese Miracle: The Growth of Industrial Policy: 1925-1975*. Stanford University Press.

Kohli, A. (1994). Where Do High Growth Political Economies Come From? The Japanese Lineage of Korea's "Developmental State". *World Development*, 22(9): 1269-1293.

Minns, J. (2001). Of Miracles and Models: The Rise and Decline of the Developmental State in South Korea. *Third World Quarterly*, 22(6): 1025-1043

Onis, Z. (1991). The logic of the development state. *Comparative Politics*, 24(1): 109-126.

Purdy, J. M. (2012). A Framework for Assessing Power in Collaborative Governance Processes. *Public Administration Review*, 72(3): 409-417.

Rittel, H. W. J. and M. M. Webber. 1973. Dilemmas in a General Theory of Planning. Policy Sciences, 4(2): 155-159.

Simon, H. (1991). Bounded Rationality and Organizational Learning. *Organization Science*, 2(1): 125-134.

Thompson, D. F. (2008). Deliberative Democratic Theory and Empirical Political Science. *Annual Review of Political Science*, 11: 497-520.

Wade, R. (2005). Bringing the State Back In: Lessons from East Asia's Development Experience. *Internationale Politik und Gesellschaft*, 8(2): 98-115.

Weber, E. P. and A. M. Khademian. 2008. "Wicked Problems, Knowledge Challenges, and Collaborative Capacity Builders in Network Settings". *Public Administration Review*, 68(2): 334-349.

Wise, C. R. (2002). Organzing for Homeland Security. *Public Administration Review*, 62(2): 131-144.

Woo-Cumings, M. (1995). Developmental Bureaucracy in Comparative Perspective: The Evolution of the Korean Civil Service. in H. Kim, M. Muramatsu, T. J. Pempel, and K. Yamamura (eds.) *The Japanese Civil Service and Economic Development: Catalysts of Change*. New York: Oxford University Press.

Woo-Cumings, M. (1999). *The Development State*. New York. Cornell University Press.

제3장

# 지방분권과 중앙정부와 지방정부의 역할배분

[김 순 은]

> 제3장
지방분권과 중앙정부와 지방정부의
역할배분

# I. 서 론

국가의 체제는 공공부문과 민간부문으로 대분하여 논의되어 왔다. 국가자원의
배분주체와 관련하여 정부와 시장이 주요한 역할을 수행한다. 그 중 자본주의 경제
하에서 시장의 역할은 지대할 수밖에 없다. 그러나 자본주의의 경제체제 하에서도
시장의 실패와 새로운 사회적 요구가 증대하는 상황에 따라 정부의 역할이 확대되
었다. 미국의 경우 새로운 연방헌법에 의하여 국가를 건국한 1789년 당시 연방정부
의 부처는 4개에 불과하였다. 국무부,1) 재무부, 전쟁부, 우체부가 연방정부의 부처
였으나, 2002년 국가안전부가 신설되어 현재는 15개에 이르고 있다. 정부는 시장에
서 해결할 수 없는 다양한 서비스를 제공할 뿐만 아니라 공적부조와 같은 소득의
재배분 역할도 담당하였기 때문이다.

현대사회에서도 정부의 역할과 기능은 점차 강화되어 가는 추세이다. 사회가
다양화됨에 따라 사회문제 또한 복잡하게 발생하기 때문이다. 이는 비단 한 국가의
문제만이 아니라, 국제사회에서도 민족, 경제 등으로 유사한 현상이 나타난다(長沼,
2010). 이와 같은 상황은 시대에 따라 정부와 시장의 역할에 대한 사회적인 합의가
변화되어 왔음을 보여준다.

---

1) 초기의 명칭은 외무부(Department of Foreign Affairs)였음.

정부와 시장의 역할에 대한 사회적 합의가 이루어지면 다음의 과제는 국가의 통치체제로서 중앙정부와 지방정부의 관계 및 각각의 역할이 논의된다. 연방제와 단방제 채택 여부를 떠나 도시국가를 제외하고는 대부분의 국가가 중앙정부와 지방정부의 조합을 통하여 국가의 정치와 행정체제를 구성한다. 연방제의 대표적 국가인 미국은 지방정부와 주정부를 토대로 연방정부를 도입한 국가이다. 한편 영국은 단방제 하에서 4개의 지역정부와 지방정부로 국가의 통치구조를 형성하였다. 미국과 영국은 상대적으로 지방의 재량이 인정된 지방분권적 전통 위에 근대적 정부를 수립하였다.

19세기 말 서구 열강에 비하여 산업화가 늦은 독일과 일본은 강력한 중앙집권체제를 구축하는 목표 하에 중앙정부와 지방정부와의 관계를 설정하였다. 약육강식의 국제정치 풍토 하에서 신속하게 부국강병을 달성하고자 했던 독일은 분권적인 전통을 버리고 중앙집권적 체제를 구축하였다. 지방정부의 권한과 재량은 중앙정부가 규정한 범위 안에서 인정되었다. 근대화를 서둘렀던 일본은 독일을 모델로 삼아 260년 전통의 분권체제를 폐지하고 강력한 중앙집권체제를 구축하였다. 우리나라에서 논의되는 '단체자치'라는 용어는 독일과 일본의 중앙 – 지방관계를 단적으로 보여주는 것이다.

상기에서 예시한 국가와는 달리 우리나라는 조선시대 이후 매우 강력한 중앙집권의 전통을 유지하였다. 따라서 지방의 주요 관리들이 중앙정부에 의하여 임명되는 집권체제를 이어 왔다. 여기에 우리나라는 독일과 일본의 영향을 받아 중앙 – 지방관계 또한 중앙집권적 국가체제를 유지하였다.

미국, 영국, 독일, 일본과 우리나라의 예에서 각 국가의 통치체제는 각 국가의 역사, 정치, 문화적 전통 위에서 발전하여 왔음을 알 수 있다. 또한 각 국가는 시대적 상황에 능동적으로 대처하기 위하여 국가의 통치체제를 개혁하는 과정을 반복하고 있음도 확실하다. 상이한 국가체제에도 불구하고 근대적 의미의 지방정부로 발전한 19세기 중반부터 20세기 중반까지는 지방정부는 물론 중앙정부의 역할이 크지 않았다. 지방정부의 역할은 매우 제한적이어서, 지역 공동체의 유지를 위한 최소한의 공동수요에 대응하는 것이었다. 주로 도로와 하수도의 정비와 보수, 방역 등의 공동위생, 치안을 위한 자치경찰의 유지 등이 주요한 역할이었다. 이로 인해 지방정부의 재정규모도 크지 않았다. 중앙정부의 경우에도 그 역할이 현재와 비교할 때 크지 않았다. 국방과 외교, 자국민 생명과 재산의 보호를 위한 사법과 경찰, 도로, 철도, 항만, 공항, 운하 등 규모가 큰 사회간접자본의 설치, 전국에 걸친 교육 등이 주요하게 예시되었다.

그러나 1930년대 대공황을 거치면서 국가의 역할이 새롭게 조명되었다. 경제의 중요성이 크게 부각되면서 국가의 역할에 경제 활성화가 포함된 이후 현재까지 많은 국가들이 경제정책을 국정의 최우선 과제로 삼고 있다. 국가재정을 통한 경제정책의 시행으로 적자재정을 관행화한 탓에 대부분의 선진국들이 재정적자의 어려움을 겪고 있다. 특히 제2차 세계대전 종전 이후에는 전후 부흥을 위한 경제에 대부분의 국가가 몰두하기도 하였다. 시장의 실패와 빈부의 격차가 심해짐에 따라 계층 간, 지역 간의 소득 재배분이 중요시되었다. 뿐만 아니라 최대 다수의 최대 행복 등 사회복지의 영역이 점진적으로 국가의 역할로 논의되었다. 이를 위하여 현대적 의미의 누진적인 소득세가 미국을 중심으로 도입되기 시작하였다. 미국은 1913년 헌법수정조항 제16조의 규정으로 소득세가 공식적인 세제로 도입되었다. 제2차 세계대전 이후에는 영국을 중심으로 사회복지국가의 건설이라는 대의 하에 국가의 역할이 더욱 강화되었다. 미국도 1960년대 위대한 사회(Great Society)의 건설이라는 목표 하에 사회복지의 확장에 동참하였다.

국가의 역할이 확대되고 이에 소요되는 재정이 주로 부채로 충당되면서 1970년대 말 영국을 시작으로 국가의 부채문제가 새로운 정책과제가 되었다. "요람에서 무덤까지(from the cradle to the tomb)"라는 구호 하에 사회복지의 건설을 추진하였던 영국은 1970년 말 IMF 구제금융을 요청하는 비상사태가 발생하였다. 이러한 상황 하에서 선거에서 승리를 거둔 대처수상은 신공공관리라는 이론 하에서 집권적인 개혁을 강력하게 추진하였다. 그러나 이러한 집권적인 개혁은 1997년 노동당의 블레어 총리가 취임하면서 지방분권적인 개혁으로 전환되었다. 이와 유사한 국가적 위기는 일본에서도 발생하였다. 국가 부채의 증가와 경제적 침체 가시화 현상이 맞물리면서 일본은 국가위기를 타개하고자 대대적인 정부혁신을 추진하였다. 이 중 지방분권 개혁이 정부혁신의 한 부분을 차지하였다(김순은, 2003a). 본 연구는 1980년대부터 시작된 일본의 지방분권, 1990년대의 영국의 지방분권과 우리나라의 지방분권을 분석하고 지방분권의 상황 하에서 중앙정부와 지방정부의 역할을 분석하였다.

## Ⅱ. 일본과 영국의 지방분권

### 1. 일본의 지방분권

#### 1) 지방분권의 배경

   일본의 지방분권은 시기별로 크게 3단계로 나누어 논의할 수 있다. 지방분권의 개혁을 위해 새로운 제도적 장치를 마련하고, 새로운 정부가 출범하는 시점을 기준으로 구분한다. 따라서 일본의 지방분권은 1995년 지방분권추진법, 2006년 지방분권개혁추진법, 2009년 민주당 정부의 출현을 기점으로 대분할 수 있다. 제1기는 1995년 지방분권추진법이 제정된 이후 2005년까지의 개혁시기로서, 이 시기의 지방분권의 추진배경은 증가하는 재정적자의 규모를 축소하는 것이었다. 중앙정부의 행정권한을 지방정부로 이전하여 중앙정부의 기능을 축소하고 이로 인한 재정삭감이 주요한 배경이 되었다(佐佐木, 1999; 新藤, 1999). 그 결과 제1기 개선된 지방분권 개혁은 1999년 지방분권일괄법이라는 결실을 맺었으나 재정개혁은 이루어지지 못했다. 이 시기에 고이즈미 수상은 취임과 함께 성역 없는 구조개혁을 주장하였다. 지방이 해결할 수 있는 것은 지방으로, 민간부문이 해결할 수 있는 것은 민간으로 이양한다는 기본철학 하에서 국고보조금 개혁, 지방으로의 세원이양, 지방교부세 개혁을 하나로 묶어 추진하였다. 이를 3위 1체 개혁이라고 한다. 국고보조금개혁과 세원이양은 지방분권 과제라고 할 수 있으며 지방교부세 개혁은 재정재건개혁으로 평가되었다.

   제1기 지방분권 개혁은 1999년 지방분권일괄법과 3위 1체 개혁의 성과를 낳았다. 그러나 이에 대한 평가는 "총론 중의 서론"(成田, 1995), "미완성의 개혁"(西尾, 1999), "개혁의 제1단계"(新藤, 1999), "개혁의 제1라운드"(佐藤, 2002)라는 표현에서 보는 바와 같이 불완전한 것이었다. 이러한 비판을 토대로 제2기 지방분권개혁추진법의 제정이 이루어져 지방분권 개혁이 연속성을 지니게 되었다. 지방분권개혁추진법에 따라 2007년 4월 지방분권개혁추진위원회가 구성되었다. 지방분권개혁추진위원회는 2010년 3월 해체될 때까지 4차에 걸친 지방분권의 권고안을 제출하였다. 비록 지방분권개혁추진위원회가 활동했던 3년간 권고안이 실행되지는 못했지만, 2009년 9월 민주당 정부의 출범으로 제3기 지방분권 개혁으로 이어지는 징검다리 역할을 하였다.

민주당 정부는 지방분권개혁추진위원회가 제출한 4차례에 걸친 권고안 가운데 "지역주권의 확립"이라는 항목을 우선적으로 제도화하는 전략을 채택하였다. 이 항목이 민주당 정부의 슬로건과 부합하였기 때문이다. 민주당 정부의 지방분권 개혁은 중앙정부의 지방정부에 대한 규제를 완화하는 것이었다(김순은, 2011). 민주당 정부가 주창한 지역주권론은 주민자치를 강화하여 지역주민이 주권자임을 천명하는 것이었다. 이를 위하여 지방분권개혁추진위원회가 제안한 사항 중 주민자치와 밀접한 사무를 이양하는 것에 초점을 두었다. 2013년 4월에 자민당 정부는 내각부 특명담당대신(지방분권개혁)의 결정에 의하여 지방분권개혁유식자회의를 설치하였다. 자민당 정부도 지난 20여 년 지속되어온 지방분권 개혁을 계승하였다.

## 2) 지방분권의 내용

일본은 전후 분권적인 민주정부를 수립하라는 미국의 압력에도 불구하고 행정적인 장치를 이용하여 중앙집권체제를 유지하는데 성공하였다. 일본의 행정적인 장치는 기관위임사무, 지방사무관 제도, 필치규제제도였다. 제1기 지방분권의 주요한 내용은 이러한 행정적인 장치를 제거하는 것이었다. 지방사무관 제도가 폐지되었고 필치규제는 대폭적으로 축소되었다. 기존의 공공사무, 단체위임사무, 행정사무, 기관위임사무가 전면적으로 폐지되고 자치사무와 법정수탁사무로 재편되었다. 자치사무는 공공사무, 단체위임사무, 행정사무 및 255건의 기관위임사무를 통합한 사무이며 법정수탁사무는 275건의 기관위임사무가 전환된 것이었다(김순은, 2003b). 여기에 정부 간 관여가 법정주의, 일반법주의, 공정·투명의 원칙에 따라 행해져야 한다는 것과 분쟁처리의 기구가 설치된 것도 주요한 성과였다.

재정개혁은 2002년부터 시작되어 2006년까지 국고보조금, 세원이양, 지방교부세 개혁으로 이어졌다. 국고보조금은 총 4.7조 엔이 개선되어 3조 엔은 일반재원화

(세원이양에 대응), 7,900엔은 교부금화, 9,900억 엔은 삭감되었다. 세원이양은 소득세로부터 개인주민세로 세원을 이양하였다. 2007년도부터 개인주민세 소득할을 10%로 조정하고 도·도·부·현에 4%, 시·정·촌에 6%를 배정하였다. 지방교부세에 대해서는 지방재정계획의 세출재검토, 지방교부세 산정기준의 간소화, 행정개혁 성과의 반영 등으로 지방교부세를 삭감하였다. 2004년도 12%, 2005년도 4.5%, 2006년도 6.5%를 억제하여 3년간 5.1조 엔을 삭감하는 결과를 낳았다.

제2기의 성과는 지방분권개혁추진위원회가 제출한 4차에 걸친 권고안이다. 제1차 권고안의 내용은 중앙정부와 지방정부의 역할분담에 관한 것이었으며 여기에는 보충성의 원리와 이중행정의 배제라는 원칙이 적용되었다. 이 중 마을 만들기가 핵심주제였다. 제2차 권고안은 지방정부의 완전성에 관한 것을 주요한 내용으로 다루고 있으며 여기에는 자치입법, 자치행정, 자치재정권의 확대가 포함되어 있다. 제3차 권고안은 중앙정부의 지방정부에 대한 규제가 과도하다는 제2차 권고안의 내용을 바탕으로 829항에 관한 구체적인 내용과 함께 중앙정부와 지방정부 간에 지방분권 등을 논의할 제도적 차원의 협의의 장이 필요하다는 것을 제시하였다. 제4차 권고안은 주로 지방재정의 확충에 관한 것으로 지방교부세의 총액조정이 포함되었다.

민주당은 지역주권론의 주장 하에 2011년 4월 제1차 지방분권일괄법과 '국과 지방의 협의의 장'법을 제정하였고 2011년 8월 제2차 지방분권일괄법을 제정하였다. 제3차 지방분권일괄법은 국회에 제출하였으나 회기종료로 자동·폐기되었다. 제1, 2차 일괄법의 주요 내용은 조례제정권의 확대, 기초지방정부로의 권한이양, 보조금의 일괄교부세화 확대, 직할사업부담금의 폐지, 원자력발전피난자특례법과 대도시지역특별구설치법 등의 제정을 통하여 지방정부의 기본구조에 대한 변경, 국과 지방의 협의의 장 설치 등의 가시적인 성과가 있었다(岩崎, 2013). 민주당 정부는 지방이 주역이 되는 국가의 형성이라는 이념 하에 지방정부로의 권한이양, 완전한 지방정부의 구현, 지방행정의 종합성 확보, 지방의 활성화, 자치능력의 배양을 주요 과제로 선정하였다.

2013년부터 아베 내각은 지방분권의 개혁뿐만 아니라 개혁의 성과를 적극적으로 홍보하여 지방에서의 체감도를 제고하는 데에도 초점을 두었다. 2013년 6월 30일 지방분권 심포지움을 개최하여 정보를 공유하기 시작하였고 SNS를 통한 홍보에

도 적극성을 보였다. 2013년 4월 설치된 아베 내각의 지방분권개혁유식자회의는 2014년 6월 지방의 개성을 활성화하고 자립하는 지방 만들기라는 대명제 하에 보고서를 제출하였다. 지방분권개혁유식자회의는 지방분권 개혁의 추진방식을 개선하였다. 종전까지의 방식은 유지하는 한편 지방의 발의와 다양성을 존중하여 규제완화와 권한이양의 내용을 지방으로부터 공모하는 "제안모집방식"을 추가하였다. 2014년 기점으로 126개 지방정부가 953개의 항목을 지방분권의 대상으로 제안하였다(總務省, 2014). 뿐만 아니라 전국에 일률적으로 이양하는 방식이 어려울 경우 희망하는 지방정부에게만 이양하는 선택방식(손들기 방식)도 채택하였다. 아베 내각이 출범한 이후에는 2013년 6월 제3차 지방분권일괄법이 제정되었고 2014년 5월 제4차 지방분권일괄법이 성립되었다. 제3차, 제4차 일괄법의 주요 내용은 중앙정부로부터 지방정부로, 광역지방정부로부터 기초지방정부로 사무를 이양하는 것이다. 최종적으로 2015년 6월 26일 기점으로 제5차 지방분권일괄법이 제정되어 2014년 제4차 지방분권일괄법에서 도입된 "제안모집방식"에 의한 지방분권의 추가적 제도적 정비가 이루어졌다.

## 3) 지방분권의 특징

### (1) 정책적 분권의 계승

명치유신 이후 수립한 중앙집권체제 이전의 일본의 정치와 행정체제는 연방제에 가까운 분권국가였다. 300여 개의 봉건영주들이 거의 독자성을 유지한 분권체제가 265년 동안 유지되었다. 명치유신 이후 부국강병을 앞세운 근대국가를 지향한 명치유신의 개혁가들은 전통적인 분권체제를 지양하고 프러시아의 모델을 참고로 중앙집권체제로 전환하였다. 중앙집권체제 위에 수립된 군벌정권이 제2차 세계대전을 일으키자 전후 일본에 진주하였던 맥아더 군사령부는 전쟁의 원인이 되었던 중앙집권체제를 자유·민주적 분권체제로 전환하려고 하였다. 그런데 일본은 기관위임사무, 지방사무관제도, 필치규제를 존속시킴으로써 교묘하게 중앙집권체제를 유지하는데 성공하였다. 중앙집권체제를 바탕으로 제2차 세계대전의 패망 이후 일본은 세계가 주목할 만한 경제성장을 이룰 수 있었다. 그러나 경제적 성장의 이면에는 환경과 공해, 노동과 인권, 보건과 복지라는 측면에서 사회적 문제가 양산되었다. 이러한 시대상황이 정책적 분권운동이 태동한 시대적 배경이었다.

　　일본의 지방정부는 환경과 공해, 노동과 인권, 보건과 복지에 대하여 중앙정부보다 앞서 관심을 갖고 대처방안을 제시하였다. 중앙정부의 법령보다 강력한 조례를 제정함으로써 환경과 공해문제를 해결하기 시작하였으며, 행정절차를 민주적으로 규정함으로써 인권의 신장에도 기여하였다. 주목할 점은 중앙정부가 제도적으로 권한을 이양하기 이전 지방정부가 중앙정부에 앞서 선도적 조례 등의 조치를 취한 것이다. 이러한 선례를 정책적 분권이라고 하며 훗날 1999년 지방분권일괄법이라는 제도적 분권으로 이어지는 역사적 자산이 되었다(新藤, 1999).

　　(2) 행정분권

　　1995년 지방분권추진법 이후 현재까지 진행되고 있는 일본의 지방분권은 근본적으로 행정부의 집행권을 이양하는 행정분권에 속한다. 다시 말해 중앙정부의 정책결정 권한인 입법권을 지방으로 이양하기보다는 행정부의 정책집행권을 지방으로 이양하는 행정분권이었다. 1999년 지방분권일괄법은 주로 전후 논란이 되었던 기관위임사무, 지방사무관 제도, 필치규제가 개혁의 대상이 되었으며 3위 1체 개혁은 재정개혁에 초점을 두었다.

　　민주당 정부가 추진한 지역분권개혁은 외적으로는 정치적 분권에 가까웠다. 국민의 주권을 지역으로 되돌려 주고 지역이 스스로의 권한에 기초하여 주민자치를 구현한다는 것이 기본철학이었기 때문에 지역의 정책형성권이 강화되는 정치적 분권이라고 할 수 있었다. 실질적인 관점에서는 지역주권을 실현할 수 있는 구체적인 제도적 조치가 이어지지 못해 민주당의 지방분권은 구호에 그친 개혁이 되었다. 다만 중앙정부가 지방정부를 정책의 파트너로 인정하고 중앙정부와 지방정부의 협의의 장을 제도적으로 설치한 점은 긍정적으로 평가할 수 있다(김순은, 2011). 아베 정부가 출범한 이후의 지방분권도 지방정부가 요구하는 손들기 방식이나 제안모집방식 등 개혁의 절차에는 변화가 있었다. 그럼에도 내용적인 측면에서는 기존의 행정분권의 범위를 벗어나지 못하고 있다.

　　(3) 기존 행정체제의 존중과 단계적 이양

　　지방분권과 행정체제는 매우 밀접한 관계를 갖는다. 행정체제는 지방분권의 내용을 담는 용기에 해당하기 때문이다. 일본에서도 적절한 행정체제에 관한 논란이 오랫동안 지속되었다. 초광역체제를 위하여 도주제, 연방제, 부현합병제 등이 논의되었고 도시지역을 위하여 동경도제, 지정도시제, 광역연합제, 중핵시제, 특례시 등 다양한 대도시제도론과 시정촌합병론이 논의되어 왔다. 행정체제의 개편에 관한 논의도 지방분권과 같이 고도의 복잡성과 정치성을 띠고 있다. 이러한 점으로 인해 지방분권과 행정체제에 관한 논의를 동시에 진행하는 것은 전략상 바람직하지 않다는 가정 하에 기존의 행정체제를 유지하는 전략을 사용하였다. 1995년부터 개시된 제1기 지방분권은 도·도·부·현이라는 광역지방정부로의 권한을 목표로 추진되었다. 제2기 지방분권 특히 민주당 정부가 이후 개시된 제3기 지방분권은 시·정·촌이라는 기초지방정부에 초점을 두고 지방분권이 추진되어 왔다.

(4) 제안공모방식으로의 전환

2013년 아베 정부가 출범한 이후 변화된 지방분권의 주요 특징은 추진방식의 변화이다. 종전에는 지방분권을 추진하는 추진체제가 전문적인 연구를 통해 보고서 혹은 제안서를 작성하고, 이를 중심으로 행정부 안이 만들어져 입법화되는 절차와 방식으로 이루어졌다. 지방분권에 대한 내용이 실제로 기대하는 지방정부 차원의 수요와는 무관하게 추진되는 경우도 있었다. 이러한 문제를 극복하여 중앙정부가 추진하는 지방분권의 내용과 지역의 수요를 일치시키기 위하여 아베 내각은 지방분권의 공모방식을 채택하였다. 지방정부가 필요로 하는 행정권한을 중앙정부에 직접 신청하면 중앙정부의 연구와 심의를 거쳐 확정하는 절차와 방식으로 변화한 것이다. 126개 지방정부가 953개의 항목에 해당하는 지방분권의 요구안을 공모하였다. 아울러 지방정부 전체에 적용되는 평등적 지방분권과 더불어 특정 지방정부에만 적용되는 차등분권의 실시도 병행하고 있다. 특정 지방정부는 전체의 지방정부에 적용하는 대신에 해당 지방정부에게만 적용되는 지방분권의 요구안을 제출할 수 있다. 이러한 방식을 손들기 방식이라고 한다. 이 제도는 2014년 도입되었다. 2015년 1월 "2014년 지방으로부터의 제안에 대한 대응방침"이라는 각의를 통해 2015년 6월 제5차 지방분권일괄법을 통해 추가적 제도정비가 이루어졌다.

## 2. 영국의 지방분권

### 1) 지방분권의 배경

영국은 역사적으로 분권과 주민자치의 전통이 강한 국가이다. 그런데 최대다수의 최대행복이라는 공리주리와 사회복지의 사상이 강화되면서 중앙집권적인 성향을 띠게 되었다. 20세기 초부터 지방정부의 역할과 기능이 축소된 것과 맥락을 같이한다. 따라서 중앙정부의 사회복지기능이 강화되는 한편, 지방정부의 경우 중앙정부의 집행기관으로서의 지위가 강화됨으로써 지역정치 주체로서의 지위는 약화되었다.

복지재정의 증가와 1970년대 오일쇼크는 영국 경제에 악영향을 주었고, 국제통화기금(IMF)의 긴급 구제금융을 받는 상황에 빠졌다. 이후 출범한 대처의 보수당 정부는 대대적인 중앙집권적인 정책을 통하여 경제난국을 타개하고자 하였다. 대처 수상의 중앙집권적인 정책은 지방정부가 국가재정을 낭비한 주범이라는 판단 하에 신자유주의에 기초한 신공공관리개혁을 강력하게 추진하였다. 보수당 중앙정부의 정책에 대하여 런던광역시(Greater London Council)의 켄 리빙스턴(Ken Livingstone) 시장이 건건히 반대하자, 대처수상은 1986년 런던광역시를 해체하였다. 즉 1986년 런던광역시(Greater London Council)를 단층제로 전환한 것이 1997년 노동당 정부가 집권하면서 지방분권 개혁을 개시한 중요한 단초가 되었다(김순은, 2001a).

1997년 출범한 노동당은 기본적으로 유럽연합의 지방자치 헌장(European Charter of Local Self-government)의 기본정신을 존중하는 정책을 고수하였다. 이 헌장은 지방정부의 자율성 제고, 지방정부의 권한과 재정의 조화, 중앙정책에 대한 지방정부의 참여보장, 중앙정부와 지방정부간의 분쟁에 대한 사법적 처리의 보장 등을 각 회원국에게 권장하였다. 노동당의 정책적 의지는 보수당 정부가 보류하였던 유럽연합의 지방자치 헌장에 서명함으로써 분명해졌다. 노동당 정부는 스코트랜드와 웨일즈 및 잉글랜드에 정치적 분권을 강력하게 추진하면서도 지방정부의 성과와 책임성을 확보하기 위한 집권적인 정책을 동시에 추진하였다(김순은, 2011).

노동당 정부는 지방정부의 책임성 제고를 위하여 성과관리체제를 강력하게 도입하였다. 지방분권과 더불어 지방자치의 근간이 되는 축의 일환으로 책임성 제고가 중요하다고 판단하였다. 2002년부터 2008년까지의 포괄적 성과평가제도(Comprehensive Performance Assessment), 2009년 4월 시작된 지역평가제도(Comprehensive Area Assessment) 를 통하여 지방정부의 책임성을 제고하려고 하였다. 그러나 결과적으로는 중앙정부 가 지방정부의 책임성을 높이기 위하여 추진되었던 성과관리제도가 지방을 통제하 는 도구가 되어버려 이후 캐머런 정부의 지방분권 개혁의 배경이 되었다(김순은, 2011).

### 2) 지방분권의 내용

#### (1) 블레어 노동당의 지방분권

1997년 출범한 블레어 총리는 다방면에 걸쳐 지방분권 개혁을 실시하였다. 지 역정부 강화, 런던광역시(Greater London Authority) 설치, 지방정부 구조 다양화, 지역 개발공사 설립이 주요 내용이다. 영국은 잉글랜드, 스코트랜드, 웨일즈 및 북아일랜 드로 구성된 단방제 국가이다. 북아일랜드는 영국으로부터 떨어져 아일랜드에 복속 하려는 움직임이 있으며 스코트랜드에서는 스코트랜드 국민당(Scottish National Party) 을 중심으로 지속적으로 독립운동이 일어나고 있다. 1973년 헌법위원회(the Royal Commission on the Constitution)를 설치하여 스코트랜드의 분권이슈를 연구하였다. 연 구 결과를 토대로 1978년 스코트랜드법(Scottish Act)이 제정되어 스코트랜드 지역에 자율성이 인정된 스코트랜드 의회를 설치하는 안이 제시되었다. 1979년 3월 1일 실 시된 주민투표에서 찬성표가 52%로 과반수를 넘었으나 투표율이 33%에 머물러 투 표율이 40%를 초과하여야 한다는 규정으로 스코트랜드 의회의 설치는 무산되었다. 이것도 노동당 정부가 추진한 정책이었다. 1997년 블레어 노동당 정부도 대처수상 의 집권정책에 대하여 유사한 정치적 분권을 시도하였다. 선거 공약에 따라 노동당 정부는 1997년 7월 "웨일즈를 위한 소리(Voices for Wales)"라는 백서와 주민투표를 거쳐 웨일즈정부법을 완성하였다. 스코트랜드 지역을 위해서는 1997년 7월 "스코트 랜드 의회(Scottish Parliament)"라는 백서를 발행한 이후 1997년 9월 주민투표를 거쳐 스코트랜드법이 완성되었다. 두 법에 따라 각각의 지역에 지역정부가 수립되었다 (Department of Environment, Transport and the Regions, 1998a, 1998b). 스코트랜드와 웨일 즈 지역은 국방, 외교, 국가안보, 이민, 사회보장 등 중앙정부의 권한을 제외한 영역은 자율적으로 결정하는 자율권을 갖고 있다. 스코트랜드는 과세권뿐만 아니라 유럽연합에 대표를 파견하는 등의 외교권도 행사하고 있다. 유럽연합의 탈퇴를 고려하는 중앙정부와 유럽연합에 남아 있기를 희망하는 스코트랜드 의회의 상이한 입장이 향후 스코트랜드 독립을 둘러싼 새로운 이슈가 될 전망이다. 최근 이와 관련하여 스코트랜드 지역에서 2014년 9월 18일 독립을 위한 주민투표를 실시하였으나 반대가 55.3%를 차지하여 독립은 무산되었다. 2015년 실시된 총선거에서 스코트랜드 국민당이 압승을 거두면서 스코트랜드 독립 이슈가 유럽연합의 탈퇴 여부를 두고 재현되거나 현재의 수준보다 더욱 강화된 지방분권이 예상된다.

블레어 노동당 정부가 채택한 두 번째 지방분권적 조치가 런던광역시(Greater London Authority)의 설치이다. 1986년 대처 보수당 정부가 런던광역시(Greater London Council)를 해체한 이후 이에 대한 논란이 끊이지 않았다. 런던과 같은 대도시에 종합적인 행정을 수행할 광역정부의 필요성이 지속적으로 제기되었던 것이다. 노동당 정부는 1997년 '런던의 새로운 리더십(New Leadership for London)'이라는 자문문서(Consultation Paper)를 공표하였다. 각계의 의견을 수렴한 이후 1998년 '런던지역의 시장과 의회(A Mayor and Assembly for London)'는 백서를 제안하고 1998년 5월 주민투표를 거쳐 2000년 5월 새로운 런던광역시가 출범하였다(Department of Environment, Transport and the Regions, 1998c).

노동당의 런던광역시는 런던광역시의 경쟁력 제고라는 측면에서 혁신적인 내용을 지니고 있었다. 런던광역시의 전략적 리더십 강화를 위하여 영국의 지방자치 역사상 처음으로 선출직 시장제를 도입하였다. 기관통합형의 전통을 갖는 영국에서는 매우 이례적인 조치로 이후 이어진 지방정부의 구조개편의 시금석이 되었다(김순은, 2001a). 지방정부의 규모를 작게 한 것도 중요한 특징이었다. 선출직 시장과 더불어 25명의 시의원으로 구성되는 소규모의 지방의회를 설치하였다. 1986년 해체 이전의 광역시의회가 100명 수준이었고 런던광역시 지역의 국회의원 수가 77명인 것을 감안하면 25명 규모의 시의회는 매우 혁신적인 조치였다. 25명의 시의원 중 14명은 지역구 시의원이며 11명은 비례대표로 구성하였다. 런던광역시 집행부 본청의 공무원 수도 400명 수준이었다.

기관분리형의 형태를 띤 런던광역시의 설립과 동시에 지방정부 구조를 다양화하는 방안을 강구하였다. 영국은 전통적인 기관통합형의 지방정부를 유지하였다. 이와 같은 지방정부가 시대적 상황에 적합하지 않다는 비판을 토대로 지역의 선택에 따라 새로운 형태의 구조를 채택하는 방안을 추진하였다. 1998년 "현대지방정부: 시민과 함께하며(Modern Local Government: In Touch with the People)"라는 백서를 통하여 새로운 지방정부법을 개정하였다(Department of Environment, Transport and the Regions, 1999). 이 법에 따라 현재 영국의 지방정부는 주민의 투표로 선출직 시장과 내각제, 리더와 내각제, 선출직 시장과 의회관리자제2) 중에서 결정할 수 있다. 현재는 전통적인 구조를 포함하여 3가지 형태의 지방정부3)가 가능하게 되었다. 이로써 2015년 현재 18개의 지방정부가 선출직 시장제를 채택하고 있으며, 선출직 시장제를 채택하였다가 캐머런 정부가 출범하면서 종전의 위원회 제도로 전환한 지방정부도 나타나고 있다.

노동당 정부가 런던 지역에 런던광역시를 수립했던 것은 광역적 수요에 적극적으로 대처하기 위한 개혁적 조치였다. 같은 논리로 노동당 정부가 잉글랜드 지역에 설치한 것이 지역개발공사(Regional Development Agency)이다. 당시 중앙정부의 환경, 교통, 고용, 통상산업성은 잉글랜드 지역에 특별지방행정기관을 보유하고 있었다. 이들은 1994년 보수당 정부에 의하여 10개의 통합사무실로 재편되었다. 10개의 통합사무실을 토대로 런던을 제외하고 잉글랜드 지역을 8개의 블록으로 구분하여 지역개발을 목적으로 수립한 기관이 지역개발공사이다. 런던 지역은 런던시장이 임명하는 런던개발공사가 설치되었다. 지역개발공사는 지역의 경제발전을 위하여 지역주민과의 상담을 통해 지역발전전략을 수립하는 등의 기능을 보유하고 있었다. 지역개발공사는 기업혁신기술성(Department of Business, Innovation and Skills) 장관이 임명하는 15명의 이사로 구성되었으며 출신성분은 기업, 지방정부, 노동조합, 자원봉사단체 등이었다. 지방정부, 경제단체 및 시민단체로 구성되는 광역회의(Regional Chamber)는 지역개발공사를 감시하는 기능을 수행하였다(East Midlands Development Agency, 2000).

---

2) 이 제도는 2007년 지방정부와 보건의 공공관여법(Local government and Public involvement in Health Act 2007)에 의하여 폐지되었다.
3) 2012년부터 전통적인 위원회형의 복귀도 가능하게 되었다.

(2) 캐머런 보수당의 지방분권

노동당 정부가 추진한 성과평가와 지방정부의 책임성을 제고하려는 정책이 지방정부의 통제로 인식되어 지방의 자율성을 제약하였다는 비판이 캐머런 정부의 지방분권의 배경이 되었음은 앞에서 논의하였다. 이를 반영하여 2010년 출범한 캐머런 정부는 지방분권을 지방정책의 최우선 과제로 선정하고 추진하였다(Department of Communities and Local Government, 2011a). 지방분권에 대하여 캐머런 정부가 추진하여 제정한 것이 지방주의법(Localism Bill)이다. 2011년 제정된 지방주의법은 캐머런 정부의 지방분권의 핵심으로서 노동당 정부의 정책과는 매우 상이한 내용을 포함하였다. 노동당 정부의 정책에 대해서는 대부분 폐지 또는 대폭 수정하는 방향에서 이루어졌다.

캐머런 정부가 가장 역점을 두었던 부분이 조례제정권의 확대이다. 노동당 정부는 2009년 지역의 경제, 사회, 환경적 웰빙을 제고할 수 있는 권한(wellbeing power)을 신장하기 위하여 공동체 강화에 대한 가이드라인을 제시하였다(Department of Communities and Local Government, 2009). 그러나 캐머런 정부는 이러한 웰빙 권한이 충분히 활용되지 않았으며 지방정부의 일반적 권한이 강화되어 있지 않다고 판단하여 2011년 지역주권을 강화하는 지방주의법을 제정하였다. 지방주의법이 구체적으로 지방정부의 권한을 확장하는 규정을 두고 있지는 않지만, 기타의 법령에서 명시적으로 금지하는 사항을 제외한 분야에 대하여 광범위하게 정책을 수립할 수 있는 개인 수준의 권한을 부여할 것으로 해석된다. 지방정부의 자율적인 성과평가에 따르면 자율적으로 결정한 서비스에 대한 재정을 충당하기 위한 비용을 주민에게 부과하거나 이를 위한 상업거래를 위하여 보상과 보증, 나아가 투기적 행위도 허용하였다(LGIU, 2012). 물론 이 때에도 일반법의 규정이 있으면 준수해야 하고 부과되는 비용은 소요된 경비를 초과해서는 안 된다. 이렇게 주민주권에 기초한 일반 권한은 웰빙 권한보다 강화되었다는 것이 일반적인 평가이다.

지방정부의 범위 속에 패리쉬(parish) 의회도 포함되었다. 물론 이 경우 몇 가지 요건을 충족시켜야 한다. 첫 번째 요건은 패리쉬 의원의 3분의 2 이상을 선거로 선출하여야 한다. 또한 사무국장은 지방행정역량을 갖추어야 한다는 것이 두 번째 요건이며 이를 위하여 사무국장은 일정한 연수를 거쳐야 한다.

지방정부의 거버넌스 다양화에 관한 내용도 지방분권의 중요한 부분이다. 2000년 지방정부법에 의하여 도입되었던 시장－시관리자형태는 폐지되고 기관통합형의 위원회(Committee system) 체제를 대안 중의 하나로 도입하였다. 위원회 체제 하에서 무엇보다도 지방정부간의 협력을 위한 거버넌스 개혁에 초점이 있었다. 다른 지역의 기관장 또는 지방정부 기능의 수행, 다른 지역의 기관장에 의한 기능의 수행, 2개 또는 그 이상의 지방정부간 협력에 의한 지방행정의 수행을 위한 거버넌스가 논의되고 있다. 위원회 체제를 유지하는 경우에도 개발계획, 치안 및 범죄퇴치계획, 지속가능발전전략, 청년정의 계획, 자산 및 세입계획, 시의원의 수당, 선거구에 관한 사항은 위탁이 금지되어 있다. 위원회 체제 하에서 감사위원회를 설치하는 경우 별도의 감사 및 평가체제를 두지 않아도 된다. 감사위원회는 보건, 홍수, 지역안전에 대한 감사기능을 기능별 위원회와 동시에 행사한다(LGIU, 2012). 지방정부의 거버넌스와 관련하여 지방정부는 독자적인 구조를 제안할 수 있다. 중앙정부는 지방정부와 협의하여 지역에 따른 거버넌스의 다양성을 인정하는 노력을 하여야 한다. 이 때 지방정부는 새로운 지방정부의 거버넌스가 정책결정의 효율성, 투명성, 책임성의 측면에서 개선된다는 점을 입증하여야 한다.

잉글랜드 지역에서는 8개 핵심도시와의 지방분권을 통한 빅딜을 통해 도시의 발전과 성장을 촉진하는 전략을 추진하고 있다. 가능하면 선출직 시장제와의 결합을 통하여 앞의 전략을 강화하려고 하였으나 2012년 주민투표에서 10개의 도시 중 9개의 지역에서 시장제 도입을 반대하는 바람에 차질이 발생하였다.

현재 캐머런 정부의 지방주의는 공동체와 시민사회의 강화를 골자로 한다. 2가지 측면에서 획기적인 조치가 이루어졌다. 첫째, 기존의 행정서비스 제공에 의문을 가진 자원봉사단체, 공동체 조직, 패리쉬, 지방정부의 2명 이상의 공무원들은 지방정부를 대신하여 해당 서비스의 공급 의사를 표시할 수 있다. 지방정부는 앞의 단체들이 제기한 이의가 이유 있다고 판단되면 해당 서비스의 새로운 구매절차를 개시하도록 한다. 두 번째 조치는 공동체 자산에 대한 공동체 구매입찰권이다. 공동체가 그 지역 내 건물이나 자산이 지역의 발전에 도움이 된다고 판단하면 해당 자산을 공동체의 자산목록에 기록해 줄 것을 해당 지방정부에 요청할 수 있다. 해당 지방정부가 타당하다고 판단하면 공동체 자산목록에 등재하고 이를 매매할 경우 공동체는 경쟁입찰에 참여하는 제도를 공동체 구매입찰권이라고 일컫는다.

캐머런 정부는 2014년 지방감사 및 책임법(Local Audit and Accountability Act 2014)을 제정하여 노동당 정부의 포괄적 지역평가(Comprehensive Area Assessment) 제도와 감사위원회(Audit Commission)를 폐지하였고, 감사사무는 외부에 위탁하였다. 감사위원회는 2015년 3월 31일부로 폐지되었으며 2015년 4월 1일부터 새로운 형태의 성과평가를 실시하게 되었다. 이 과정에서 작은 규모의 지방정부에게는 £25,000 이하의 소액거래는 외부감사를 면제해 주는 제도가 도입되었다.

영국은 지방정부가 제공하는 서비스에 대한 불만을 시정하기 위한 행정적 기구로서 옴부즈만 제도를 활용하여 왔다. 옴부즈만 제도와 관련하여 시대적 상황에 적합한 조직에 대한 개혁안을 제시하였다. 독립된 연구회는 행정불만에 대한 원스톱 해결을 위하여 잉글랜드 지역에 단일의 옴브즈만 제도를 제안하였고 정부는 이를 현재 적극적으로 수용할 계획을 세우고 있다. 영국에서는 강력한 지도력을 갖춘 옴부즈만이 지방정부의 성과를 제고할 수 있도록 제도적 개선을 추진하고 있다고 볼 수 있다.

향후 캐머런 정부는 지역분권을 보다 강화할 전망이다. 앞서 논의하였듯이 2014년 9월 스코트랜드의 분리 독립이 주민투표에 의하여 좌절되었으나 2015년 실시된 총선거에서 스코트랜드 국민당이 스코트랜드 지역의 총 59석 중 56석을 차지함으로써 독립투표에 대한 요구가 재현될 가능성이 커졌다. 캐머런 정부는 유럽연합의 잔류에 회의적인 반면 스코트랜드는 유럽연합에 잔류할 것을 희망한다. 왜냐하면 스코트랜드는 유럽연합의 구조기금을 신청할 수 있는 자격을 지니고 있기 때문이다. 따라서 유럽연합의 탈퇴와 관련하여 스코트랜드 독립이 재차 이슈가 될 것이다. 이러한 상황 하에서 캐머런 정부는 더욱 강화된 지방분권으로 스코트랜드 주민들을 설득할 가능성이 커지고 있다.

### 3) 지방분권의 특징

일본과 달리 영국은 주로 정치적 권한을 이양하는 정치적 분권을 실시하고 있다. 노동당 정부는 웨일즈와 스코트랜드에 각각 의회를 설치하고 국방과 외교를 제외한 대부분의 권한을 이양하였다. 향후 스코트랜드 지역이 분리독립을 더욱 강하게 요구할 경우 정치적 분권은 더욱 강화될 전망이다.

잉글랜드 지역에서도 지방정부의 구조 다양성, 지역발전을 위한 공동체의 정치적 권한을 강화하는 등의 정치적 분권이 진행되고 있다. 현대사회에서는 거대한 사회적 틀 속에서 공동체가 강화되는 움직임이 진행되고 있다(김순은, 2011). 21세기의 시대적 이슈의 일부를 가장 작은 규모의 공동체를 통하여 해결하려는 시도는 지방자치의 원론으로 돌아가는 접근방식이라고 할 수 있을 것이다.

## Ⅲ. 우리나라의 지방분권

### 1. 1999년 이전의 지방분권: 지방자치의 점진적 도입기

우리나라의 지방분권은 각 정부별로 지방분권을 담당하는 별개의 기구가 존재하는 방식으로 이루어져 왔다. 1999년 이전에는 지방이양합동심의회, 국민의 정부에는 지방이양추진위원회가 구성되어 2008년까지 유지되었다. 이명박 정부가 출범하면서 지방분권촉진위원회가 설치되었다가 박근혜 정부가 출범하면서 지방자치발전위원회로 대체되었다. 시기별로 군사정부의 수동적 지방분권, 문민정부의 소극적 지방분권, 국민의 정부의 디딤돌 지방분권, 참여정부의 미완의 지방분권, 이명박 정부의 미온적 지방분권으로 구분하여 논의하기도 한다(소순창, 2011).

1999년 이전의 지방분권에는 전두환, 노태우 및 김영삼 대통령의 문민정부가 해당된다. 전두환 정부와 노태우 정부의 지방분권 정책은 중앙정부의 행정기능과 권한을 지방으로 이양하는 것을 전제로 하는 것이었고, 지방분권의 필요성이 제기되자 정부는 1991년 지방이양합동심의회를 구성하였다. 지방이양합동심의회는 총 3,701건의 행정사무를 분석하여 54%에 해당하는 2,008건을 지방이양 대상사무로 선정하였다. 1997년까지 그 중 894건을 이양하였고 281건은 미이양건으로 남겼다(최병대, 2015). 지방이양 대상사무를 기준으로 81.6%의 성과를 거둔 셈이다. 그럼에도 지방이양합동심의회는 기구의 제도상 위상이 미약하여 구속력 있는 지방분권을 추진하기에 한계가 있다는 비판을 받아왔다(김병준, 1999). 이 시기의 가장 대표적인 특징은 지방자치의 외형적 토대가 갖추어졌다는 점이다. 민주화의 요구 사항 중에 지방자치의 재개가 포함되었고 그 후 1987년 6.29 선언으로 1991년 지방의회가 구성되었다. 1995년 김영삼 정부의 선출직 단체장 선거가 더해지면서 비록 권한이나 재정적인 측면에서는 많은 비판이 제기되지만 외형적으로는 지방자치의 틀을 갖추게 된 것이다(김순은, 2015). 선출직 지방자치가 재개된 지 20년이 되는 현 시점에서 지난 20년의 지방자치를 되돌아보면 긍정적 평가와 동시에 부정적인 평가도 가능하다. 그럼에도 지방분권의 측면에서 보면 지방정부의 위상이 크게 제고되었다는 정치적 성과가 있었음은 부정하기 어렵다. 비록 제도적인 관점에서 지방정부의 정치적 권한이 크게 신장되지는 못했지만, 지방정부의 정치적 위상은 크게 제고된 것이 괄목할 만한 성과이다.

## 2. 김대중 정부의 지방분권: 지방분권의 제도적 도입기

김대중 정부의 출현은 우리나라의 민주화와 지방자치, 지방분권과 지역균형발전의 측면에서 다양한 의의를 지니고 있다. 김대중 대통령은 호남출신의 야당대표로서 지방자치의 재개를 주장하면서 민주화 운동에 헌신하였다. 김대중 대통령의 당선은 지방자치가 정권교체에 기여함으로써 우리나라의 민주화에 기여하였음을 실증적으로 보여 주었다. 김대중 대통령은 지방분권보다는 지역균형발전에 초점을 두는 정책에 비중을 두었다. 기존의 경부선 축의 발전모형이 영·호남 발전의 불균형을 낳았기 때문에 상대적으로 낙후되었던 호남출신의 김대중 대통령은 지역균형발전을 강조한 것이다. 당시 지방분권은 지방분산을 포함하는 지역균형발전의 도구로서 간주되었다. 김대중 정부에 들어서면서 상대적으로 발전에 뒤쳐졌던 호남지역에 집중적인 투자가 이루어져 지역균형발전의 관점에서는 커다란 변화가 이루어졌다. 지방분권은 1999년 "중앙행정권한 지방이양 촉진 등에 관한 법률"을 제정으로 가시화되었다. 이 법에 따라 지방이양추진위원회가 설치되었으며 해당 기구는 이명박 정부의 지방분권촉진위원회가 설립될 때 존속하면서 행정권한의 지방이양을 담당하는 법정기구였다.

김대중 정부가 국정을 수행하는 동안 지방이양추진위원회가 2회에 걸쳐 구성

되었다. 김대중 정부의 지방이양추진위원회는 2001년 3월부터 10개월에 걸쳐 법령
상의 국가사무 전수조사를 실시하는 성과를 거두었다. 전수조사의 결과 41,603개의
국가사무 총수 중 중앙사무는 73%인 30,240개, 지방사무는 27%인 11,363개임을 확
인하였다. 이러한 내용은 향후 중앙권한의 지방이양을 검토하는 기본적 자료가 되
었다(소순창, 2011). 국민의 정부는 지방이양 확정사무로 612건을 확정하였고 이 중에
서 232건에 대하여 지방이양을 완료하였다(최병대, 2015). 그러므로 김대중 정부는 지
방분권의 추진을 위한 제도의 도입을 시도한 정부라고 평가할 수 있을 것이다.

## 3. 노무현 정부의 지방분권: 지방분권의 혁신적 실행기

농촌의 불우한 가정에서 유복자로 태어난 앤드류 잭슨 대통령은 엽관제(Spoils
system)를 도입하여 미국정치의 부패를 해결하는데 기여하였다. 그는 유권자의 확대
를 통하여 대중정치의 발전에 기여하였다. 또한 공공교육의 기회를 확대함으로써
소외계층을 배려하는 정치를 구현하여 미국 민주주의를 한 단계 발전시켰다. 이러
한 성과를 토대로 그 시대를 잭슨식 민주주의(Jacksonian Democracy)라고 긍정적으로
평가하고 있다. 미국의 잭슨 대통령을 역할모델로 삼은 한국의 대통령이 노무현 대
통령이다.

노무현 대통령은 개인의 정치적 철학과 김대중 정부의 지방분권 정책에 대한
비판을 토대로 지방분권 정책을 발전시켰다. 그는 종전에는 크게 주목을 받지 못했
던 지방분권과 지역균형발전이라는 이슈를 중심으로 2002년 대통령 선거를 준비하
였다. "자율과 분권의 지방화시대"라는 공약집의 제목에서도 노무현 대통령의 지방
분권에 대한 의지를 가늠할 수 있었다. 따라서 제16대 2002년 대통령 선거는 행정
수도의 건설과 지방분권이 중요한 쟁점이었다(이승종, 2005; 이기우, 2007; 김순은, 2010a).

참여정부는 국정의 최우선 순위를 지방분권과 지역균형발전에 두었다. 전자를
위하여 2003년 지방분권특별법을 제정하고 대통령령에 기초하여 대통령의 직속 자
문기구로서 정부혁신지방분권위원회를 구성하였다. 정부혁신지방분권위원회를 중심
으로 참여정부는 '참여정부의 지방분권 비전과 추진방향'이라는 지방분권 계획서,
지방분권특별법, 지방분권 촉진 로드 맵, 지방분권 5개년 종합실행계획을 순차적으

로 발표하면서 지방분권을 실행하였다(정부혁신지방분권위원회, 2003). 참여정부의 지방분권 추진은 비교적 명시적인 실행계획을 지니고 있었다. 참여정부의 지방분권 개혁은 7개 기본방향, 20개 기본과제, 47개의 세부과제와 추진일정 명시 등의 특징을 보였다. 비록 로드 맵에서 명시한 일정대로 성과를 거두지는 못했지만 이 때 수립한 계획들의 핵심 사항은 정권이 바뀌어도 크게 변하지 않은 채 이어지고 있음을 고려할 때 자료로서의 가치는 매우 컸다. 이명박 정부는 4개 분야 20개 과제를, 박근혜 정부도 4개 분야 20개 과제를 지방분권의 기본과제로 선정한 것에서 확인할 수 있다. 이 중에서 2006년 출범한 제주특별자치도의 설치와 주민직접참정제도의 강화를 위한 제도개선이 주목할 만한 성과였다. 제주특별자치도는 출범 후 5차례에 걸쳐 행정권한을 계속적으로 이양받고 있어 여타의 시·도에 비하여 4,500여 개의 특례가 인정되는 특별자치도로 거듭났다. 여타의 시·도에서는 추진하지 못하는 사업들이 제주특별자치도에서는 가능하게 되어 지방자치의 선도 또는 시험적인 시금석(test-bed)이 되고 있다.

　　이러한 긍정적 측면 이외에 2005년 참여정부가 기초지방의원의 선거에 정당공천을 허용함으로써 오히려 지방자치의 발전에 부정적인 영향을 미쳤다는 비판이 현재에도 제기되고 있다(김순은, 2014). 당시에는 기초지방의원 선거에 중선거구제를 도입하고 정당공당을 허용하여 특정지역에서도 여·야간에 의석배분이 가능케 하려는 의도로 진행되었다. 중선거구제도의 도입으로 의석배분의 다양화는 이루어졌으나(김순은, 2010b) 정당공천으로 지방자치의 자율성이 훼손되어 정당공천제의 폐지가 강력하게 제기되고 있는 것이다. 참여정부에서는 정부혁신지방분권위원회가 지방분권에 관한 종합적 계획을 수립하고 실행하는 컨트롤타워로서의 역할을 수행하면서 중앙행정권한의 지방이양은 국민의 정부가 설치한 지방이양추진위원회에서 계속적으로 담당하였다. 지방이양추진위원회는 2003년부터 2007년까지 지방으로 이양할 사무로 902건을 확정하였으며 987건의 사무를 지방으로 이양을 완료하였다.

　　종합하자면, 참여정부의 계획은 종합적·체계적이었으며 내용도 매우 개혁적인 사항을 포함하고 있었다. 비록 교육감 선거로 왜곡되기는 하였으나 교육 및 경찰자치를 의욕적으로 추진하였다. 중앙행정사무의 지방이양도 987건으로 가장 의욕적으로 추진되었다. 예정대로 수도권 규제완화에 해당할 만한 수준의 지방분권이 이루어지고 행정수도의 건설이 추진되었더라면 현재와 같이 행정중심복합도시로 변형되지는 않았을 가능성도 있었다. 참여정부 이후의 2개의 정권의 사례를 보더라도 향후에는 참여정부만큼 지방분권에 관심을 두는 정부는 흔치 않을 것이다.

## 4. 이명박 정부의 지방분권: 지방분권의 미온적 조정기

제17대 대통령 선거에서는 지방분권이 중요한 이슈가 되지 못했다. 지방분권은 이명박 대통령 후보의 20대 공약에도 포함되지 않았다. 다만 의례적인 수준에서 자치권의 신장, 지방재정의 확충, 행정권한의 지방이양 등이 공약사항으로 제시되었다. 그 중 특히 광역경제권의 형성이라는 새로운 지역발전체제를 공약으로 제시하였다(이창균, 2010). 이명박 정부의 지방분권에 대한 제도적 기반은 이전 노무현 정부에서 제정된 지방분권특별법이 소멸된 이후 국회의원이 발의한 '지방분권 촉진에 관한 특별법'(이하 지방분권촉진법)에 있었다. 2008년 12월 늦게 출범한 지방분권촉진위원회는 참여정부의 정부혁신지방분권위원회와 지방이양추진위원회를 통합하여 추진기구의 효율성을 높일 것으로 기대되었다. 그런데 이명박 정부는 2010년 제정된 '지방행정체제 개편에 관한 특별법'(이하 지방행정체제개편법)이라는 행정체제와 지방분권을 다루는 새로운 제도를 도입하여 지방분권보다는 행정체제에 초점을 두는 양상을 보였다. 이명박 정부는 지방분권을 지방분권촉진법과 지방행정체제개편법이라는 2개의 제도적 토대 위에 추진하였다. 이에 따라 지방분권의 추진기구도 지방분권촉진위원회와 지방행정체제개편위원회로 이원화되기도 하였다. 지방분권촉진위원회는 '지방분권 비전 및 과제별(4개 분야 20개 과제) 추진계획'을 통하여 분류방식은 상이하지만 참여정부의 내용과 유사한 추진과제를 발표하였다. 새로운 과제로서 지방자치행정제체 정비, 특별지방자치단체의 도입 및 활용, 지방분권의 홍보 및 공감대 확산이 포함되었다. 지방자치행정체제의 정비를 위하여 2010년 지방행정체제개편법이 제정되고 지방행정개편위원회가 구성되었다. 지방행정체제개편위원회는 2012년 6월 대통령에게 보고할 지방행정체제개편 기본계획을 확정하였다. 그 내용은 시·군·구 통합, 대도시의 기능조정, 대도시의 사무특례를 주요 내용으로 하는 2012년 중점과제 및 근린자치와 도의 기능조정에 초점을 둔 2013년 중점과제로 대분되었다. 종전과 구별되는 역점 과제는 시·군·구의 자율통합원칙과 근린자치의 활성화였다.

　이명박 정부의 지방분권 성과로는 2010년 도입된 지방소비세와 창원·마산·진해의 통합을 들 수 있을 것이다. 부가가치세의 5%를 적립하여 지방소비세로 전환하는 개혁은 지방재정의 확충에 크게 기여하고 있다. 창원·마산·진해의 통합은 여러 논란에도 불구하고 성공적으로 통합에 이른 사례가 되었다. 지방이양 사무의 측면에 대해서는 지방이양추진위원회가 해체되고 그 대신 지방분권촉진위원회가 발족되어 지방이양 사무를 추진하였다. 1,587건의 사무에 대하여 지방이양을 확정하였고 이 중에서 763건의 사무에 대한 이양을 완료하였다(최병대, 2015). 이명박 정부 때에는 지방분권촉진위원회와 행정체제개편위원회가 양립하여 지방분권의 시너지를 높이는 대신에 오히려 지방분권을 미온적으로 조정하는 시기였다.

## 5. 박근혜 정부의 지방분권: 지방분권의 정책적 시련기

　제18대 대통령 선거에서도 지방분권은 유권자의 큰 관심을 끌지 못했고 대통령 선거의 쟁점으로 부상되지 않았다. 대통령 선거에서 승리한 박근혜 대통령도 지방분권에 대하여 커다란 관심을 보이지 않았다. 복지정책이 지방재정을 더욱 악화할 것이라는 예상 속에 박근혜 정부가 출범하였다. 누리과정을 둘러싼 2014년과 2015년 중앙정부와 지방정부의 갈등이 이를 적절하게 대변하고 있다.

　박근혜 정부는 지방분권촉진법과 지방행정체제법에 의하여 이원화된 지방분권의 추진체제를 '지방분권 및 지방행정체제개편에 관한 특별법'의 제정으로 단일화하여 추진체제의 효율성을 제고하려고 하였다. 2013년 9월 이 법에 의한 지방자치발전위원회가 출범하게 되면서 지방분권의 추진체제가 수립되었다. 지방자치발전위원회는 2013년 10월 30일부터 12월 24일까지 17시·도 등 다양한 의견수렴을 위하여 자치헌장 토크를 실시하였다. 이를 토대로 2014년 6월 지방자치발전 20개 과제별 추진방안을 마련하고 2014년 7월부터 10월 사이에 관련부처 협의 및 지방정부 의견수렴을 하였다. 지방자치발전위원회는 2014년 11월 24일 지방자치발전 종합계획(안)을 의결하였다. 위원회의 의결을 거친 지방자치발전 종합계획은 2014년 2월부터

12월까지 총 4회에 걸쳐 국회 지방자치발전특별위원회의 논의를 마치고 2014년 12월 2일 국무회의의 의결을 받았다. 최종적으로 지방자치발전위원회는 12월 8일 지방자치발전 종합계획을 발표하였다. 일련의 절차를 통해 알 수 있듯이 종합계획의 마련은 관계자의 숙의와 국무회의의 의결을 거쳤다는 특징을 지녔다(지방자치발전위원회, 2015).

　'성숙한 지방자치를 위한 청사진: 지방자치발전 종합계획'의 내용은 크게 4개 분야·20개 과제로 이전의 위원회가 마련하였던 계획과 크게 다르지 않다. 강력한 지방분권 기조확립과 실천이라는 기본방향 하에 자치사무와 국가사무의 구분체계 정비, 중앙권한 및 사무의 지방이양, 특별지방행정기관 정비, 국가와 지방자치단체의 협력체제 정립이 제시되었다. 또한 자치기반 확충 및 자율과 책임성 강화라는 기본방향 하에 지방재정 확충 및 건전성 강화, 지방선거제도 개선, 지방의회 활성화 및 책임성 제고, 지방자치단체 평가제도 개선, 지방자치단체 간 행정협력체제 정립이 포함되었다. 주민중심의 생활자치·근린자치 실현이라는 기본방향 하에는 자치경찰제도 도입, 교육자치와 지방자치의 연계·통합 노력, 읍·면·동 주민자치회 도입, 지방자치단체 간 관할구역 경계조정 제도개선, 주민직접참여제도 강화, 지방자치단체 소규모 읍·면·동 통합이 있었다. 마지막으로 미래지향적 지방행정체제 구축이라는 기본방향 하에 특별·광역시 자치구·군의 지위 및 기능개편, 대도시 특례제도 개선, 지방자치단체 기관구성 형태 다양화, 도의 지위 및 기능재정립, 시·군·구 통합 및 통합지자체 특례 발굴 등이 포함되어 총 20개 세부과제가 결정되었다. 이 중에서 2013년 박근혜 정부는 전국 31개 읍·면·동의 공모를 받아 선정하고 특별교부세를 지원하였다. 현재는 시범실시 확대 등이 결정되지 않고 있지만 주민자치회의 시범실시와는 별개로 공동체 활성화 정책이 실행되고 있다. 그 외 과제에 대해서는 연구 수준에 머물러 있으며 구체적인 실행계획에 대한 집행은 이루어지지 않는 것으로 미루어 볼 때 지방자치발전위원회의 종합계획도 계획의 수준에 머무는 것이 아닌가 하는 의구심을 떨치기 어렵다. 참여정부의 지방분권에 대한 혁신적 의지가 이명박 정부의 조정기를 거쳐 박근혜 정부에 들어 시련기를 맞고 있다. 영국과 일본이 지방분권을 재정위기를 타개하는 국정의 중요수단으로 인식하고 지속적인 지방분권을 추진하는데 비하여 박근혜 정부는 지방분권은 물론 지방자치에 대한 적극적인 의지가 높지 않은 것으로 보인다. 오히려 박근혜 정부 들어서는 복지정책의 강화로 지방정부의 대응자금 비율이 높아져 지방재정은 더욱 어려워지고 있다(손희준, 2014). 지방정부의 재정력이 계속적으로 약화되는 상황 하에서 중앙정부는 지방정부에게 주민세 등의 상향을 압박하고 있으며 실제로 많은 지방정부에서 주민세를 상향하고 있다. 향후 지방분권과 지방재정의 빅딜을 통하여 현재의 지방재정과 지방분권을 동시에 해결해야 하는 시점이 다가오고 있다.

## Ⅳ. 중앙정부와 지방정부의 역할배분: 지방분권의 방향을 중심으로

### 1. 일본의 중앙정부와 지방정부의 역할과 기능구분

#### 1) 지방정부의 종류

일본의 지방정부는 상위 지방정부에 해당하는 도·도·부·현과 하위 지방정부에 해당하는 시·정·촌이 존재한다. 2014년 4월 5일 기준으로 동경도, 홋카이도, 교토부, 오사카부 외에 43개의 현과 790개의 시, 745개의 정, 183개의 촌 등 총 1,718개의 하위 지방정부가 존재하고 있다. 시는 인구 50만 이상의 20개 지정도시, 인구 20만의 45개 중핵시가 존재한다. 2015년 3월 30일까지 39개의 특례시가[4] 존재하였다. 도시의 경우 자격에 따라 새로운 권한과 특례가 주어진다. 지정도시에서는 지사의 승인, 허가, 인가 등의 관여를 폐지하거나 중앙정부의 관여로 할 수 있는 관여의 특례, 구의 설치, 선거관리위원회의 설치특례, 지방도로양여세의 특례와 지방교부세의 산정 시 기준재정수요액의 보정 등의 특례가 인정된다. 중핵시에서는 복지에 관한 사무 중 관여에 관한 사무는 지정도시와 동일하게 특례가 인정되며 지방교부세의 산정시 기준재정수요액의 특례가 인정된다. 일본은 상위와 하위 지방정부 외에 광역연합, 일부사무조합, 협의회, 기관 등의 공동설치, 사무의 위탁제도가 인정된다.

---

4) 2000년부터 도입된 특례시제는 중핵시와의 차이가 없다는 비판을 토대로 2015년 중핵시의 요건이 30만에서 20만으로 완화하면서 특례시제도는 폐지되었다.

## 2) 지방정부의 역할과 기능

일본 지방정부의 역할과 기능은 영국과 비교할 때 매우 복잡하다. 그것은 중앙정부와 지방정부가 배타적으로 기능을 구분하는 분리형을 채택하지 않고 중첩적으로 수행하는 중첩형을 채택하고 있기 때문이다. 일본은 중앙정부의 역할로서는 국제사회에 있어서 국가의 존립, 전국적 통일적 기준의 준비, 전국적인 규모로서 전국적 관점이 요구되는 영역을 담당하는 것으로 인식되어 있다. 예를 들면 외교, 방위, 통화, 사법, 공정거래의 확보, 생활보호의 기준, 노동기준, 공적연금, 우주개발, 사회인프라 구축 등의 마련이 국가의 역할이다. 반면 지방정부는 주민의 복리를 증진하기 위해 지역에 있어서 자주적, 종합적으로 행정을 실시하는 주체로서 도·도·부·현은 광역에 이르는 사무, 시·정·촌과 관련하여 조정·연락하는 사무를 담당하며 시·정·촌은 도·도·부·현이 담당하는 것을 제외한 사무를 담당한다.

## 3) 도주제의 논의

일본에서는 1957년 경제계에서 도·도·부·현의 구역을 통합하는 초광역의 행정체제에 대한 요구가 제기되었다. 도주제라는 명칭이 사용되었는데, 학자와 제안자에 따라 동일한 개념으로 사용되지는 않았다. 미국형의 연방제로부터 부·현의 통합에 이르기까지 도주제가 의미하는 범위가 매우 다양하였다. 2003년 칸사이경제연합회(關西經濟連合會)가 제안한 도주제의 형태는 ① 부·현연합형, ② 부·현특별구형, ③ 부·현행정구형, ④ 부·현합병형 등 4개의 유형으로 대분되며, 도주의 수는 9 – 13개의 범위 내에서 구상하고 있다(關西經濟連合會, 2003).

일본에서 논의되고 있는 도주제는 현재의 부·현보다 행정구역이 광대하고 기능과 역할이 강화된 지방정부이다. 2003년 논의되었던 3위 1체 개혁이 지방분권과 지방재정의 빅딜이었다면 도주제 논의도 그러한 가능성이 높다고 할 수 있다. 지방의 권한강화와 국가의 재정위기를 타개하는 대안으로서 강화된 지방분권을 토대로 도주제의 도입을 검토할 수 있다. 현재까지 논의된 도주제의 역할과 기능은 아래 〈표 1〉과 같다.

〈표 1〉 도주정부의 역할 및 기능예시

| 행정분야 | 도주의 사무 |
|---|---|
| 사회자본정비 | • 국도의 관리<br>• 지방도의 관리(광역)<br>• 일급하천의 관리<br>• 이급하천의 관리(광역)<br>• 특정 중요항만의 관리<br>• 제2종 공항의 관리<br>• 제3종 공항의 관리<br>• 사방설비의 관리<br>• 보안림의 지정 |
| 환경 | • 유해화학물질대책<br>• 대기오염방지대책<br>• 수질오탁방지대책<br>• 산업폐기물처리대책<br>• 국정공원의 관리<br>• 야생생물의 보호, 수렵감시(희소, 광역) |
| 산업·경제 | • 중소기업대책<br>• 지역산업대책<br>• 관광진흥정책<br>• 농어진흥정책<br>• 농지전용의 허가<br>• 지정어업의 허가, 어업권면허 |
| 교통·통신 | • 자동차운송, 내항해운업 등의 허가<br>• 자동차등록검사<br>• 여행업, 호텔, 여관의 등록 |
| 고용·노동 | • 직업소개<br>• 직업훈련<br>• 노동상담 |
| 안전·방재 | • 위험물규제<br>• 대규모재해대책<br>• 광역방재계획의 작성<br>• 무력공격사태 등에 있어서 피난지시 등 |
| 복지·건강 | • 개호사업자의 지정<br>• 중도장해자 복지시설의 설치<br>• 고도 의료<br>• 의료법인의 설립허가<br>• 감염증대책 |
| 교육·문화 | • 학교법인의 허가<br>• 고교 설치허가<br>• 문화재의 보호 |
| 시정촌간의 조정 | • 시정촌간의 조정 |

자료: Niigata Prefecture(2007); 김순은(2013: 31-32).

　　상기 〈표 1〉에서 보는 바와 같이 도주정부는 기존의 도·도·부·현에 비하여 광역적인 역할에 초점을 둔다. 도주정부는 광역계획과 사회간접자본의 구축, 환경보존과 광역경제의 진흥이 주된 역할이라고 할 수 있다. 도·도·부·현의 행정구역을 통합한 권역의 주요한 사회자본의 조성과 관련된 계획 및 실행, 광역적인 환경의 보전과 관리, 생활권 및 경제권에 따른 지역경제정책 및 고용정책 등이 도주정부의 주요한 역할과 기능이 될 것을 기대하였다. 도주정부가 이러한 역할을 효율적으로 수행하기 위해서는 현재의 도·도·부·현의 기능과 역할을 시·정·촌으로 이양하고 도주정부는 새롭게 중앙정부로 권한을 이양을 받아야 한다. 〈표 1〉에 표시된 권한 중 굵게 표시된 부분은 중앙정부로부터 이양을 받아야 할 기능이다. 사회자본정비와 관련된 부분에서 국도의 관리, 1급 하천의 관리, 제2공항의 관리, 사방설비의 관리, 보안림의 지정, 환경과 관련된 영역에서는 유해화학물질대책, 대기오염방지대책, 수질오염방지대책이 있다. 산업과 경제와 관련된 부문에서는 중소기업대책, 지역산업정책, 관광진흥정책, 산업진흥정책, 농지전용의 허가, 지정어업의 허가, 교통과 통신부문에서는 자동차 운송, 내항해운업 등의 허가, 자동차 등록 검사, 여행업, 호텔·여관의 등록이 있다. 고용과 노동부문에서는 직업소개, 직업훈련, 노동상담, 안전과 방재부문에서는 위험물 규제 등이 예시되어 있다(Niigata Prefecture, 2007).

## 2. 영국의 중앙정부와 지방정부의 역할과 기능배분

### 1) 지역정부의 역할과 기능

　　영국 중앙정부와 지방정부의 역할과 기능배분은 매우 복잡하다. 지방정부의 계층이 다양하고 지역에 따라 복잡하게 규정되어 있기 때문이다. 우선 스코트랜드, 웨일즈, 북아일랜드는 별개의 지역정부가 구성되어 자율성이 높다. 스코트랜드 의회는 국방과 외교를 제외한 대부분의 정부 역할과 기능을 수행하고 있다. 잉글랜드 지역도 1994년 이후 런던을 포함하여 9개의 지역으로 구분하였다. 2000년 이후 런던지역은 선출직 시장과 시의회를 설치하였으며 광역적인 역할을 부여하였고 그 외 지역은 지역개발공사를 설치하였다가 캐머런 정부에 들어 2012년 폐지되었다. 현재는 비선출직의 지도자위원회(leader's boards)가 지역개발공사의 역할을 갈음하여 자문형태의 역할을 수행하고 있다.

## 2) 지방정부의 역할과 기능

잉글랜드 지역의 지방정부는 2층제와 단층제가 혼합되어 있다. 2층제 하의 광역지방정부로는 27개의 비광역카운티(non-metropolitan counties)와 런던광역시(Greater London Authority)가 있다. 그 외에 6개의 광역카운티(metropolitan counties)가 존재한다. 광역카운티는 광역맨체스터(Greater Manchester), 머시사이드(Merseyside), 사우스요크샤이어(South Yorkshire), 타인앤웨어(Tyne and Wear), 웨스트미드랜드(West Midlands), 웨스트요크샤이어(West Yorkshire)로서 1972년 도입되어 1973년 선거를 거쳐 1974년 처음으로 출범하였다. 그 후 1986년 대처수상이 런던광역시(Greater London Council)와 6개의 광역카운티를 폐지하였다. 광역카운트가 담당하였던 경찰, 소방, 공공교통, 쓰레기 매립 등의 기능과 역할은 합동위원회(Joint Boards)가 담당하고 있다. 블레어 노동당 정부는 이 지역에 지역의회(regional assembly), 시-지역(City-region)을 설치하려고 시도하였으나 성공하지 못했다. 캐머런 정부가 출범 한 이후 이들 지역에 간접선거에 의한 광역카운티가 설립되어 전략적인 역할을 수행하고 있다(Wikipedia, 2015).

단층제 지방정부의 수는 57개로 단일정부(unitary authorities)가 55개, 전통적 런던시(City of London), 실리섬(Isles of Scilly)이다. 단일정부는 20세기 초 카운티의 역할과 버러우의 역할을 동시에 지닌 카운티버러우가 1972년 개혁으로 폐지된 이후 하위 지방정부로 전환되었다. 이러한 지역이 1980년대 이후 단층제의 단일정부로 전환된 지역으로서 잉글랜드에 55개가 탄생되었다. 전통적 런던시는 런던시의 역사적 상징으로서 1067년 독립의 헌장을 인정받고 1189년부터는 독자의 시장을 설치하였다. 실리섬은 작은 섬으로 이루어진 군도로서 1890년 이후 독자적인 지방정부를 구성해 왔다.

2층제 하의 하위 지방정부로는 201개의 비광역 구역정부(non-metropolitan districts), 36개의 광역 버러우(metropolitan boroughs), 32개의 런던버러우(London boroughs)가 설치되어 있다. 광역버러우는 상기에서 언급한 대도시 지역의 하위 지방정부이며 런던지역에 설치된 하위 지방정부가 런던버러우이다.

　　영국의 지방정부는 2000년 지방정부법에 의하여 지역의 경제, 사회, 환경적 웰빙을 제고할 수 있는 포괄적 권한이 인정되었다. 이를 웰빙권한이라고 한다. 2011년 이후에는 이 권한이 더욱 강화되어 일반적 권한(general power of competence)이 부여되었다. 이 권한은 지방정부가 개인처럼 불법적이지 않으면 월권금지의 원칙(Ultra vires)에 저촉되지 않는다. 이들 상이한 정부들의 기능을 서술하면 아래와 같다.

〈표 2〉 지방정부별 기능배분

| | 단일 정부 | 비광역지역 | | 런던지역 | | 광역지역 |
|---|---|---|---|---|---|---|
| | | 상위 지방정부 | 하위 지방정부 | 런던 광역시 | 런던 버러우 | |
| 쓰레기 처리 | ○ | ○ | | | ○ | |
| 쓰레기 수거 | ○ | | ○ | | | ○ |
| 교육 | ○ | ○ | | | ○ | ○ |
| 도서관 | ○ | ○ | | | ○ | ○ |
| 사회 서비스 | ○ | ○ | | | ○ | ○ |
| 교통 | ○ | ○ | | ○ | | |
| 전략적 기획 | ○ | ○ | | ○ | | |
| 소비자 보호 | ○ | ○ | | | ○ | ○ |
| 경찰 | ○ | ○ | | ○ | | ○ |
| 소방 | ○ | ○ | | ○ | | |
| 주택 | ○ | | ○ | | ○ | ○ |
| 지방세 부과 및 징수 | ○ | | ○ | | ○ | ○ |
| 인·허가 | ○ | | ○ | | ○ | ○ |
| 공원묘지 | ○ | | ○ | | ○ | |
| 화장장 | ○ | | ○ | | ○ | ○ |
| 지방 계획 | ○ | | ○ | | ○ | ○ |
| 지역개발 | | | | ○ | | |

상기의 〈표 2〉에서 보는 바와 같이 잉글랜드 지방정부는 계층별, 지방정부의 종류별로 역할과 기능이 상이하다. 일반적으로 지방정부는 쓰레기 처리, 쓰레기 수거, 교육, 도시관, 사회 서비스, 교통, 전략적 기획, 소비자 보호, 경찰, 소방, 주택, 지방세 부과 및 징수, 인·허가, 공원묘지, 화장장, 지방계획 및 지역개발 등을 담당하고 있다. 이 중 우리나라와 비교하자면 지방정부가 경찰과 교육을 담당하는 것이 상이한 점이다. 단일정부는 지역개발을 제외하고 카운티사무와 버러우사무를 모두 수행한다. 비광역지역의 경우 상위 지방정부는 광역적 사무인 쓰레기 처리, 교육, 도서관, 사회서비스, 교통, 전략적 기획, 소비지 보호, 경찰, 소방 등을 담당하고 하위 지방정부는 쓰레기 수거, 주택, 지방세 사무, 인·허가, 공원묘지 및 화장장, 지방계획을 담당한다.

광역지역은 지역개발과 쓰레기 처리를 제외한 사무를 담당한다. 쓰레기 처리는 연합체의 합동위원회가 담당한다. 역할배분에 있어서 가장 특징적인 내용은 런던지역이다. 런던광역시는 교통, 전략적 기획, 경찰, 소방, 지역개발의 광역사무만을 담당하고 그 외 사무는 모두 런던버러우가 담당하고 있다.

### 3) 초광역체제의 논의

영국은 앞에서 논의하였듯이 스코트랜드, 웨일즈지역은 물론 잉글랜드 지역에서 지역정부의 수립을 위한 시도가 이어졌다. 스코트랜드에는 스코트랜드 의회가 웨일즈에는 웨일즈 의회가 설립되어 보다 강화된 분권체제를 구축하였다.

강화된 스코트랜드 의회는 국방과 외교를 제외하고 독립국가 수준의 역할을 수행하고 있음을 알 수 있다. 스코트랜드는 독자적인 형사 및 사법제도를 운영하고 있을 뿐만 아니라 유럽연합의회에 대표를 파견하는 외교권을 행사하고 있다. 특히 1파운드 당 3펜스의 이내에서 부과할 수 있는 과세권도 스코트랜드의 광역자치권을 상징적으로 보여주고 있다(Scottish Parliament Act, 1988). 스코트랜드 의회는 보건(Health), 교육(Education), 훈련정책과 평생교육(Training and lifelong learning), 지방정부(Local Government), 사회사업(Social Work), 주택(Housing), 도시계획(Planning), 경제발전(Economic Development), 산업에 대한 경제지원(Financial Assistance to Industry), 관광(Tourism), 스코틀랜드 도로망(Road Network), 버스 정책(Bus Policy), 항구 등의 교통

분야, 형사 및 민사법(Criminal and Civil Law), 검찰 및 기소체제(Criminal Justice and prosecution system), 사법(Courts), 경찰 및 소방(Police and fire), 환경(Environment), 자연유산(Natural heritage), 유형문화재(Built heritage), 농업(Agriculture), 농업기준(Food standards), 산림(Forestry), 수산(Fisheries), 스포츠, 예술(Arts), 통계, 공공기록 및 보존(Statistics, public registers and records) 등의 권한을 행사한다.

웨일즈 지역은 스코트랜드 지역에 비하여 제한적인 자율권이 보장된다. 독자적인 사법제도와 과세권은 이양되지 않았으나 지리적 특수성에 근거하여 잉글랜드 지역에 비하여 강화된 자율권이 인정되었다(Government of Wales Assembly Act 1998). 웨일즈 의회가 행사하는 권한은 어업, 수산업, 임업 및 농촌개발, 고적 및 역사적 건물, 문화, 경제발전, 교육 및 연수, 환경, 소방, 구호서비스 및 소방안전의 확보, 식품, 보건 및 보건 서비스, 고속도로 및 교통, 주택, 지방정부, 행정, 사회복지, 스포츠 및 레크리에이션, 관광, 타운 및 지역계획, 치수 및 홍수 방지, 웨일즈 언어 등에 걸쳐 있다.

1997년 출범한 노동당 정부는 잉글랜드 지역을 9개의 초광역으로 구분하고 각 구역에 지역정부(Regional government) 설립을 추진하고 이에 대응하는 지방분권을 구상하였다. 이를 실현하기 위하여 2002년 5월 "당신의 지역, 당신의 선택(Your Region, Your Choice: Revitalizing the English Regions)"이라는 백서를 발표하고, 보다 구체화하기 위하여 2003년 "지역의회(준비)법(Regional Assemblies (Preparation) Act)"을 제정하였다.

# V. 바람직한 중앙정부와 지방정부의 역할과 기능구분

## 1. 우리나라 지방정부별 역할과 권한

### 1) 중앙과 지방정부의 역할과 기능의 현황

우리나라 중앙정부와 지방정부의 역할과 기능은 〈표 3〉을 보면 명확하게 나타난다. 1994년 총무처를 비롯하여 2002년과 2009년 행정자치부, 2010년과 2011년 한국지방행정연구원은 중앙정부와 지방정부의 역할과 기능을 전수조사하였다. 이러

〈표 3〉 사무배분 현황

| 구분 | 총무처 (1994) | 행정자치부 (2002) | 행정안전부 (2009) | 한국지방행정연구원 (2010) | 한국지방행정연구원 (2011) |
|---|---|---|---|---|---|
| 대상 법령 | 3,169개 | 3,353개 | 4,038개 | 4,092개 | 4,067개 |
| | 총 15,774개 | 총 43,603개 | 총 42,320개 | 총 43,422개 | 총 42,947개 |
| 총 사 무 수 | • 국가수행사무: 11,744개(74.5%)<br><br>• 지방수행사무: 4,030개(25.5%)<br>- 지방고유사무: 2,110개(52.4%)<br>- 지방위임사무: 1,920개(47.6%) | • 국가수행사무: 30,240개(72.7%)<br><br>• 지방수행사무: 11,363개(27.3%)<br>- 시·도 사무: 5,318개(46.8%)<br>- 시·군·구 사무: 2,950개(26.0%)<br>- 시·도/시·군·구 사무: 3,095개 (27.2%) | • 국가수행사무: 30,215개(71.4%)<br><br>• 지방수행사무: 12,105개(28.6%)<br>- 시·도 사무: 5,026개(41.5%)<br>- 시·군·구 사무: 4,422개(36.5%)<br>- 시·도/시·군·구 사무: 2,657개 (22.0%) | • 국가사무: 29,493개(67.9%)<br>- 국가수행사무: 28,366개(96.2%)<br>- 위임사무: 1,098개(3.7%)<br>- 공동사무: 29개(0.1%)<br><br>• 지방사무: 13,929개(32.1%)<br>- 광역사무: 7,381개(53.0%)<br>- 기초사무: 6,541개(47.0%)<br>- 공동사무: 7개(0.05%) | • 국가사무: 2,9675개(69.1%)<br>- 국가수행사무: 28,644개(66.7%)<br>- 위임사무: 1,031개(2.4%)<br>- 공동사무: 0개(0.0%)<br><br>• 지방사무: 13,272개(30.9%)<br>- 광역사무: 7,013개(52.8%)<br>- 기초사무: 6,259개(47.1%)<br>- 공동사무: 0개(0.0%) |

자료: 한국지방행정연구원(2012: 26).

한 조사의 결과가 〈표 3〉이다.

　　〈표 3〉을 보면 중앙정부와 상위 지방정부 및 하위 지방정부를 전체적으로 포함한 공공의 영역이 확대되어 왔음을 알 수 있다. 2010년까지 법령의 수가 꾸준히 증가하였고 2011년에 25개의 법령이 감소하였다. 1994년부터 2011년까지의 중앙정부, 상위 지방정부, 하위 지방정부간의 역할과 기능을 보면, 중앙정부의 역할과 기능이 2010년까지는 소폭의 변화이기는 해도 꾸준히 감소하다가 2011년 다소 상승하는 것으로 나타났다. 1994년 중앙정부의 역할은 74.5%, 2002년에는 72.7%, 2009년에는 71.4%, 2010년에는 67.9%으로 다소나마 감소하다가 2011년에는 69.1%로

상승하는 것을 볼 수 있다. 상대적으로 지방정부의 역할은 25.5%, 27.3%, 28.6%, 32.1%로 상승 추세였다가 2011년에는 30.9%로 다소 감소하였다.

　　지방정부의 사무가운데 상위 지방정부와 하위 지방정부의 역할을 분석하면 〈표 4〉와 같다. 조사할 시점에 조사방식이 상이하여 전체적인 비교는 어렵지만 2002년부터의 조사내용을 분석하면 2010년까지는 상위 지방정부의 역할과 기능이 확대되었고 2011년 다소 감소하였다. 2009년까지는 공동사무의 비율이 20%를 상회하였으나 2010년 조사부터는 공동사무의 비율이 1% 이하로 감소하였다. 2011년 조사에서는 상위 지방정부의 역할과 기능이 다소 축소되었음을 보여주고 있다. 또한 일반적으로 시·도 상위 지방정부의 역할과 기능은 시·군·구 하위 지방정부의 역할과 기능보다 상위에 있음을 보여주고 있다.

〈표 4〉   지방정부의 역할과 기능배분

(단위: 백분율)

| | 1994 | 2002 | 2009 | 2010 | 2011 |
|---|---|---|---|---|---|
| 상위 지방정부 | 고유사무: 52.4 위임사무: 47.6 | 46.8 | 41.5 | 53 | 52.8 |
| 하위 지방정부 | | 26 | 36.5 | 47 | 47.1 |
| 공동부문(사무) | – | 27.2 | 22 | 0.05 | 0.01 |
| 전체 | 100(25.5) | 100(27.3) | 100(28.6) | 100(32.1) | 100(69.1) |

주: 괄호안의 숫자는 전체 국가사무 중 지방정부의 역할과 기능의 비율을 의미함.
자료: 상기 〈표 5-1〉에서 추출함.

## 2) 국가별 국세와 지방세의 비율

　　국가의 조세구조는 정부별 역할과 기능을 간접적으로 보여주는 자료이다. 2009년 기준으로 주요 국가의 국세와 지방세의 비율은 〈표 5〉와 같다. 우리나라가 단연 국세의 비율이 주요 OECD 국가에 비하여 높음을 알 수 있다. 이는 중앙정부가 조세의 징수에서도 지방정부에 비하여 월등히 우월한 역할을 수행하는 것으로 해석이 가능하다. 주요 국가들이 40% 이상의 지방세 구조를 갖고 있는 반면 우리나라는

20%에 머무르고 있다. 우리나라의 지방자치를 2할 자치라고 하는 것은 이러한 조세 구조에 기인한다.

<표 5> 국가별 국세와 지방세의 비율

(단위: ’09 기준, %)

| | 일본 | 미국 | 독일 | 한국 | 한국('2011) |
|---|---|---|---|---|---|
| 국세 | 53.4 | 47.8 | 51.5 | 78.5 | 78.6 |
| 지방세 | 46.6 | 52.2 | 48.5 | 21.5 | 21.4 |

자료: 최병대(2015: 5).

그러나 우리나라의 경우 예산사용을 기준으로 하면 중앙정부는 2012년 42.8%, 2014년에는 42.3%로 50%도 되지 않는다. 중앙정부는 국세를 징수하여 지방교부세, 국고보조금 등으로 지방에 이전하고 있다. 중앙정부의 역할 중 지방재정조정이 매우 중요한 역할임을 알 수 있다. 지방정부는 2012년 42.2%의 일반예산과 15%의 교육예산, 2014년에는 42.8%의 일반예산과 14.9%의 지방교육예산을 사용하였다.

## 2. 향후 중앙정부와 지방정부의 역할

### 1) 중앙정부의 역할과 기능

지방분권의 기조 하에서 중앙정부와 상위 지방정부 및 하위 지방정부의 역할과 기능은 일정한 기준과 보충성의 원리에 따라 배분되어야 한다. 먼저 중앙정부의 역할은 무엇보다도 국가의 안전과 존립을 유지하는 것일 것이다. 1789년 미국이 새롭게 정부를 수립할 때에도 국무부, 재무부, 우체국과 함께 전쟁부(Department of War)가 설치되었다. 이러한 4가지 정부부처는 국가 존립의 중요성을 시사한다. 국방, 외교, 병무, 남북교류, 조례, 중앙선거, 국가재정 및 조직, 사법, 국가경찰 등의 기능이 여기에 포함될 것이다.

두 번째 기준은 국가 전체의 기준을 정하거나 조정하는 역할이다. 여기에는 전국적 규칙을 정하는 역할로서 출입국관리, 특허, 검역, 식량안전관리, 금융 등의 기능이 포함되며 국가계획의 역할에는 국토종합계획, 전국경제개발계획, 전국도로계획 등의 기능이 있다. 국가 전체의 이익을 위한 역할에는 대규모 공항, 항만, 간척, 철도사업 등이 포함되며 국가적 통일을 위한 역할에는 도량형 기준, 의·약사면허, 통계조사, 측량, 근로기준 설정 등의 기능으로 구성된다. 국가환경의 보호역할에는 국유산림, 국가하천 등의 기능이 포함되며, 국가가 최소한의 생활을 보장하는 국가생활보호 역할에는 전국실업대책, 사회보장, 생활보호 기준 등의 기능이 이에 해당한다. 또한 국가의 지방정책의 기본적 골격을 정하는 역할을 수행하며 지방자치정책 및 재정기준, 시도 분쟁조정 등의 기능이 여기에 포함된다. 세 번째 기준으로 국가는 전국기반의 서비스 제고의 역할을 수행하여야 한다. 여기에는 공적연금, 노동·건강보험, 방재계획, 방송통신 등의 기능이 포함되어야 한다. 네 번째 기준은 고도의 전문적 기술과 지식이 요구되는 분야를 수행하는 역할이다. 원자력 분야와 지식정보화가 포함될 것이다. 이를 표로 정리하면 아래 〈표 6〉과 같다.

〈표 6〉   중앙정부 – 시·도(초광역체제) – 시·군의 사무배분 방향

| 중앙정부 | 시·도(초광역체제) | 시·군 |
|---|---|---|
| • 국가존립기능<br>국방, 외교 , 병무, 남북교류, 조례, 중앙선거, 국가재정 및 조직, 사법, 국가경찰<br>• 전국기준통일·조정기능<br>전국적 규칙: 출입국관리, 특허, 검역, 식량안전관리, 금융<br>국가계획: 국토종합계획, 전국경제개발계획, 전국도로계획<br>국가이익: 대규모 공항, 항만, 간척, 철도사업<br>국가통일: 도량형 기준, 의약사면허, 통계조사, 측량, 근로기준 설정 등<br>국가환경: 국유산림, 국가하천<br>국가생활보호: 전국실업대책, 사회보장, 생활보호 기준<br>지방자치: 지방자치정책 및 재 | • 지역위기관리: 소방방재, 통합방위<br>• 지역인재관리: 공무원교육, 교육자치<br>• 지역자원개발: 해양자원, 산림자원개발연구, 농업기술연구<br>• 지역산업활성화: 보건의료산업, 지역금융산업, 첨단산업, 미래산업<br>• 지역환경관리: 기후변화대응, 연안환경, 식의약, 보건환경연구, 수계관리, 하천관리<br>• 지역계획: 도시계획, 지역개발, 지리정보, 신도시개발, 산단조성, 과학기술연구<br>• 지역공공사업: 도로, 하천, 공항, 항만, 농어촌정비<br>• 지역정책관리: 환경정책, 여성정 | • 주민생활밀착서비스:<br>다문화가족지원, 자원봉사, 학교지원, 평생학습, 도서관, 생활체육, 마을만들기<br>• 생활환경개선:<br>상수, 하수, 청소, 환경시설, 재활용, 환경교육, 주거환경<br>• 주민복지증진: 저소득지원, 아동복지, 보육정책, 노인생활, 청소년복지, 공공·농어촌의료, 건강검진, 위생관리, 복지시설<br>• 지역발전:<br>친환경농업, 농축산유통, 일자리창출, 창업지원, 전통시장육성, 교통시설, 주차시설, 도시재개발, 공원녹지관리 |

| | |
|---|---|
| 정기준, 시도 분쟁조정<br>• 전국기반 서비스기능:<br>공적연금, 노동·건강보험, 방재<br>계획, 방송통신<br>• 고도의 전문기능:<br>원자력, 지식정보화 등 | 책, 주택정책, 보건정책, 농업정<br>책, 교통정책, 도시정책<br>• 자치경찰: 제한적인 정보·보안,<br>방범·치안, 교통안전 및 교통소<br>통, 지역 경비, 질서유지<br>• 자치교육: 교육·과학·기술·체<br>육·기타 학예 분야, 지방교육재<br>정, 학교자치 |

자료: 한국지방행정연구원(2012: 244) 일부 수정.

## 2) 상위 지방정부의 역할과 기능

향후 시·도 등 상위 지방정부는 광역적인 역할을 수행하며 여기에는 시·도의 통합 등 초광역체제의 설치와 연관하여 논의할 수 있을 것이다. 이를 예시하면 〈표 6〉과 같다. 지역위기관리의 역할로서 소방방재, 통합방위가 포함되며 지역인재관리를 위하여 공무원 교육과 교육자치 등이 있다. 지역자원개발의 역할로서 해양자원, 산림자원개발연구, 농업기술연구 등이 포함되며 지역산업활성화를 위한 역할로서 보건의료산업, 지역금융산업, 첨단산업, 미래산업 등이 포함되어야 한다. 지역환경관리를 위하여 기후변화대응, 연안환경, 식의약, 보건환경연구, 수계관리, 하천관리 등을 수행해야 하며 지역계획의 역할을 위하여 도시계획, 지역개발, 지리정보, 신도시개발, 산업단지 조성, 과학기술연구 분야가 상위 지방정부의 역할에 추가되어야 한다. 도로, 하천, 공항, 항만, 농어촌정비 등의 지역공공사업의 역할, 환경정책, 여성정책, 주택정책, 보건정책, 농업정책, 교통정책, 도시정책 등의 지역정책관리의 역할, 제한적인 정보·보안, 방범·치안, 교통안전 및 교통소통, 지역 경비, 질서유지 등의 자치경찰의 역할, 교육·과학·기술·체육·기타 학예 분야, 지방교육재정, 학교자치 등의 자치교육의 역할도 상위 지방정부가 수행하는 것이 타당하다.

## 3) 하위 지방정부의 역할과 기능

주민의 일상생활과 밀접하게 관련된 사무와 기능의 수행은 하위 지방정부의 역할이 되어야 함은 물론이다. 보충성의 원리에 따라 공동체가 수행할 수 있는 역할을 강화하는 것이 최신의 추세이기도 하다(김순은, 2011). 하위 지방정부의 역할은 주민 생활밀착 서비스를 제공하는 것으로 다문화가족지원, 자원봉사, 학교지원, 평생학습, 도서관, 생활체육, 마을만들기 등이 여기에 포함된다. 아울러 생활환경을 개선하는 역할로서 상수, 하수, 청소, 환경시설, 재활용, 환경교육, 주거환경 등의 기능을 들 수 있다. 주민의 복지를 증진하는 역할에는 저소득지원, 아동복지, 보육정책, 노인생활, 청소년복지, 공공·농어촌의료, 건강검진, 위생관리, 복지시설을 확충하는 기능을 거론할 수 있다. 또한 지역발전의 역할에는 친환경농업, 농축산유통, 일자리 창출, 창업지원, 전통시장육성, 교통시설, 주차시설, 도시재개발, 공원녹지관리 등의 기능이 강화되어야 한다.


## Ⅵ. 결  론

국가를 다양한 형태와 다양한 정부 수준으로 구성하는 것은 정치적인 관점은 물론 경제적인 관점에서도 그 타당성이 논의되고 있다. 지방분권에 기초한 한 국가의 정치·행정구조는 정치적 권력의 분산이라는 권력분립의 원리는 물론 지방분권의 정리(decentralization theorem)에서도 타당성이 인정되고 있다. 따라서 지방분권에 기초한 정치·행정의 구조는 권력분리에 의한 자유민주적 제도이면서도 경제적인 관점에서 자원의 효율성을 확보할 수 있다.

그러나 우리나라는 다양한 시도와 노력에도 불구하고 아직도 중앙집권적 구조 하에서 국정이 운영되고 있는 실정이다. 향후에는 과감한 지방분권의 실현으로 민주성을 제고하고 효율적 정치와 행정구조를 구축하여야 한다. 이러한 방향이 21세기 어려운 제반 여건을 해결할 수 있는 국가적 체제의 대안이 될 것이다.

## 참고문헌

김병준. (1999). 중앙행정권한의 지방이양 촉진 등에 관한 법률의 제정의의와 주요 내용. 「자치행정」, 139.

김순은. (2001a). 영국과 일본의 지방분권 비교분석. 「한국지방자치학회보」, 13(2): 101-121.

김순은. (2001b). 우리나라 지방분권의 특징과 과제: 영국과 일본의 지방분권화의 비교를 중심으로. 「한국사회와 행정연구」, 12(2): 57-75.

김순은. (2003a). 정부혁신과 지방분권 개혁: 한·일간 비교분석. 「지방정부연구」, 8(1): 151-176.

김순은. (2003b). 일본 지방분권의 평가와 시사점. 「한국지방자치학회보」, 15(3): 313-336.

김순은. (2010a). 참여정부와 이명박정부의 지방분권 비교·분석. 한국지방정부학회 추계학술대회발표논문.

김순은. (2009). 일본의 도주제. 한국지방행정연구원. 광역체제와 기능(비발간된 보고서). 제2장.

김순은. (2010b). 기초의회 중선거구제의 효과분석. 「한국지방자치학회보」, 22(3): 27-55.

김순은. (2011). 영국과 일본의 지방분권 개혁 비교분석: 거대사회론과 지역주권론을 중심으로. 「지방정부연구」, 15(2): 73-96.

김순은. (2013). 21세기 신지역 발전을 위한 분권형 거버넌스의 구축방향. 충남발전연구원 연구보고서.

김순은. (2014). 기초자치단체 정당공천제의 폐해와 대안. 「법정리뷰」, 31(1): 1-34.

김순은. (2015). 민선 지방자치 20주년의 평가: 의정평가를 중심으로. 지방4단체협의회 주최 세미나 발표논문.

소순창. (2011). 역대 정부의 지방분권 정책의 평가. 「한국지방자치학회보」, 23(3): 39-68.

손희준. (2014). 지방재정의 평가와 과제. 제6회 한국지방자치학회 지방분권포럼 발표논문.

윤태웅. (2015). 역대 정부의 지방분권 정책에 대한 성과와 개선방향. 한국지방정부학회 춘계학술대회 발표논문.

이승종. (2005). 노무현 정부의 지방분권정책 평가. 「행정논총」, 43(2): 351-378.

이기우. (2007). 참여정부 지방분권정책의 성과와 과제. 한국지방자치법학회 추계학술발표대회 논문.

이창균. (2010). 이명박정부의 지방분권방향과 성과 및 과제. 한국지방자치학회 하계학술대회 발표논문.

정부혁신지방분권위원회. (2003). 「참여정부 지방분권 추진 로드 맵: 분권형 선진국가의 건설」. 서울: 정부혁신지방분권위원회.

지방자치발전위원회. (2015). 「성숙한 지방자치를 위한 청사진: 지방자치발전 종합계획」. 서울: 지방자치발전위원회.

최병대. (2015). 중앙정부와 지방정부의 역할과 책임: 역대 정권별 사무이양의 추세분석. 2015년 제1차 한국지방자치학회 주최 지방분권 포럼 발표논문.

최진혁. (2015). 새 정부의 지방분권과 지역균형발전 정책 평가: MB 정부와 박근혜 정부의 비교고찰. 한국지방정부학회 춘계학술대회 발표논문.

한국지방행정연구원. (2012). 「도의 지위 및 기능재배분 방안」. 서울: 한국지방행정연구원.


Department of Communities and Local Government. (2009). Power to promote well-being of the area: Statutory guidance for local councils. London: HMSO.

Department of Communities and Local Government. (2011a). Decentralization. http://www.clg.gov.uk 2011. 7. 4.

Department of Environment, Transport and the Regions. (1998a). *Scotland Act 1998*. London: HMSO.

Department of Environment, Transport and the Regions. (1998b). *Government of Wales Act 1998*. London: HMSO.

Department of Environment, Transport and the Regions. (1998c). *A Mayor and Assembly for London: The Government's proposals for modernizing the governance of London*. London: HMSO.

Department of Environment, Transport and the Regions. (1999). *Local Leadership, Local Choice*. London: HMSO.

East Midlands Development Agency. (2000). *Regional Development Agencies*. http://www.emda.org.uk.

Local Government Information Unit(LGIU). (2012). *The Localism Act: An LGIU Guide*. updated September 2012. London: LGIU.

Niigata Prefecture. (2007). 道州制セミナー 配付資料.

Wikipedia. (2015). Local Government in England. http://www.en.wikipedia.org/ 2015. 9. 25.


岩崎 忠. (2013). 民主黨政權 地域主權 改革の評價と檢證. 自治總研, 418(8): 1-39.

關西經濟連合會. (2003).「地方の自立と責任を確立する關西モデル」. http://kankeiren.or.jp.

佐佐木信夫. (1999).「地方分權と地方自治」. 東京: keisoshobo.

佐藤英善. (2002).「新地方自治の思想: 分權改革の法としくみ」. 東京: 敬文堂.

新藤宗幸. (1999).「地方分權」. 東京: 岩波書店.

總務省. (2014). 地方分權の現況. http://soumu.go.jp.

長沼進一. (2010). 地方政府の役割と活動範圍. 經濟學會誌, 111: 15-28(別冊).

成田賴明. (1995). 地方分權と地方分權推進法.「ジュリスト」, 8-27.

西尾 勝. (1999).「未完の分權改革」. 東京: 岩波書店.

# 제4장

# 정부 인사행정혁신의 현황과 과제

## [이 수 영]

>제4장
# 정부 인사행정혁신의 현황과 과제

## I. 들어가며

   국민에게 보다 나은 행정서비스를 제공하기 위해 꼭 필요한 다양한 요소 중에서 유능한 공무원은 그들이 직간접적으로 행정 서비스 생산 및 공급에 참여하고 있다는 점에서 어떤 요소보다도 핵심적인 것이라고 할 것이다. 하지만, 최근 우리나라 공무원들은 사기가 저하될 수밖에 없는 환경 변화에 직면하고 있는데, 그 이유로는 다음과 같은 것을 들 수 있다. 첫째 이유는 2012년 말 국무조정실을 시작으로 다수의 중앙 정부 부처가 세종시로 이전하고 있다는 사실이다. 수도권의 과밀화 현상을 방지하고 국토의 균형발전을 확보하려는 의도에서 시작된 중앙행정기관의 세종시로의 분산은 2015년 현재 36개 중앙행정기관(18개 본부와 18개 소속기관)이 이전을 완료하였다(허준영 외 2015). 이와 더불어, 2014년 정부조직 개편으로 새로 만들어진 국민안전처와 인사혁신처도 세종시로의 이전이 확정된 상태이다. 이러한 이전으로 인해 공무원들은 새로운 환경에 (혼자 혹은 가족들과 함께) 적응 필요, 잦은 장거리 출장으로 인한 신체적 피로, 업무처리의 비효율성 등과 같은 추가적인 부담을 안고 있는 상황이다. 둘째, 세월호 비극 이후 문제점으로 지적된 소위 관피아 현상(퇴직공직자의 유관기관 취업으로 인한 유착현상)을 타파하기 위해 개정된 공직자윤리법을 들 수 있다. 물론 상대적으로 고위직 공무원에 해당되는 이야기이지만, 과거와는 달리 퇴직 후에 퇴직 전 담당하던 관련 분야에서 일할 수 있는 기회가 제약되는 상황을 맞고 있다. 셋째, 2016년 중반 시행을 앞둔 소위 김영란법(부정청탁금지 및 공직자 이해충돌 방지법)이 그것이다. 세월호 참사 이후 부정부패를 추방해야 한다는 차원에서 추진된 법으로 직무 관련성이나 대가성을 따지지 않고도 공직자의 금품수수를 처벌할 수 있게 함으로써 형법상 뇌물죄보다 한층 강화된 법으로 평가받는 법이다.

이런 환경적인 변화 속에서 박근혜 정부는 공무원 인사행정을 주관하는 중앙인사행정기관으로 인사혁신처를 신설하였다. 인사혁신처는 2014년 초 발생한 세월호 비극의 원인 중 하나로 거론되는 관피아 현상을 타파하고 인사행정의 전문성과 투명성을 확보하기 위해 2014년 말에 국무총리 소속 차관급 기관으로 만들어졌다. 먼저 연혁적으로 우리나라 중앙인사행정기관의 유형을 기능적인 측면에서 살펴보면 크게 인사행정만 전담하는 기관 형태(예: 중앙인사위원회)와 인사행정 및 다른 업무를 동시에 수행하는 기관 형태(예: 행정자치부, 안전행정부 등)로 구분 가능한데(유민봉 2010), 현재의 인사혁신처는 전자의 유형에 속한다고 할 것이다. 또한, 의사결정의 합의성 여부와 행정수반으로부터의 독립성 여부를 기준으로 한 구분은 아래 그림과 같은 네 가지 유형을 일반적으로 제시하고 있는데(이종수 외 2012), 현재 우리나라 인사혁신처는 비독립단독형으로 분류된다.

〈표 1〉 중앙인사행정기관의 조직 형태

|  | 합의형 | 단독형 |
|---|---|---|
| 독립형 | 독립합의형<br>(예: 미국의 실적제보호위원회) | 독립단독형 |
| 비독립형 | 비독립합의형<br>(예: 구 중앙인사위원회) | 비독립단독형<br>(예: 구 안전행정부, 현 인사혁신처) |

출처: 이종수 외(2012)를 참조하여 재구성함.

인사혁신처는 과거의 중앙인사행정기관들과 비교하여 다음과 같은 두 가지 특징을 지니고 있다. 첫째, 국무총리 소속 하에 있다는 점이 총무처를 제외한 과거 중앙인사행정기관들과 다른 점인데, 총무처의 경우 인사 업무 이외의 기타 국가사무들까지 담당하였다는 점에서 공무원 인사행정만 전담하는 현재의 인사혁신처와는 구별된다고 할 것이다. 즉, 조직 형태적인 측면에서 현재의 인사혁신처는 과거에 존재했던 중앙인사행정기관들과는 다른 자리매김을 하고 있다고 판단된다. 하지만, 이러한 국무총리 소속의 차관급 조직 형태는 인사혁신처가 우리나라 공무원 인사행정과 관련된 혁신을 주도적으로 이끌어 나가는 데에 있어서 법령 제정과 예산 측면에서 한계를 가질 수 있다. 이러한 한계점을 보완하기 위해서인지는 분명하지 않으나, 인사혁신처는 장관급인 국무조정실장을 공동위원장으로 하는 인사혁신추진위원회를 신설하여 범정부적인 인사혁신을 협의하고 확산하기 위한 장치로 활용하고 있는데, 옥상옥 조직으로 인사행정 혁신에 있어 업무 중복과 비효율을 양산할 수 있다는 지적이 제기되고 있다.[1] 두 번째 특징은 지금까지의 중앙인사행정기관의 최고관리자에 주로 공무원이나 관련 분야 학자가 임명되었던 관례를 깨고 현재의 인사혁신처는 민간 기업 출신의 최고관리자를 영입하여 공직사회에 새로운 변화의 바람을 불어넣으려고 한다는 점이다. 과거 우리나라 중앙인사행정기관 중 공무원 인사행정에 있어서 가장 혁신적이고 실질적인 변화를 추진했던 참여정부의 중앙인사위원회조차도 민간 기업 출신의 위원장을 영입하려는 시도는 하지 않았는데, 박근혜 정부는 인사혁신처장에 민간 기업 출신을 임명함으로써 공무원 인사행정에 또 다른 변화를 시도하고 있다.

이 글에서는 민간 기업 출신의 최고관리자가 이끄는 인사혁신처가 추진하고 있는 우리나라 공무원 인사행정과 관련된 다양한 혁신적인 제도들을 살펴보고, 기대되는 효과와 부작용 등에 대해 고민해 보고자 한다. 우선 인사혁신처가 지향하는 공무원 인사행정의 변화 방향에 대해 정리해 본 후, 구체적인 혁신 제도들을 중심으로 논의를 전개하기로 한다. 인사혁신처는 출범 이후 1년 동안 크게 두 가지 변화에 중점을 두어 왔다고 하는데, 그 첫째는 공무원 연금개혁이고, 둘째는 인사혁신이다.[2] 논의의 범위 측면에서 이 글은 후자인 인사혁신과 관련되는 내용 중 2015년까지 인사혁신처가 추진한 인사혁신제도와 2016년 초 업무보고에 포함된 향후계획에 초점을 두고자 한다.

---

1) "'인사혁신추진위'가 문제가 아니라 '인사'가 문제다." CBS 노컷 뉴스. 2015. 2. 25. http://www.nocutnews.co.kr/ news/4373866

2) [신년기획] "희생 아닌 이익 나누는 '따뜻한 혁신'하고 싶다" … 이근면 인사혁신처장. 전자신문. 2016. 1. 3. http://www.etnews.com/20151229000440.

## Ⅱ. 인사혁신처의 인사행정 혁신 방향과 현황

인사혁신처가 추진하는 공직 인사혁신 방향은 크게 세 가지로 정리 가능한데, 채용의 혁신, 교육의 정상화, 인사의 전문화 및 성과중심의 인사관리가 여기에 포함된다.3) 본 연구는 이러한 방향성에 과거와 다르게 최근 공무원들 내부에서도 많은 관심을 받고 있는 공무원 삶의 질 향상 측면을 추가하여 분석/정리하고자 한다. 이하에서는 이 네 가지 방향을 축으로 인사혁신처에서 도입해 온 특징적인 제도들을 주로 살펴본 후, 전반적인 변화 시도들을 표로 정리하였다.4)

### 1. 채용의 혁신

공무원 인사행정혁신의 첫 번째 방향은 채용의 혁신인데, 인사혁신처는 다음과 같은 다양한 제도적인 변화를 추진하였다.

### 1) 국가관 및 역사관 등 공직가치 기반 채용 강화

공무원에게 기본적으로 요구되는 국가관이나 역사관 등 공직가치를 강화하기 위해 채용에 있어 몇 가지 변화를 시도하였다. 먼저 국가공무원 선발에 있어 수험생의 국가관과 역사관을 검증할 수 있도록 시험과목을 개편하였다. 헌법소양을 검증하기 위해 2017년부터 5급 국가공무원 공개채용시험과 외교관후보자 선발시험의 1차 시험과목에 '헌법'이 추가되었고, 모든 경력경쟁채용시험에 한국사능력검정시험(국사편찬위원회 주관) 성적 우수자에게 가점을 부여할 수 있는 근거도 마련되었다. 또한, 모든 공채의 면접시험에서 공직가치관 검증에 특화된 다양한 유형의 면접 질문과 평가체계를 개발해 활용하여 공직가치 검증을 강화하였다.

---

3) "범정부 인사혁신 추진방향". 인사혁신 2015년 1호.
4) 인사혁신 2015년 1호, 인사혁신처 보도자료, 인사혁신처 2015년 업무보고, 2016년 업무보고를 토대로 재정리한 내용임.

## 2) 공직의 개방성 확대

채용 관련된 두 번째 혁신방향은 경력경쟁채용을 전 직급으로 확대하는 동시에 채용의 개방성을 높이기 위한 절차의 개선이다. 우선, 고위공무원단 등 최고 전문가를 스카우트하기 위해 채용절차를 간소화하고 현재의 공모절차 생략을 실장급에서 과장급까지 확대하였다. 민간스카우트제는 각 부처가 필요로 하는 민간의 최고 전문가에 대해 공모절차를 생략하고 임용하는 제도인데, 실제로 2015년 중반 산업통상자원부 국가기술표준원 표준정책국장직에 민간스카우트 제1호 공무원이 임용되었다.5)

다음은 경력개방형 직위의 도입이다. 공직 내외를 대상으로 공개모집을 통해 적임자를 선발하던 기존의 개방형 직위제는 부처 특성을 반영하여 민간의 전문성이 더 필요한 개방형 직위 중 일부 직위를 '경력개방형' 직위로 지정하여 민간인만을 대상으로 공개모집을 한다. 2015년 7월 개방형직위 및 공모직위 운영 등에 관한 규정이 개정됨에 따라 이 제도는 시작되었다. 경력개방형 제도의 도입에 따라 향후 전체 개방형 직위(439개)의 33.4%인 147개(고위공무원단 51, 과장급 96)가 경력개방형 직위로 지정될 예정이다. 인사혁신처는 2015년 3월 기준 16.6%인 개방형직위의 민간임용률이 2017년에는 39.5%(173명)로 높아져 민간 출신의 국·과장이 현재보다 2배 이상 증가할 것으로 예상한다.

마지막으로, 2017년까지 5급 이하 공개채용과 경력채용의 신규채용 비율을 5:5까지 조정할 계획으로 경력경쟁채용 규모가 확대된다. 5급 민간경력자 일괄채용시험은 선발단위 및 채용규모를 확대할 계획인데, 기존에 직무분야별 1~3명 선발하던 것에서 직무군 또는 직렬(직류) 단위로 선발한다. 또한, 각 부처에서 실시하던 7급 민간경력자 채용시험은 인사혁신처 주관으로 일괄 실시한다. 국가공무원 민간경력자 일괄채용시험은 5급 공무원에 한해 2011년도부터 실시되어 왔으나, 공직사회의 다양성·전문성·개방성의 속도를 높이고, 경쟁력을 보다 강화하기 위해 중견실무자에 해당되는 7급 공무원까지 확대한 것이다. 선발방식은 특정 직무수행에 필

---

5) "강병구 교수 공무원 발탁 '민간 스카우트제' 1호에" 문화일보. 2015. 9. 11. http://www.munhwa.com/news/view.html?no=2015091101073621086001.

요한 '경력, 학위, 자격증'으로 응시요건을 제한하는 '직무별 선발'과 해당직류에서 일반적인 업무수행을 위하여 필요한 '경력, 학위, 자격증'을 폭넓게 명시해 다양한 경력의 민간전문가가 응시 가능한 '일반경력자 직류별 선발' 방식을 병행함으로써 민간전문가의 공직 응시기회가 크게 확대되도록 하였다.

### 3) '스펙초월 채용시스템' 활성화

채용 혁신 중 세 번째는 '스펙초월 채용시스템' 활성화이다. 이 시스템은 중소기업, 사회적 기업 등 다양한 현장에서 경력을 쌓은 국민인재의 채용을 확대하여 국가행정의 전문성과 효율성 증대에 기여하는 것에 목적을 둔다. 한편, 6급 이하 공무원채용시험에서 정보화 자격증 등 업무와 연관성이 적은 불필요한 스펙은 가산점에서 제외하여 불필요한 취업 비용을 낮추는 데 공직사회가 앞장선다.

〈표 2〉 인사혁신처의 혁신: 채용제도 측면

| 제 도 | 이 전 | 이 후 |
|---|---|---|
| 7급 민간경력자 채용시험 | 각 부처에서 실시 | 인사혁신처 주관 일괄 실시 |
| 5급 민간경력자 일괄채용 시험 | 선발단위* 및 채용규모 확대<br>*(현재) 직무분야(1~3명 선발)<br> → (개선) 직무군 또는 직렬(직류)단위<br>** '17년까지 5급 이하 공채·경채 신규채용 비율을 5:5로 조정 | |
| 지방인재채용목표제 | 5급 공채(20% 미달 시 추가 선발) | 5급 공채(20% 미달 시 추가 선발)<br>7급 공채(30% 미달 시 추가 선발) |
| 저소득층 구분채용 | 9급 공채 인원의 1% 이상 | 9급 공채 인원의 2% 이상 |
| 지역인재 채용 | | 지역인재 9급 선발 시 자격증 가산점 부여 |
| | | 지역인재 추천채용제 7·9급 선발 확대 (7급 105명, 9급 150명) |
| 면접시험 공직가치 검증 | 직무능력평가 중심 | 공직가치 평가 중심 |
| | 5급 공채 | 5급 공채 |

| | | |
|---|---|---|
| | 방식: 토의면접(90분) + 개인발표(15분) + 개별면접(30분) | 2일에 걸쳐 4시간 동안 2단계 심층 면접 |
| | 7급 공채<br>방식: 개인발표(15분)+개별면접(25분) | 7급 공채<br>집단토의 면접 새로 도입 |
| | 9급 공채<br>시간: 30분(공직가치 10분, 직무능력 20분)<br>방식: 개별면접 | 9급 공채<br>시간: 50분(공직가치 30분, 직무능력 20분)<br>방식: 개별면접+5분 스피치 |
| | 헌법소양을 검증하기 위해 5급 공채시험 1차 시험과목에 '헌법' 추가<br>* 일정점수(예: 60점) 이상 취득한 경우 Pass/Non-Pass제로 운영 | |
| | 모든 경력경쟁채용시험에 '한국사' 가점제(만점의 5%내외) 실시 | |
| 개방형 직위제 | – 개방형 직위 선발 시 공직 내외를 대상으로 공개모집을 통해 적임자 선발 | – 개방형 직위 중 일부 직위를 '경력 개방형' 직위로 지정하여 민간인만 대상으로 공개모집을 통해 적임자 선발(개방형직위 및 공모직위 운영 등에 관한 규정 개정 '15. 7. 13.)<br>* 16.6%('15. 3월 기준)에서 2017년 에는 39.5%(173명)로 높아져 민 간출신의 국·과장이 현재보다 2 배 이상 증가 예상 |
| | – 민간스카우트제 대상: 실장급(고위공무원 단 '가' 등급)까지만 공개모집 예외를 허용<br>* 민간스카우트제: 각 부처가 필요로 하는 민간의 최고 전문가에 대해 공모절차를 생략하고 임용하는 제도. 고공단 직위는 서류전형만으로 채용 | – 민간스카우트제 대상 확대: 개방형 직위 전체(과장급까지) |
| | – 민간출신 개방형직위 임용자 계약기간: 3 년(최소) | – 성과가 탁월한 자는 경력경쟁채용 등을 통해 일반직공무원으로 전환 가능 |
| | 종전 공고와 선발 방식<br>• 선발공고 기간: 10일<br>• 수시공고<br>• 응모자격<br>  예) 공무원 또는 민간근무·연구경력 7년 이상<br>• 면접시험 평가방식: 단편적 업무지식 위주 | – 개방형직위 선발 공고와 선발 방식 대폭 변경<br>• 선발공고 기간: 15일 이상<br>• 매달 초 정기 공고<br>• 응모자격을 부처에서 다양하게 설정<br>  예) 해당 관련분야 근무경력 10년, |

|  |  | 열정과 능숙한 의사소통능력 소지 등<br>• 면접시험 평가방식: 혁신성, 비전, 역량 등에 대한 평가비중 상향<br>* (경력개방형직위 면접 평가기준) 혁신관리능력(25%), 전문가적 능력 (25%), 공직 가치 및 윤리(20%), 의사소통능력, 조직관리능력, 전략적 사고능력(각 10%) |
|---|---|---|
| 채용시험 응시 시<br>가산점 부여 | 국가유공자 및 취업보호대상자에게 가산점 부여 | 의사자의 배우자나 자녀 또는 의상자 및 그 배우자나 자녀가 6급 이하 공채시험 응시 시 가산점 부여 |
| 국민추천제 | 국민추천제 도입('15. 3월 시행)<br>– 공정하고 개방적인 공직인사가 이루어질 수 있도록 국민들의 참여를 통해 참신하고 유능한 인재를 폭넓게 발굴하기 위해 도입<br>• 추천직위: 중앙부처 장·차관 등 정무직, 과장급 이상 개방형 직위, 공공기관장<br>• 추천대상: 직위에 맞는 자격요건을 갖춘 인재(공무원 포함)<br>* 재난 등 국민안전, 여성·이공계 등 소수 분야 인재 및 해외동포·방한 외국리더 인물정보 발굴<br>• 방법/시기: 국가인재DB홈페이지를 방문해 추천/상시<br>• 자료활용: 사실 확인, 적합성 판단 등의 절차를 거쳐 공직후보자로 선별·관리<br>*시행 3개월 지난 시점에서 총 233명(타인추천 108명, 본인추천 125명, 6.19현재)이 추천돼 이중 156명이 국가인재DB에 수록돼 있거나 새로 등록됨 | |
| '스펙초월'<br>국민인재 열린 채용<br>여건 조성 | 중소기업·사회적기업 등 다양한 현장근무 경력자 채용 확대를 추진하여 '스펙초월 채용시스템' 활성화 | |
|  | 6급 이하 공무원채용시험에서 정보화 자격증 등 불필요한 스펙을 가산점에서 제외 | |

## 2. 공무원 교육의 정상화

인사혁신처가 추진하는 공무원 인사행정혁신의 두 번째 방향은 공무원 교육의 정상화인데, 다음과 같은 다양한 제도적인 변화를 추진하였다.

### 1) 인재개발 중심의 교육 지향

첫째는 직무수행을 위한 단순 주입식 교육에서 탈피해 직무현장학습 및 자기개발 개념이 종합된 HRD(인재개발) 중심의 공무원 교육 패러다임 전환이다. 1973년에 제정된 「공무원 교육훈련법」이 42년 만에 「공무원 인재개발법」으로 개정될 예정으로, 인재개발의 목적도 '교육훈련을 통한 정신자세 확립 및 기술·능력 향상'에서 '공직가치와 미래지향적 역량·전문성을 갖춘 인재를 개발하는 것'으로 바뀐다. 또한, 그간 교육훈련의 핵심기관이었던 중앙공무원교육원도 2016년 1월 1일자로 국가공무원인재개발원으로 개편되면서 교육대상도 종전 '5급 이상, 5급 공채 합격자' 중심에서 '외국공무원 등 그 외의 사람'도 추가된다. 기능면에서도 새로운 시대에 맞는 공직가치와 공직리더십의 연구·확산, 미래지향적 국가인재상 정립, 교육과정의 연구·개발·평가, 국내외 교육기관 등과의 교류·협력 등이 추가되어 명실상부한 공무원 인재개발의 메카로 자리매김할 것으로 기대된다. 이와 더불어, 교육훈련을 통해 공무원 역량을 강화하기 위한 일환으로 전국 33개 공무원 교육훈련기관 간에 교육과정, 프로그램, 강사진 등을 공유하여 협업을 강화하는 시도도 추진되고 있다.

### 2) 공직가치/리더십/전문성 교육 강화

인사혁신처는 무엇보다도 공직가치가 공직사회에 뿌리내릴 수 있도록 여러 가지 교육과정을 개설하고 동영상 등을 이용한 콘텐츠를 제작·보급하는 등의 다양한 방안을 추진하고 있다. 공직사회에 첫발을 내딛은 신임관리자과정의 훈련생 521명에게 입교 전 공직가치 관련 과제를 부여하였고 입교 후에도 별도로 공직가치에 대해 집중교육하고 있으며, 교육과정에 사회봉사활동을 정례화 하는 등 공직가치를 실제로 체득할 수 있는 과정도 추진 중에 있다. 5급 승진자과정에서도 훈련생에게 공직가치와 관련된 정책기획보고서를 작성하도록 하여 평가한 후 그 결과를 피드백 하여 관리자로 입문하는 공무원에게 공직가치가 확고하게 확립될 수 있도록 하고 있다. 이와 함께 전문교육과정인 '공직가치 함양과정'을 신설하여 공직가치를 이해하고 '인식 – 성찰 – 내재화 – 다짐'하는 기회도 제공하고 있다. 앞으로는 교육훈련기관 협의체 회의 및 워크숍 등 네트워크를 통해 공직가치를 공유·확산할 수 있도록 하고, 동시에 공직가치 교육실적을 교육훈련기관평가와 정부업무평가 평가기준에 반영하도록 할 계획이다.

두 번째는 리더십 내지 관리능력 향상 교육의 확대이다. 우선, 2015년부터 중앙부처 중간관리자가 되기 위해서는 역량평가는 물론 리더십 과정도 이수해야 한다. 국과장급 역량평가 통과자를 대상으로 승진(보직) 전에 관리자 역할에 대한 리더십 특화교육을 위하여 국가공무원인재개발원에 「리더십 스쿨」을 개설하여 국/과장 업무수행시 실제 필요한 리더십(성과관리, 멘토링 등)에 대해 중점 교육(역량강화과정 → 역량 평가 → 리더십 스쿨 → 승진(보직))을 실시한다. 특히, 중앙부처 과장 진입 전인 4급 공무원 및 채용 예정자 중에서 과장역량평가를 통과한 후보자들은 보직 전에 중간관리자로서의 새로운 역할에 대한 교육(과장리더십)도 반드시 받도록 하였다.

또한, 공무원의 장기능력 개발 체계를 도입하기 위한 전문성 강화 교육도 실시된다. 먼저, 공무원을 전문가형의 통인재와 통섭형의 창조인재로 구분하여 관리하는 경력개발체계(Y자형)에 적합한 직종, 직급별 맞춤형 교육을 강화하기 위하여 지식습득·개인학습·퇴직준비 등을 위한 연수휴직(1~2년) 등을 도입한다. 그리고 대학원 등 교육기관에서의 연수 지원 이외에 어학이나 자격증 취득 등에 대해서도 지원하도록 방안을 확대하였다. 다음으로 직무연구회(공무원 연구모임) 활성화를 위해 타 부처 공무원 및 외부전문가 참여를 통한 공직 내외 협업(공동연구)을 촉진한다.

〈표 3〉 인사혁신처의 혁신: 교육훈련 측면

| 제 도 | 이 전 | 이 후 |
|---|---|---|
| 공무원 교육 패러다임의 전환 | 「공무원 교육훈련법」(1973년 제정)에 근거, 인재개발의 목적도 '교육훈련을 통한 정신자세 확립 및 기술·능력 향상' | 「공무원 인재개발법」으로 개정<br>• 직무수행을 위한 단순 교육에서 탈피해 직무현장학습, 자기개발 개념이 종합된 HRD(인재개발) 중심<br>• 인재개발의 목적: '공직가치'와 미래지향적 역량·전문성을 갖춘 인재를 개발<br>• 중앙공무원교육원이 국가인재개발원으로 개편 |
| 통인재·창조인재 구분 관리 기반 마련 | 통인재(전문가형)·창조인재(통섭형)로 구분하고 각각에 맞게 계급·급여·승진 등 인사관리 전반을 차별화하여 적용하는 'Y자형 경력개발제도' 도입 기반 마련 | |
| 공무원 장기능력 개발체계 도입(경력개발체계(Y자형)) | (현행) 국내·외 대학원 등에서의 연수 (해외유학, 보수 50%, 국내 연수 0%) | 지식습득·개인학습·퇴직준비 등을 위한 연수휴직(1~2년) 등 |

| 에 적합한 직종 직급별 맞춤형 교육 강화) | | (개선) 대학원 등 + 어학·자격증 취득 등 개인학습(연수목적에 따라 추가지급 검토) |
|---|---|---|
| 공무원 장기능력 개발체계 도입(직무연구회(공무원 연구모임) 활성화) | 타 부처 공무원 및 외부전문가 참여를 통한 공직 내외 협업(공동연구) 촉진 | |
| 직무중심의 인력운영방안 도입 추진 | 계급중심의 인력운영 | 직위 현황을 고려하여 직책단계를 3~4개로 그룹화하고, 직책단계 내에서 업무의 난이도 책임도 등에 따라 계급을 세부적으로 구분<br>* 한 계급에 9~10년 재직하는 5급과, 직책단계와 맞지 않는 4급(과장급 및 과장보직 없는 4급)을 세분화하여 개편하는 방안 검토 |
| | | 직책간 이동 및 승진은 「능력과 성과」 중심 운영<br>• (직책단계 내 이동) 능력 우수자는 2개 이상 상위 계급 직위에도 발탁 임용<br>• (상위 직책단계 승진) 역량평가 등 엄격한 자질 검증을 거쳐 승진 임용 |
| 지방공무원 역량 강화를 위한 지자체 인사제도 개선 | | 성숙한 지방자치를 뒷받침하는 지자체 핵심 인재 양성 및 직급별 역량평가제 도입<br>• 전문 교육기관 지정 및 활성화, 교육프로그램 다양화 병행 추진<br>* 3급 승진후보자 역량평가 시범도입 ('15. 하반기) 후 단계적 확대 |
| | | 법제·금융·경제·지역개발 등 전문 직위를 중심으로 중앙부처와 지방자치단체 간 기능별 인사교류 확대 |

## 3. 전문성 강화 및 성과중심의 인사관리

공무원 인사행정혁신의 세 번째 방향은 전문성 강화 및 성과중심 인사관리인데, 아래와 같은 다양한 제도적인 변화를 추진하였다.

### 1) 공무원의 전문성 향상

공무원 전문성 향상을 위하여 전문직위 지정을 확대한다. 환경, 안전 등 전문성 필요분야를 전문직위로 지정하여 해당 직위에서의 전보제한기간이 4년(전문직위군 내에서는 8년)으로 확대되었다. 전문직위군의 예는 재난안전분야, 그리고 전문직위의 예는 위기관리, 자연 및 사회재난대응 등이다. 2014년 말 기준 본부 직위의 11.2%(2,147개)가 전문직위로 지정된 상황이었는데, 2015년 15% 이상으로 확대하고 본부 직위뿐만 아니라 소속기관에도 전문직위 지정을 확대하는 것을 목표로 한다. 2014년 말 45개 분야에 선정된 전문직위군도 63개 분야로 확대된다. 또한, 순환보직이 원칙이었던 인사/홍보/예산 분야 등에도 전문직위 지정을 허용해 정부 공통기능에 대한 전문성을 강화한다. 인사혁신처는 선도적으로 인사분야부터 전문직역화를 추진하기 위하여 2015년 5월 각 부처 인사담당 직위(채용, 교육훈련, 성과평가 등) 중 144개를 전문직위로 지정하기로 하였다. 그리고, 2016년부터 공무원 공채시험에 인사조직직류를 신설하여 인사행정의 전문성을 강화하고 전략적 인적자원관리가 가능하도록 변화시켜 나갈 예정이다. 이와 더불어 그간 낮은 공직 전문성의 주요 원인으로 지적되어 온 잦은 순환보직을 개선하기 위해 부정적인 표현인 전보제한기간의 명칭을 필수보직기간으로 변경하고 현행 2년에서 기관평균 3년으로 늘려 오래 근무할수록 승진 등 혜택이 더 주어질 수 있도록 하였다.

다음으로, 공무원의 민간기업 근무를 통해 공직자의 경험 및 전문성과 기업의 효율적 경영기법을 공유함으로써 공무원 역량 강화를 추구하려는 목적에서 민간근무휴직 대상 기업을 확대한다. 민간근무휴직제는 공무원이 민간 기업에서 최대 2년간 근무하면서 최신 경영기법을 배우게 하는 제도이다. 그간 중소·중견기업으로 한정됐던 민간근무휴직 범위가 일부 대기업까지 확대된다. 단, 법무·회계·세무 법인에 대한 지원제한은 현행대로 유지된다. 더불어 민간근무 휴직 직급의 범위가 4~7

급에서 3~8급으로 확대된다. 한편, 이 제도의 부작용으로 우려되는 민관유착의 소지를 사전에 차단할 수 있도록 기업선정방식 개선 및 적격성 심사 강화를 추진한다.

## 2) 성과중심의 평가보상 시스템 구축

1990년대 말 이후 성과주의 평가체계를 도입해왔음에도 불구하고 여전히 연공서열과 같은 성과 이외의 요인에 따라 평가가 이루어진다는 비판적 시각을 고려하여 연공·보직 위주의 평가체계를 성과·역량 중심으로 개편한다. 이를 위해 현행 점수 및 서열화 체계를 '등급제'로 개편하는 것을 검토하고 승진 시 경력점수 반영을 축소한다. 또한, 소속기관장·부서장 등에게 승진임용의 재량권을 확대하고 성과평가 시 부서장 면담을 의무화한다. 향후 평가자 면담스킬 교육자료 개발, 주기적 점검 및 관련제도 정비 등을 통해 공직사회에 성과면담이 실질적으로 정착될 수 있도록 할 계획이다. 그리고, 공정평가지수(연공서열 성별 등에 의한 편향성 여부) 및 관대화평가지수 등 평가 적정성에 대한 점검 시스템을 마련한다. 이와 더불어, 성과우수자에 대해 파격적인 인센티브를 부여할 계획으로 발탁승진 및 2계급 이상 특별승진, 성과급 및 연봉액 등 급여 확대 지급을 내용으로 한다. 특히, 성과등급 최상위 2%의 우수자에게는 현행 최상위등급 성과급의 50% 범위에서 가산해주는 '특별성과급'을 지급한다. 또한, 일반직 4급 과장급 이상, 외무직·대학교원 등 일부 직종·관리자 중심으로 도입된 성과연봉제가 2016년부터는 과장후보자 그룹인 복수직 4급과 5급 중 성과책임이 비교적 높은 5급 과장 직위 재직자까지, 2017년에는 5급 전체에 대해 시행될 예정이다.

## 3) 글로벌 역량 강화를 위해 민간기업/국제기구 등 진출 활성화

우선, 공무원들의 국제기구나 개발도상국 진출을 장려하여 직무와 밀접한 글로벌 전문지식을 습득하고 글로벌 네트워크 강화를 통해 글로벌 인재가 갖추어야 할 역량을 구축하도록 한다. 동시에 국익기여 직위 중심의 국제기구 및 개발도상국 진출 확대를 통해 세계로부터 우수성을 인정받고 있는 우리의 행정시스템을 개도국에 전파하고 양질의 행정서비스를 효율적으로 제공할 것을 추진한다. 새마을 운동이나 전자전부 등의 개도국 확산 전파가 대표적 예이다. 이는 개도국이 스스로 발전할 수 있는 역량을 갖추게 할 뿐 아니라 양국 간 신뢰와 국익을 증진시킬 수 있도록 지속적인 협력체계를 구축한다. 그리고 국제기구, 개발도상국 진출로 우수한 성과를 낸 공무원이 복귀하면 글로벌 전문 역량이 필요한 보직을 부여하고, 성과와 연계한 진출 기회를 확대하는 등 인센티브를 강화한다.

〈표 4〉 인사혁신처의 혁신: 성과관리 측면

| 제 도 | 이 전 | 이 후 |
|---|---|---|
| 비위공무원 직위해제 | 기소·중징계 의결 요구 전 공정한 직무수행이 곤란한 경우에도 직무를 계속 수행하게 하거나 편법으로 직위해제 | 금품·성범죄 등 중대한 비위행위로 감사원, 검찰·경찰 등 수사기관이 조사나 수사 중인 경우에도 직위해제 |
| 민간근무 휴직제도 | 대상기업: 중소기업<br>대상직급: 4~7급<br>휴직기간: 1년(최대 2년)<br>기업선정 방식을 개인이 발굴 | 대상기업: 중소기업~일부 대기업<br>대상직급: 3~8급<br>휴직기간 다양화(6월, 1년 6개월, 2년 등)<br>기업선정 방식을 부처가 발굴 |
| 연공·보직 위주의 평가체계를 성과·역량 중심으로 개편 | 현행 '점수' 및 서열화 체계 | − '등급제'로 개편 검토<br>− 승진시 경력점수 반영 축소(現 5~30%) |
| | 소속기관장/부서장 등에게 승진임용의 재량권 확대 | |
| | 성과평가시 부서장 면담 의무화, 평가 적정성에 대한 점검 시스템* 마련<br>* 공정평가지수(연공서열/성별 등에 의한 편향성 여부) 및 관대화 평가지수 등 활용 | |
| 성과면담 실질적 정착 추진 | 평가자 면담스킬 교육자료 개발, 주기적 점검 및 관련제도 정비 등을 통해 공직사회에 성과면담이 실질적으로 정착될 수 있도록 할 계획 | |
| 성과우수자 파격적 인센티브 부여 | 발탁승진 및 2계급 이상 특별승진, 성과급 및 연봉액 등 급여 확대 지급<br>* 우수한 6급을 대상으로 보고서 작성 등 업무역량 평가를 거쳐 5급 속진임용 | |
| 성과미흡자 역량개발 지원 | 전문성 교육 실시, 직무 전환 배치 등 역량개발 지원 | |
| 고위공무원단 제도 운영 개선 | 現 적격심사제도의 실질화를 통해 고위공무원단의 성과 엄격관리<br>− 일정사례의 경우 반드시 성과평가 최하위등급 부여<br>　* 예: 행동강령 위반, 감사 등 주의·경고 누적, 공무원 범죄사실 통보 등<br>− 무보직 사유·기간 등에 대한 실질적 관리를 통해 성과형 보직관리 확립<br>− 동일 직무등급에서의 최대 재직기간(예시: 가등급 5년, 나등급 8년)을 설정하고, 기간 도래시 근무성적과 능력 등을 종합적으로 평가 | |
| | 고위공무원단으로 진입하기 위한 경력 요건 강화<br>* 예: 3급 공무원으로서 2년 이상 재직자 | |
| 국정운영 공백 최소화 및 적기 인사 실현 위한 실·국장급 승진 및 채용절차 개선 | • 고위공직자 임용에 필요한 도덕성 검증과 신원조회 등을 사전에 실시하게 하여 통과자 풀(pool)을 구축하도록 하였고, 각 부처 승진심사 실시요건을 완화(예상 결원에 따른 사전심사)하였으며, 수시 심사도 개최하는 등 적시성을 강화함<br>• 그 결과, 고위공무원 승진 소요기간이 인사혁신처 출범 전 평균 43.6일에서 21.3일로 절반 이상(약 51%) 빨라짐 | |

| | | |
|---|---|---|
| 과장급 역량평가 | 올해부터 과장급 직위 예정자 대상 역량평가 시행하여 각 부처에서는 역량평가를 통과한 사람만 과장급 직위에 임용할 수 있게 의무화됨 | |
| 부처 칸막이 제거·협업 증진을 위한 인사교류 활성화 | * 인사교류 규모: '04년 84명 → '10년 196명 → '13년 598명 → '14년 1,369명 → '15년 2,700명 | 전 직급, 전 기관으로 인사교류 대폭 확대<br>– 국정과제 협업과제 중심의 '전략교류(「국·과장＋담당」패키지 교류)' 추진 |
| | – 인사교류 대상 기관: 부처, 자치단체, 공공기관 대학 연구기관<br>– 개인에게만 인사 보수 우대 | – 인사교류 대상 기관 확대: 민간(기관 단체) 포함<br>– 우수기관 인센티브 신설: 기관포상 신설 |
| 공무원의 민간분야·국제기구 등 진출 확대 | 민·관 상호 노하우 공유 위한 민간분야 교류 활성화<br>– 민간근무휴직 대상기업(대기업 등 포함) 및 직급(4~7급 → 3~8급) 완화<br>* 민간근무 실적 공개·적격성 심사 등 강화로 민관유착 소지 사전 차단 | |
| | 국익기여 직위 중심으로 국제기구 및 개발도상국 진출 확대<br>– 복귀시 전문경력 고려 보직 부여, 성과와 연계한 진출기회 확대 등 인센티브 강화<br>* 새마을 운동, 전자정부 등 개도국 확산 전파 | |
| 전문직위 지정 확대 및 순환보직 개선 | 환경, 안전 등 전문성 필요분야를 전문직위로 지정하여 해당직위 4년, 전문직위군(동일분야 직위의 群)내 8년간 보직이동 제한. 예: (전문직위군) 재난안전분야/(전문직위) 위기관리, 자연 사회재난대응 등<br>* '14. 7월 기준 전문직위 비율: 중앙부처 본부 직위 11.7% → '15년 6월 기준 2,954(15%)<br>* ('14말) 전문직위군 45개 분야 → (확대) 63개 분야 | |
| | * (법령상 전보제한기간) 고공단 1년, 과장급 1년6월, 4/5급 이하 2년<br>(실제 동일직위 재직기간) 고공단 1년, 과장급 1년2월, 4/5급 이하 1년8월 | 전문직위로 미지정된 직위도 현 법령상 전보제한기간(1~2년)을 확대<br>(예: 2~3년)하여 잦은 이동 제한 예정 |
| 인사 등 전문직렬(또는 직류) 신설 및 전문성 제고 | – 각 부처 인사담당 직위(채용, 교육훈련, 성과평가 등)를 전문직위로 지정. 4년 이상의 보직기간<br>– 행정직렬 내에 인사직류를 새로 만들어 인사분야 전문가가 선발될 수 있도록 「공무원임용령」을 연내 개정할 계획 | |
| | 해당 업무의 주무부처와 주기적 인사교류를 통해 '통인재'로 양성<br>* (현재) 문체부, 방통위, 국방부, 국토부 등 4개기관('15. 3~)<br>* (확대) 기재부, 행자부, 고용부, 산업부, 해수부, 여가부 등 6개기관 확대 예정 | |
| 관리능력(리더십) 향상 교육 확대 | 국과장급 역량평가 통과자 대상 승진(보직) 전에 관리자 역할에 대한 리더십 특화 교육을 위한 중공교 「리더십 스쿨」개설<br>– 역량평가 결과 개인별 부족 역량에 대한 심화학습<br>– 국 과장 수행시 실제 필요한 리더십(성과관리, 멘토링 등) 중점 교육<br>　: 역량강화과정 → 역량 평가 → 리더십 스쿨 → 승진(보직)<br>* 민간의 우수한 교육프로그램 적극 활용 | |
| | 개인 수요에 따라 특정 역량과정을 선택 수강할 수 있는 「개별 역량 맞춤형 과정」 및 민간위탁 리더십 교육과정(사이버 모바일 집합) 개설 | |

## 4. 공무원의 삶의 질 향상

인사혁신처가 추진하는 공무원 인사행정혁신의 네 번째 방향은 공무원의 삶의 질을 향상시키는 것인데, 다음과 같은 다양한 제도적인 변화를 추진하였다.

### 1) 일과 가정의 양립 지원

일과 가정의 양립을 위한 지원제도는 일과 가정의 균형을 찾는 직장문화 확립을 통해 공무원의 삶의 질을 높이면서 일의 집중도는 높여 효율성을 제고하려는 데에 목적을 둔다. 우선, 인사혁신처가 2015년 7월에 입법예고를 밝힌 「국가공무원 복무규정」 개정안에 따르면, 기존에 연가 사용일수를 제한(개인별 법정연가일수의 범위 안에서 1회당 5일 이내의 연가를 허가)하던 것에서 연가 사용일수 제한을 폐지(개인별 법정 연가일수의 범위 안에서 사용 가능)한다. 그리고 부처별로 기관장이 연가 사용을 활성화하기 위해 매년 소속 공무원이 사용해야 하는 권장연가일수를 정해 연가를 쓰게 하는 권장휴가제를 제도화했다. 또한, 권장연가일수 이외의 미사용연가를 연가저축계좌에 이월·저축하여 일시에 쓸 수 있는 연가저축제도를 도입하였고 저축한 연가를 반드시 쓸 수 있도록 보장하는 계획휴가 보장제도가 함께 도입되었다. 계획휴가 보장제도는 10일 이상의 장기 휴가가 필요한 공무원이 이전에 저축한 연가와 당해 연도 연가를 합하여 매년 1월 휴가계획을 신청을 할 경우에 사용을 보장하는 제도이다. 연가저축제와 계획휴가 보장제를 결합할 경우 '안식월'도 가능하다는 점에서 획기적이며, 휴가 사용을 기피하는 경직적 조직문화 개선에도 기여할 것으로 보인다. 그리고 탁월한 업무성과를 낸 공무원에게는 소속 기관장이 10일 이내의 휴가(포상)를 주는 포상휴가제를 시행한다. 이런 맥락에서, 인사혁신처장도 2015년 연말에 실제로 휴가를 사용하였다.

다음으로 자기주도 근무시간제(초과근무 총량관리제)가 확대 실시된다. 이 제도는 각 부처별로 최근 3년간 초과근무시간 평균을 고려해 총량을 부여하고, 총량 중 유보분(10~30%)을 뺀 한도에서 각 과장이 부서원의 초과근무를 승인하는 것이다. 실제로 인사혁신처가 2014년 여성가족부, 고용노동부 등 6개 기관에 이 제도를 시범 운영한 결과, 1인당 월 평균 초과근무시간이 16%(30시간 → 25시간) 줄었고, 그에 따라 초과근무 총량관리제는 2015년 6월 13개 부처로 확대되었다. 이 제도의 도입을 통해 부서(국, 과)별 시간외 근무시간 사용량을 예산처럼 일상 관리하여 불필요한 근무를 감축할 수 있었다. 결과적으로 공무원들의 불필요한 야근을 줄이고 효율적으로 근무하는 공직 문화 조성에 기여할 수 있었다.

그리고 인사혁신처는 2015년 6월, 공무원의 육아휴직·출산휴가로 공석이 생길 경우에 대체인력이 즉시 투입돼 업무공백을 최소할 수 있도록 관련 제도와 시스템을 개선한다고 밝힌 바 있다. 구체적으로 2015년 6월부터 나라일터 대체인력뱅크와 고용부의 민간부문 대체인력뱅크, 공무원연금공단의 퇴직공무원 취업지원시스템(G-시니어)을 연계하여 민간 인재와 퇴직공무원을 한시임기제 공무원으로 활용할 수 있도록 지원하는 것이다. 인사혁신처는 각 부처별로 출산·육아휴직자의 시기와 인원을 미리 파악해 공석이 발생할 경우 즉각 한시임기제공무원을 채용하거나 업무 대행을 지정하는 것을 의무화하도록 하고, 각 부처에서 한시임기제공무원을 적극적으로 채용할 수 있도록 채용 적합 직무를 발굴하는 등 지원을 강화할 방침이다. 육아휴직과 관련해서도 변화가 있는데, 남성의 육아휴직기간을 기존 1년에서 여성과 같이 3년으로 연장하며, 공무원 육아휴직 요건도 '만 8세 이하이고 초등학교 2학년 이하인 경우'에서 민간과 동일하게 '만 8세 이하 또는 초등하교 2학년 이하인 경우'로 확대된다.

### 2) 퇴직 후 활동 지원

공직자의 재취업 심사기준이 강화되면서 100세 시대를 대비하여 공무원이 퇴직 후 공직의 전문성을 사회에 기여할 수 있도록 인사혁신처는 전직교육 실시, 봉사활동 등 사회공헌활동을 체계적으로 지원하려고 시도하였다. 전직교육 관련해서는 퇴직 전 재취업 등을 통해 전직을 위한 실용적 교육을 이수할 것을 장려하고, 사회공헌 프로그램의 경우에는 기술인력 양성사업, 지자체 행정자문, 개도국 개발경험 전수 등이 해당된다. 전담기구로 '퇴직공무원 직업알선 및 사회공헌지원센터(가칭)'를 설치할 계획이었으나, 2016년 초 현재, 아직 추진되지는 않은 것으로 판단된다. 또한, 우수한 퇴직공무원들의 능력이 사장되지 않도록 글로벌 컨설턴트 양성과정 및 맞춤식 교육을 통하여 외국정부·국제기구 등의 고용 진출을 지원해나갈 계획이다.

<표 5>  인사혁신처의 혁신: 공무원 삶의 질 측면

| 제 도 | 이 전 | 이 후 |
|---|---|---|
| 퇴직공직자 취업제한 | – 취업제한기간: 퇴직 후 2년<br>– 취업제한대상 기관: 영리사기업체 및 협회, 법무법인 등(3,960개)<br>– 취업심사 시 업무관련성 판단 기준: 소속하였던 부서 | – 취업제한기간: 퇴직 후 3년<br>– 취업제한대상 기관: 시장형 공기업, 종합병원, 사립대학 등 비영리 분야까지 취업제한 확대(15,033개)<br>– 취업심사 시 업무관련성 판단 기준: 2급 이상 고위공직자는 소속하였던 기관으로 범위 확대<br>– 2급 이상 고위공직자의 취업이력을 10년간 공시 |
| 일과 삶의 균형 | 연가 사용일수 제한<br>(개인별 법정연가일수의 범위 안에서 1회당 5일 이내의 연가를 허가) | 연가 사용일수 제한 폐지<br>(개인별 법정연가일수의 범위 안에서 사용 가능)<br>– 부처별로 직원이 사용해야 할 권장연가일수를 자율 결정<br>– 미사용연가를 이월·저축하여 장기휴가(안식월)로 활용<br>– 포상휴가제 시행 |
| 일과 삶의 균형 | 유연근무제 유형 통합·단순화(7개 → 4개) 등 자기주도 근무여건 조성 | |
| 일과 삶의 균형 | 기관별 초과근무 총량관리제(자기주도 근무시간제) 13개 부처로 확대 실시<br>– 부서(국 과)별 시간외 근무시간 사용량을 예산처럼 일상 관리하여 불필요한 근무 감축(구 안행부·고용부·여가부 등 5개기관 '14년 시범실시) | |
| 일과 삶의 균형 | 노조의 사회적 책임 제고로 국민 눈높이에 맞는 공무원 노사문화 확립 | |
| 일과 삶의 균형 | • 대체인력제도 활성화<br>– 육아휴직·출산휴가 시 업무대행 지정, 한시임기제공무원 채용 등 대체인력 활용 및 시간선택제 전환 활성화<br>  * '15. 6월부터 나라일터 대체인력뱅크와 고용부의 민간부문 대체인력뱅크, 공무원연금공단의 퇴직공무원 취업지원시스템(G-시니어)을 연계하여 민간 인재와 퇴직공무원을 한시임기제 공무원으로 활용할 수 있도록 지원<br>  ** '시간선택제 국가공무원 경력경쟁채용시험'은 2014년 상반기에 처음 시행 | |
| 일과 삶의 균형 | • 육아휴직기간<br>  여성공무원: 3년<br>  남성공무원: 1년 | 남성공무원도 여성과 같이 3년으로 연장 |
| 일과 삶의 균형 | • 육아휴직요건<br>만 8세 이하이고 초등학교 2학년 이하인 경우 | 만 8세 이하 또는 초등하교 2학년 이하인 경우 |
| 공무원 퇴직 후 사회공헌 지원 | 공직의 전문성을 사회에 기여할 수 있도록 전직교육 실시, 봉사활동 등 사회공헌활동 체계적 지원 | |

| | |
|---|---|
| | * (전직교육) 퇴직 전 재취업 등 전직 위한 실용적 교육 이수 강화<br>* (사회공헌 프로그램) 기술인력 양성사업, 지자체 행정자문, 개도국 개발경험 전수 등<br>– 전담기구로 '퇴직공무원 직업알선 및 사회공헌지원센터(가칭)' 설치 |
| | 인사혁신처 주관으로 조기퇴직 고위공무원을 전문성 활용 가능한 직무로 재배치, 사회진출 지원 등을 통해 공직내 우수인력 활용 여건 조성 |
| 신상필벌 원칙 확립 | • 고의 계획적 비위는 엄중처벌 하도록 징계기준 강화, 직무관련이 없는 단순 과실 비위에 대해 과감히 관용 조치<br>• 복무점검 및 기획점검 강화로 공직기강 확립<br>– 정보 보안 관련 복무점검을 강화, 구조적·반복적 비리에 대한 기획점검을 상시화 하여 비위자 처벌 외에 근본적 개선방안 마련 병행 |
| 공직비리 일벌백계 | • 음주운전, 금품비리, 성폭력 등은 원아웃제 확대<br>　* 3대 비위(성, 금품, 음주운전)의 징계기준은 강화하고, 직무와 무관한 사고 등의 징계 기준은 감경하는 내용의 「공무원 징계령 시행규칙」 개정안을 '15. 5. 26. 입법예고<br>• 주요 공직자들의 부패 범죄, 직무관련 범죄, 일탈 행위 등 공직비리는 철저히 수사하여 일벌백계<br>• 공직비위 감사/감찰 결과에 대한 대외 공표를 활성화하여 예방효과 제고 및 공직사회 근본적 의식변화 유도<br>　* 공직기강 확립 노력 및 실적을 정부업무평가에 반영 |
| 대한민국 공무원상 수여 | 전문성을 갖고 헌신한 공무원을 '대한민국 공무원상' 포상 대상자로 선발하고 확실하게 인사상 우대하여 동기 부여 및 자긍심 제고<br>* 84명 수상(제1회) |
| 명예의 전당 설립 준비 | 특정한 장소 또는 인터넷 상에 「대한민국 공무원 명예의 전당」을 설립, 헌액 대상 공무원의 공적과 동영상 및 사진자료 등을 전시 |
| 공무원 후생복지 등 사기진작책 추진 | – 승진 및 교육기회 확대, 전문가 양성 위한 보직관리 등을 통한 공무원 경쟁력 및 공직사회 활력 제고를 위한 종합대책 마련<br>– 위험직무 재해율(사망, 부상 등)을 활용하여 위험등급 및 지급액을 차별화 하고 高위험 대민접점 현장공무원의 처우개선<br>– 민간대비 공무원보수 현재 수준('14년 기준: 84.3%) 이상 개선추진 |
| 장애인 공무원 편의지원 | – 장애인공무원에 대한 근로지원인과 보조공학기기 등의 지원 근거를 담은 「국가공무원법 개정안」을 '15 .5. 12일 국무회의에 보고하여 편의대책 제공을 위한 법률적 근거 마련 |

## Ⅲ. 인사행정 혁신정책을 둘러싼 쟁점

지금까지 인사혁신처가 설립된 이후 추진해 온 다양한 혁신적인 조치들을 네 가지 측면으로 나누어 살펴보았다. 최초의 민간 기업 출신 최고관리자가 지휘하는 인사혁신처는 국민을 위한 행정을 구현하기 위해 필요한 인사행정 분야에서의 새로운 시도들을 많이 추진하였지만, 이에 대한 우려나 걱정도 동시에 존재하는 상황으로 판단된다. 이하에서는 위에서 언급한 네 측면에서 도입된 새로운 제도들을 중심으로 부작용이나 문제점 등과 같은 쟁점 사항들에 대해 논의하고자 한다.

### 1. 채용의 혁신 측면

인사혁신처는 2017년까지 5급 이하 공무원의 신규채용에 있어 공개채용과 경력채용의 비율을 5:5로 조정할 계획이다. 즉, 한 해 채용할 공무원 총원의 절반은 현재의 5, 7, 9급 공개경쟁채용시험을 통해서, 그리고 나머지 절반은 경력경쟁채용시험을 통해 충원한다는 의미이다. 민간 경력자 혹은 관련 학위 소지자 등과 같이 전문성을 가진 공직 외부인사의 충원 통로를 확대함으로써 공직에 새로운 아이디어와 활력을 불어넣으려는 의도로 판단된다. 하지만, 모든 제도가 그러하듯이 해당 공무원 인사관리 제도가 제대로 구비되고 나서 운영되어야 소기의 성과를 가져올 수 있을 것으로 생각한다. Kellough, Nigro, & Brewer(2010, 406)는 미국 인사행정의 역사를 돌아볼 때, 인사행정 시스템 혁신의 동인(motivations)은 기술적인 관심(technical concerns), 이념적인 믿음(ideological beliefs), 그리고 정치적인 동기(political motives)로 구분 가능하다고 주장한다. 기술적인 관심은 핵심 인사 기능의 성과와 성공적인 인사행정 시스템을 구축하기 위한 기술적인 지원에 관심을 갖는 것을 의미하고, 이념적인 믿음은 정부가 어떻게 운영되어야 한다는 것에 대한 믿음을 의미하며, 정치적인 동기는 관리자에 의한 정치적인 통제를 강화 및 확대하려는 의도를 말하는데, 이 세 가지 동인 중에서 기술적 관심이 가장 중요하다고 지적한다(Kellough, Nigro, & Brewer 2010). 즉, 혁신적인 인사행정 시스템의 도입은 그 제도를 성공시키기 위해 꼭 필요한 전제 조건인 기술적인 기반을 제대로 잘 구비한 다음 가능한 일이라는 지적이다. 민간 경력자 채용을 확대하려는 인사혁신처의 취지는 충분히 이해하지만, 민간 경력자가 공공 부문에서 성공적으로 착근할 수 있는 제도 혹은 기술적인 제반 여건이 동시에 성숙되어 있는지에 대한 관심도 절실하다고 할 것이다. 예를 들면, 제도 실시 전부터 경력 개방형에 적절한 직위를 발굴하기 위해 제대로 된 직무분석을 토대로 한 직위분류제가 자리 잡혀 있어야 하고, 민간 경력자들이 조직에 잘 융합될 수 있도록 공직 사회의 문화 자체도 성숙되어 있어야 한다는 것이다. 경력 개방형 직위의 경우, 몇몇 정부 부처의 직위 개발 노력이 부족한 것으로 조사되고 있는데, 2015년 6월 말 현재, 15개 중앙행정기관(예: 미래창조과학부, 관세청, 농림축산식품부, 특허청, 농촌진흥청, 대검찰청 등)의 민간인 임용률은 0%로 나타나고 있다.[6]

또한, 인사혁신처는 공무원 임용에 있어 국민추천제를 도입하였다. 공정하고 개방적인 공직인사가 이루어질 수 있도록 국민들의 참여를 통해 숨어있는 참신하고 유능한 인재를 폭넓게 발굴하기 위해 2015년에 도입된 제도로, 중앙부처 장·차관 등 정무직, 과장급 이상 개방형 직위, 공공기관장을 대상 직위로 한다. 국가인재데이터베이스에 자기 추천 혹은 타인 추천으로 등록된 인물에 대한 심사를 통해 적격자 탐색이 이루어지는데, 2015년 연말에 식품의약품안전처 바이오생약심사부장에 국민추천제 제1호 공무원이 임명되었다.[7] 하지만, 이 제도는 논란만 야기하고 유야무야되었던 노무현 정부의 국민 인터넷 추천제를 통한 장관 후보자 발굴 및 청와대 홈페이지에 인사추천창구 개설 등과 같은 과거 제도의 재활용처럼 보인다.[8] 이 제도 역시 유능한 인재의 적극적 발굴 및 모집이라는 취지는 바람직하다고 할 것이지만, 인기투표 내지 여론몰이 식의 수단으로 변질될 가능성도 무시할 수 없고, 만약 인재 정보에 신빙성이 떨어진다면 쓸데없는 검증을 통해 불필요한 작업만 하게 되는 낭비도 생길 수 있을 것이다. 그리고, 이 업무를 담당하는 인사혁신처 인재정보

---

6) "여전히 '무늬만 개방형' … 민간인 임용률 18.5% 불과" 연합뉴스. 2015. 8. 2.
http://www.yonhapnews.co.kr/bulletin/2015/08/02/0200000000AKR20150802034100001.HTML?input=1179m

7) "국민추천제 1호 공무원' 김대철 동아대 교수, 식약처 임용" 뉴시스. 2015. 11. 15.
http://www.newsis.com/ar_detail/view.html?ar_id=NISX20151115_0010415739&cID=10301&pID=10300

8) "[만파식적] 공직자 국민추천제" 서울경제. 2015. 3. 19.
http://economy.hankooki.com/lpage/opinion/201503/e20150319200554131870.htm

기획관실과 대통령 비서실의 인사수석실과의 업무 분장도 명확히 구조화되어야 할 것이다. 이와 더불어, 2016년 초에 인사혁신처는 민간인들의 개방형 직위 응모 기회를 넓히기 위해 (조직 규모, 근무 기간, 업무 전문성 등을 고려한 후) 기업체 임원과 대학원장을 역임한 민간인에게 채용에 있어 역량평가를 면제시킬 계획을 발표하였다.[9] 중량급 민간 전문가의 검증된 능력에 대한 배려라는 점은 인정되지만, 공공과 민간이 업무를 수행하는 과정에서 추구해야 하는 가치나 이익이 동일하지는 않다는 점에서, 또한 이들이 수행해야 하는 업무의 영향력과 중요성이 상대적으로 크다는 점에서 고위직 공무원의 직무를 수행하기 위한 적합한 역량을 갖추고 있는지에 대한 역량평가는 필요한 것이 아닌가 생각된다.

그리고, 인사혁신처는 공무원 채용에 있어 면접시험을 실질적으로 강화하여 국가관, 공직관, 사명감 등을 확인하는 과정으로 활용하고 있다. 2015년부터는 5급 공채 3차 면접시험을 이틀에 걸쳐 심층 면접으로 실시하였고, 면접시험 문제 중에는 직접적으로 공직자의 가치관을 확인하기 위한 문제들도 있었다고 알려져 있다. 국민의 세금으로 일하는 공무원들에게 충분히 확인이 필요한 사항이라고 생각한다. 몇몇 언론[10]에서 지적하는 것처럼 개인의 사상을 검증하거나 양심의 자유에 영향을 주려는 의도는 없을 것으로 생각하지만, 이러한 의구심을 떨쳐내기 위해서는 공직 가치관을 확인하기 위한 면접시험 문제를 보다 세련되게 구성하도록 노력해야 할 것이다.

## 2. 공무원 교육의 정상화 측면

공무원 교육의 정상화 측면에서 추진된 변화들은 다음 두 가지를 제외하고는 특별히 구체적인 내용은 없는 것으로 파악된다. 우선, 직무현장학습 및 자기개발 개념이 종합된 인재개발 중심의 공무원 교육으로 패러다임을 전환하기 위한 상징적인 조치로 중앙공무원교육원의 명칭을 국가공무원인재개발원으로 변화시키고, 전국에

9) "기업임원도 공무원 개방형 직위 응모시 '역량평가' 제외 대상 확대" 경향신문. 2016. 1. 6.
http://news.khan.co.kr/kh_news/khan_art_view.html?artid=201601061200011&code=620100
10) "행정고시 최종 면접서 '사상 검증' ··· 국정화·박정희·종북세력 질문" 경향신문. 2015. 11. 17.
http://news.khan.co.kr/kh_news/khan_art_view.html?artid=201511111719011&code=940100

산재해 있는 33개 공무원 교육훈련기관들 간의 협업을 강화하여 공무원 교육의 시너지 효과를 창출하려는 시도는 상당히 긍정적으로 판단된다. 또한, 공무원으로서의 사명감 혹은 책임감의 강화와 부정부패방지 등을 위한 '공직가치 함양과정'의 신설도 아주 중요한 변화라고 생각된다.

그러나, 변화의 초기라는 점을 감안할 때 조금 미흡한 점들도 나타나고 있다. 출범 초기부터 인사혁신처는 기존의 우리나라 공무원 모습과는 다른 'Y자형' 인재를 추구한다고 천명하였는데, 입직 초기에는 일반적인 경험을 일정 기간 쌓도록 한 다음, 어느 정도 경험이 축적되면 전문가형(통인재) 혹은 통섭형(창조인재) 인재 중 하나로 본인의 경력 경로를 선택하게 하여 그 이후에는 그 방향으로 경력을 관리해 나가는 제도를 의미한다. 전문가형(specialist)은 쉽게 말해 연구직이나 교섭/통상/홍보 전문가 등과 같이 한 분야를 깊이 있게 파고 들어가는 인재형을 말하고, 통섭형은 흔히 말하는 일반행정가형(generalist) 인재를 의미한다. 문제는 이들 인재형에 적합한 맞춤형 인사관리 제도를 구현하겠다고 발표했지만, 아직 계급, 급여, 승진, 평가 등과 같은 인사행정 전반에 걸친 구체적인 관리시스템을 제시하지는 못하고 있다는 점이다. 우리나라의 역사를 돌아볼 때, 현 정부의 개혁 과제들이 다음 정부에서 계속 살아남아 추진되는 사례가 희소했다는 점에서 빨리 구체화되지 않는다면 공허한 외침으로 종결될 가능성이 크다고 할 것이다. 그리고 전문가형 인재에 대해서는 관리자급 이상에 대한 교육을 강화할 필요가 있다. 사회 변화에 따라 새로운 지식이 나타나거나 수준이 심화한다. 그러나 일반적으로 관리자급은 순환근무를 하는 일반행정가일 가능성이 높아 해당 분야의 새로운 지식을 습득하지 못할 가능성이 커진다. 따라서 전문가형 인재에 대해서는 관리자급에 대한 교육을 강화하는 방안을 마련하지 않으면 의도하는 인재를 양성하지 못할 가능성이 크다(윤건 2014).

국가공무원인재개발원에서는 신임관리자과정과 승진관리자과정에 공무원으로서의 마음가짐과 가치를 바르게 자리매김 시키기 위한 '공직가치 함양과정'을 신설한다고 하였는데, 이러한 공직자로서의 자세 및 공공부문에 대한 이해를 위한 특별 심화 교육 과정을 경력공채를 통해 민간에서 공직에 입문하는 경력자들에게도 반드시 수강하도록 하여 조금이나마 공공 부문에 대한 이해를 촉진시키고 공공봉사동기(public service motivation) 같은 마음자세를 강화시킬 수 있도록 해야 할 것이다. 잘 알려진 Sayre의 지적처럼, 공공관리와 민간경영은 중요하지 않은 측면에서만 근본적으로 유사하다(public and private management are fundamentally alike in all unimportant respects)는 점에서 민간에서 공공으로 이직한 경력자들에 대해 해당 기업의 경제적 이익이나 효율만을 추구하는 민간 회사의 관리와는 달리 공공 부문은 공익, 공공성, 이해관계자, 형평성, 정치 등 다양한 가치를 동시적으로 고려해야 한다는 것을 사전에 충분히 교육함으로써 이들이 공공 부문에 연착륙할 수 있도록 지원해야 할 것이다. 이 점은 또한 민간 경력자들이 공공부문에 투입되었을 때 소위 말하는 즉시 전력감으로 활용될 수 있는지에 대한 고려도 필요하다는 것을 상기시켜 준다. 물론 민간 경력자를 채용할 때 관련 분야의 전문성을 확인하겠지만, 공공 부문의 일이 민간의 일과 다르다는 점을 고려한다면 새로운 보직에 임명되는 공무원과 마찬가지로 새 직위에 임용되는 민간경력자도 일정 기간 이상의 학습 및 적응을 위한 기간이 필요하다고 할 것이고, 그렇다면 양자 사이에 해당 업무 수행 측면에서 누가 더 우수하다고 판단하기는 어려운 것이 아닌가라는 생각을 하게 된다.

또한, 2016년 초에는 거의 사문화되었던 공무원 윤리헌장을 35년 만에 개정하여 공무원헌장으로 새롭게 정비하였다. 특히, 본문에서는 과거와는 달리 투명성, 전문성, 창의성, 다양성, 민주행정, 그리고 도덕성과 같은 새로운 가치를 포함시켜 강조하였다. 이러한 가치들을 구현함으로써 대한민국의 공무원으로서 국민의 행복과 조국의 지속가능한 발전을 위해 봉사한다는 사명감을 부여하고 있다. 이렇듯 시대와 환경의 변화에 발맞추어 공무원의 마음가짐을 새롭게 하기 위한 노력은 적절하다고 보이는데, 다만 이러한 노력이 형식적인 것이 되지 않도록 공무원들의 자세를 실제로 변화시키는 것까지 유기적으로 이어져야 할 것이다.

## 3. 전문성 강화 및 성과중심 인사관리 측면

공무원의 전문성 및 성과중심 인사행정 강화를 목적으로 한 변화에서는 다양한 새로운 시도들이 나타났다. 우선, 민간근무휴직제에 대해 살펴보면 다음과 같다. 정부는 2002년에 공직사회에 민간기업 경영기법을 도입하고 민·관 교류를 강화하기 위해 공무원이 일정 기간 민간 기업에서 일한 뒤 복귀토록 하는 민간근무휴직제를 시행했는데, 이 제도 실시 후 민·관 유착 및 포획의 우려가 제기됨에 따라 잠정 중단되었다가 2015년에 중소기업 및 대기업까지 적용 범위를 확대하는 것으로 부활하였다. 실제로 금융위원회 4급 공무원 4명이 2016년 초에 IBK 투자증권, 교보생명 등 민간 금융회사로 발령을 받았다.[11] 이 제도의 장점으로는 공무원의 글로벌 역량 강화 가능, 민간의 경험과 지식의 전파, 정부와 민간의 협력과 교류, 유연한 조직관리 및 조직 분위기 쇄신 등을 들 수 있다(박천오 외 2003, 2004; 최순영 2005) 이와 반대로 우려되는 걱정도 만만치 않은데, 민간 기업의 경우 정부와의 네트워킹 기회로 활용하려는 의도에서 공정거래위원회나 국세청 같은 소위 힘 있는 부처와의 교류만을 원할 가능성도 있고,[12] 인사적체가 심한 부처에서는 적극 권장하고 있는 상황이지만 공무원의 입장에서는 민간 기업의 분위기가 낯설고 대기업이 제대로 된 직위를 내어 줄지도 의문인 상황이며,[13] 세월호 비극 이후 그 원인의 하나로 지적되었던 퇴직 관료를 통한 민관의 유착을 근절하려는 정부 정책 방향과 일관성이 있는지에 우려가 있다는 의견 등이 존재한다.[14] 관련 선행연구들에서 정부와 민간부문 간 인사교류의 저해요인으로 공통적으로 지적하고 있는 것은 조직의 배타성, 교류제도의 미비, 직무내용의 차이, 교류의 필요성에 대한 관련자들의 무관심과 불이해 등이다(김판석 외 2000). 앞서 지적한대로 이러한 우려되는 부작용을 최소화하면서 제도의 성공을 위해 꼭 필요한 전제 조건들(예: 보수, 인력계획, 경력개발, 보직 및 활용 등)을 구비하기 위한 사전 준비가 충분히 이루어져야 할 것이다. 또한 제도적 정비와 더불어 조직문화 및 사회적 인식의 변화가 함께 이루어져야 할 것이다(김판석 외 2000). 이것은 경력 개방형으로 공직에 입문한 경우와 동전의 양면과 같은 상황이 아닌가 생각된다.

　　다음으로, 공무원의 전문성 향상을 저해한다고 늘 지적되어 온 순환보직 문제

---

11) "코리안리로 출근하는 금융위 김팀장 … 민간휴직제 발령". 조세금융신문. 2016. 1. 7.
　　http://www.tfnews.co.kr/news/article.html?no=21307
12) [동아쟁론] "공무원 민간근무휴직제". 동아일보. 2015. 11. 20.
　　 http://news.donga.com/3/all/20151120/74891811/1
13) "'공무원 민간근무 휴직제' 신청 '0' … 공무원도 기업도 '눈치만'". 문화일보. 2015. 10. 28.
　　http://www.munhwa.com/news/view.html?no=2015102801032003017001
14) [동아쟁론] "공무원 민간근무휴직제". 동아일보. 2015. 11. 20.
　　http://news.donga.com/3/all/20151120/74891811/1

(최무현외 2004)를 해결하기 위해 전문직위제도를 도입하여 그 지정을 확대하고 순환보직제도 자체도 개선하려는 노력을 경주하였다. 먼저, 전보제한기간이라는 명칭을 필수보직기간으로 변경하고 현행 2년에서 기관평균 3년으로 늘려 오래 근무할수록 승진 등 혜택이 더 주어질 수 있도록 하였다. 또한, 환경, 안전 등 특별한 전문성이 필요한 분야를 전문직위로 지정하여 해당직위에서는 4년, 전문직위군(동일분야 직위의 군) 내에서는 8년간 보직이동을 제한하였다. 그리고, 각 부처 인사담당 직위(채용, 교육훈련, 성과평가 등)를 전문직위로 지정하여 4년 이상의 보직기간을 규정하였고, 인사조직 분야 전문성을 강화하기 위해 공채시험 행정직렬 내에 인사조직직류를 신설하여 인사조직 분야 전문가가 선발될 수 있도록 하였다. 하지만, 계급제를 바탕으로 한 우리나라 공직사회에서 순환보직의 개선은 쉬운 작업이 아니라고 할 것이다. 순환보직은 승진 적체 해소, 기관 업무에 대한 전반적인 경험 제공 수단, 역할동일직위의 장기근속에 따른 부작용인 능력정체와 퇴행현상 방지수단, 직위 재적응의 기회 제공 등과 같은 기능을 하므로 쉽게 사라지기는 어려울 것이다(김종현 외 2008; 박동서 1994). 승진의 요건으로 필수보직기간을 명시적으로 규정함으로써 순환보직(전보)의 주기를 상대적으로 늘리는 것이 보다 현실적이라고 할 것이다(최무현외 2004). 반면, 전문직위의 경우 환경이나 안전 혹은 정보보호 등과 같은 특수한 분야는 그 필요성이 충분히 인정된다. 그러나, 인사나 조직 전문직위의 경우, 인사혁신처나 행정자치부를 제외한 현업 부처에서 인사나 조직 담당이 요직이기는 하지만 해당 부처의 핵심 업무는 아니기 때문에 인사전문직위에 지정되어 4년 이상 그 자리에 머물러 있기를 원하는 유능한 공무원은 실제로는 찾아보기 어려울 것이다. 오히려 단기간 인사나 조직 업무를 경험한 후 해당 부처의 핵심 업무로 옮겨서 그 분야의 전문성을 쌓으려는 생각을 주로 할 것으로 판단된다. 그 동안 전문직위제도가 유명무실하게 운영되어 온 이유는 무엇보다도 충분한 인센티브를 제공하지 못하였기 때문이라고 할 것인데, 전문직위에 대한 보상수단으로 성과평가 시 가점을 줄 수 있도록 하여 인사상의 불이익을 줄이고자 하였으나 성과평가 시 반영되는 가점이 낮기 때문에 충분한 동기부여 효과를 기대하기 힘들었고, 전문직위수당(3~15만원) 등 경제적 인센티브도 실효성을 기대하기 어려운 수준이었다(한국인사행정학회 2013). 따라서 확대된 전문직위제의 활성화 및 공직부문의 전문직역화를 위해 전문관에 대한 인사·

보수상 충분한 인센티브를 제공할 필요가 있을 것이다. 인사조직직류의 경우, 인사 혹은 조직 관련 업무를 담당할 전문성 있는 인력을 수혈하기 위한 제도로 보이는데, 이런 맥락이라면 향후 각 부처에서 자신들이 필요한 업무 전문성을 가진 신규 인력을 조달하기 위해 맞춤형 직류를 신설하고 싶어 할 개연성도 있다고 할 것이다.

　성과중심의 인사시스템 강화도 중요한 요소인데, 특히 2016년부터 탁월한 성과를 내는 공무원에게는 파격적인 경제적 인센티브를 부여할 수 있도록 규정을 정비하여 5급 사무관 기준으로 최고 920만원 정도의 성과급을 지급할 수 있도록 하였고, 성과연봉제의 적용대상도 확대하였다. 계급제 하의 연공과 보직 위주의 평가 및 보상 체계에서 성과 중심의 평가 및 보상 체계로의 실질적인 변화를 꾀하고 있는 것이다. 하지만, 성과평가에 늘 따라다니는 문제점인 공정하고 수용성 있는 평가 체계 구축이 쉽지 않다는 점은 여전히 남아 있다고 할 것이다. 이것은 성과중심 인사 관리 시스템 구축의 가장 중요한 전제조건이다(김판석·홍길표 2007). 공공 부문의 업무는 민간 기업의 업무와는 달라서 성과의 정의나 측정이 용이하지 않다는 특성을 지닌다. 물론 최근에는 전략적 기획(strategic planning) 개념이 공공 부문에도 도입되어 이 한계점을 극복하려고 많은 노력을 기울이고 있지만, 민간 기업의 이윤이라는 성과지표와 비교한다면 여전히 측정하기 쉽지 않은 상황이다. 또한 일반행정가 (generalist) 중심주의와 인간관계에 근거한 행정을 하고, 품의제하에서 공동으로 업무를 수행하는 행정전통을 가진 우리나라 관료조직에서는 개인의 성과와 조직의 성과의 구분이 쉽지 않아 성과평가가 형식적으로 운영될 수밖에 없다는 지적(임도빈 2010)도 제기되고 있다. 이렇게 공정하고 수용성 높은 평가시스템이 갖추어지지 않는다면 평가결과에 대한 반발이 나타날 것이고, 상관의 주관적인 판단이 상대적으로 많이 작용할 수 있는 상태가 발생하여 직원들의 업무 수행에 영향을 미칠 수도 있을 것이다(박천오 외 2014; 유민봉·박성민 2013; 이근주·이혜윤 2007; 이수영 2011). 따라서, 성과급 시스템이 제대로 효과를 발휘하기 위해서는 공정한 성과평가 시스템 구축이 먼저 선행되어야 할 것이다(US MSPB 2006). 또한 실질적인 동기부여 효과를 산출하기에 충분한 성과급 재원을 마련하고, 경쟁, 성과, 차별적 보상 등과 양립 가능한 공직 문화를 조성하려는 노력도 지속적으로 필요할 것으로 보인다(이수영 2011). 이와 달리, 국민의 시각에서 보면, 5급 기준으로 90%의 공무원이 최소 3백만원 이상의 성과급을 받는 현재의 성과급 제도가 바람직하게 보이지 않을 수도 있을 것이다. 이에 인사혁신처는 2016년부터 저성과자에 대한 직권면직을 통한 퇴출 등과 같은 강력한 패널티를 부여하는 방안을 도입하였고, 실제로는 2015년 말에 저조한 성과평가를 받은 중앙부처 고위공무원 2명이 사표를 제출하기도 하였다.[15]

성과중심 인사시스템의 궁극적인 성공여부는 제도의 적용을 받는 사람들의 수용성 정도에 의해 좌우된다고 생각한다. 여기서 수용성은 '성과평가제도를 심리적으로 받아들여 그 필요성과 중요성을 인정하고 개인과 조직의 성과향상을 위하여 노력하는 정도'를 의미한다(유민봉·박성민 2013). 즉, 저조한 성과평가를 받은 공무원이 사표를 제출하는 것이 아니라 평정체제를 적극적으로 받아들이고 평가에서 좋은 점수를 받기 위해 열심히 일하게끔 동기를 유발하는 방향으로 나아가야 할 것이다. 공무원의 수용성 정도에 긍정적인 영향을 미치는 요인으로는 성과지표의 타당성, 성과평가자의 평가태도·능력 및 의지, 조직구성원의 평가 참여, 평가결과의 활용 등을 고려해 볼 수 있다(최관섭·박천오 2014). 이에 더하여, 성과급을 받지 못하는 직원의 비율을 더 넓히는 것과 같은 제재도 고려해 봐야 할 것이다.

## 4. 공무원 삶의 질 측면

공공 부문은 모범고용주(model employer)로서 민간 부문을 선도해 나가는 위치에 있기 때문에 공무원의 삶의 질 향상 혹은 일과 가정 양립을 위한 인사관리 시스템들은 아주 잘 구축되어 있다고 할 것이다. 대표적인 것이 일과 가정의 양립을 지원하기 위한 육아휴직, 유연근무제, 연가사용일수 제한 폐지 등과 같은 제도들이다. 공공 부문 종사자들, 특히 여성의 경우 민간 기업 종사자들보다 상대적으로 덜 부담을 갖고 이러한 제도들을 활용할 수 있으며, 육아휴직 같은 경우 최근에는 남성들도 적극적으로 사용하고 있는 추세를 보이고 있다(김진욱·권진 2015). 이러한 일/가정 병행 지원제도는 구성원이 일과 가정 사이에서 받는 스트레스를 줄여주어 양자 모두에게 도움이 되는 상황을 구현하고자 하는 것이 목적이다. 하지만, 제도가 아무리

---

15) "저성과자 퇴출제 본격시행 … 고위공무원 2명 자진사퇴" 서울경제. 2016년 1월 4일.
http://economy.hankooki.com/lpage/politics/201601/e20160104150912142830.htm

잘 갖추어져 있다 하더라도 실제 이를 활용할 때 정말 부담 없이 향유할 수 있는 환경이 먼저 갖추어져야 할 것으로 생각된다. 예를 들면, 상관이 부하들의 일/가정 양립제도 이용을 적극적으로 지지하거나, 휴직 등으로 공백이 생겼을 경우 대체 인력을 적기에 공급하는 준비가 되어 있다거나, 혹은 육아휴직으로 인해 승진 등에서 불이익을 받지 않는다거나 같은 것들이다. 또한, 여기서 꼭 기억해야 할 것이 이러한 일/가정 양립제도를 향유할 조건이 안 되는 직원들(예를 들면, 미혼의 경우 육아휴직 등과 같은 제도를 이용하기 곤란)에 대한 배려(예를 들면, 근무평정에서 육아휴직자 보다는 조직기여도 같은 부분에서 가점을 부여)를 통해서 상대적인 박탈감을 보상해 줄 수 있어야 한다는 점이다.

서론에서 지적하였듯이 최근 우리나라 공무원들은 과거에 비해 상대적으로 녹록치 않은 환경 변화에 직면하고 있다. 특히, 납세자인 국민들의 의식수준과 권리인식이 과거와는 달리 공공 부문을 압도할 정도로 향상되어 있어서 국민의 세금으로 일할 기회를 가지고 보수를 받는 공복들인 공무원들에게 훨씬 높은 기대수준과 사명의식을 요구하고 있는 상황이다(조주연외 2011). 이런 맥락에서 인사혁신처는 공공 부문에 과거보다는 훨씬 강화된 성과중심의 인사행정, 신상필벌, 공직의 개방 등과 같은 변화의 바람을 불어넣고 있는데, 이는 기본적으로 적절한 접근이라고 생각된다. 다만, 공무원들에 대한 이런 채찍과 동시에 사기저하 문제를 해갈할 수 있는 당근도 고민하는 것이 필요하다고 할 것이다. 공무원들이 하는 업무는 국민의 행복과 직결되는 일들인데, 이런 중요한 업무를 수행하는 공무원들이 사기저하로 인해 적극적인 자세로 최상의 행정 서비스를 제공하기 위해 노력하기 보다는 소극적인 자세로 문제가 생기지 않을 정도인 최소 수준의 행정 서비스 제공을 위해 노력한다면 그 손해는 국민에게 고스란히 돌아가기 때문이다. 물론 인사혁신처가 대한민국 공무원상을 제정하여 시행하고 있고, 조만간 공무원 명예의 전당이라는 제도도 마련할 계획이며, 2016년도 공무원 보수를 약 3% 정도 인상시킬 것으로 알려져 있지만, 공무원들의 사기를 앙양하기 위한 보다 다양한 대책들이 필요하다고 할 것이다. 공공 부문은 예산제약으로 인해서 성과급이나 보수 인상 등을 통한 사기진작에는 늘 한계를 가지고 있고, 대한민국 공무원상 같은 제도는 극소수의 수상자에게만 혜택이 돌아가므로 대다수의 묵묵하게 성실히 일하는 공무원들을 위해 승진 적체 해소,

교육훈련 기회 확대, 공직에 대한 자부심 강화, 공직에 대한 사회의 긍정적 평판 강화 등과 같은 방향의 대책들을 구체화하려는 노력이 있어야 할 것이다.

## IV. 맺음말

2014년에 신설된 인사혁신처는 짧은 기간이지만 다양한 인사혁신정책들을 도입하려고 많은 노력을 투입하고 있고, 실제로 눈에 띄는 변화들을 추진하고 있다. 이러한 인사혁신처의 의욕적인 인사행정 개혁 노력은 일단 긍정적으로 평가받고 있는 듯하지만, 다수의 학자들은 중장기적인 방향성의 부재, 민간 경영기법의 상대적 중시, 공무원 사기저하 대책부재 등과 같은 우려도 동시에 제기하고 있는 상황이다.[16] 그 중에서도 인사혁신처의 혁신 노력이 중장기적인 전략적 계획이나 방향성을 토대로 이루어지고 있는지는 가장 중요한 문제이다.

인사혁신처의 공직혁신 전략이나 방향성을 확인할 수 있는 자료는 크게 두 가지로 파악되는데, 하나는 2015년 5월 20일에 제공된 보도자료[17]이고, 다른 하나는 2015년 7월에 발간된 인사혁신이라는 인사혁신처의 매거진[18]이다. 그런데, 이 두 가지 자료에서는 인사혁신의 방향성이 일치하지 않는데, 전자에서는 네 가지 방향성(채용제도 혁신, 인재개발시스템 혁신, 생산성 향상을 위한 인사시스템 혁신, 신상필벌 확립)이, 후자에서는 세 가지 방향성(채용의 혁신, 교육의 정상화, 인사의 전문화 및 성과중심의 인사관리)이 제시되고 있다. 두 자료의 시간적 간격을 고려할 때, 그 내용이나 명칭에 이 정도로 일관성이 부족하다는 것은 걱정되는 측면이 상당하다고 할 것이다. 일관성 있는 변화의 방향이나 전략의 부재는 아무리 좋은 혁신정책이라도 단발성 혹은 이벤트성 정책으로 취급되게 만든다는 문제점을 낳는다. 국민은 물론이고 변화를 직접 겪게 될 공무원들의 수용성을 확보하기 위해서는 분명하게 정립된 방향성을 토대로 한 일관성 있는 추진 전략이 필요하다. 한 가지 덧붙이자면, 우리나라 인사행

---

16) "인사혁신 노력 긍정적이지만 … 중장기 전략 미흡" 서울신문. 2015. 11. 17.
   http://go.seoul.co.kr/news/newsView.php?id=20151118012001
17) 인사혁신처 보도자료(2015. 5. 20) "인사혁신처 출범 6개월, 정부인사가 달라진다!".
18) 인사혁신. 2015년 1호.

정 혁신제도들 중 원래 도입 취지와는 달리 제대로 운영되지 못하고 있는 제도들이 있는데, 예를 들면 고위공무원단 제도를 생각해 볼 수 있을 것이다. 이 제도는 처음 도입 의도와는 달리 과거의 실/국장 제도와 같이 변질되어 운영되고 있다는 평가를 받고 있는데, 이렇게 원래 도입 취지와는 다르게 운용되고 있는 제도들을 "정상화" 하는 노력도 새로운 변화를 도입하려는 시도와 동시적으로 진행되어야 할 것이다.

또 하나의 중요한 고려사항은 변화의 대상이 되는 공무원들에 대한 배려가 필요하다는 것이다. 다음은 인사혁신처장의 2016년 연초 인터뷰[19] 내용인데, 인사혁신처장의 혁신에 대한 가치관은 구성원인 공무원의 지지를 토대로 공무원이 자신들의 역할에 대한 자부심을 갖고 국민을 위해 일할 수 있도록 따뜻한 혁신을 추진한다는 것이다.

*혁신을 하되 따뜻한 혁신을 하고 싶다. 모두가 이익을 공유하는 혁신, 모두가 결과를 나누는 혁신이다. 구성원 희생을 딛고 이루는 혁신이 아니다. 이것은 저항이 심하다. 우리가 하려는 혁신은 공무원 가치와 성과를 제대로 만드는 것이다. 이를 통해 국가를 성장시키고, 세계와 경쟁한다. 국민 모두에게 성과가 돌아가도록 하는 동력이자 엔진으로서 공무원을 혁신하자는 것이다. 그 출발점은 공무원의 자기인식이고, 역할에 대한 자부심이다.*

이러한 혁신관은 이견이 없을 만큼 바람직하다고 할 것이지만, 현재 추진하고 있는 변화의 노력들이 과연 이런 가치관을 충분히 담아내고 있는지는 다시 한 번 생각해 볼 필요가 있다고 할 것이다. 혁신은 구성원들이 바꾸려는 의지를 가지고 추진할 때에만 진정한 혁신이 가능하다고 할 것인데, 현재 인사혁신처가 추진하는 변화는 당근과 채찍이 균형 잡혀 있다고 하기 보다는 채찍이 상대적으로 더 많은 것이 아닌가 생각된다. 공무원들의 사기 저하가 우려된다는 지적이 여기저기에서 제기되고 있는 것은 이런 상황의 반증이 아닌가 생각되는데, 이 경우 이 상황만 넘기면 된다는 소위 복지부동 행태가 나타나지 않을까 하는 우려가 생긴다. 물론 지금까지 우리 공무원 사회가 사회의 변화 속도보다 상대적으로 뒤쳐져 있었던 것은 사실

---

19) 인사혁신처장 인터뷰. 전자신문, 2016년 1월 4일.

이고, 사회의 변화와 보조를 맞추는 공무원 시스템의 혁신은 필수적이라고 할 것이다. 하지만, 지속가능성과 실현가능성을 고려해 볼 때 공무원들과의 소통 그리고 공무원들의 사기를 앙양할 수 있는 당근을 동시적으로 강화하여 공무원 시스템 혁신과 균형을 맞춰 추진하는 전략이 필요하다고 할 것이다. 공무원이 행복해야 국민이 행복해진다고 생각한다.

## 참고문헌

김종현·김영희·이태구. (2008). 보직관리와 직무성과의 관계에 관한 실증적 연구. 한국정
　　책과학학회보, 12(3): 99-120.

김진욱·권진. (2015). 아버지들의 육아휴직 경험에 관한 질적연구. 한국사회정책, 22(3):
　　265-302.

김판석·권경득·박경원·오성호. (2000). 전방위형 공무원 인사교류. 서울: 나남출판.

김판석·홍길표. (2007). 최근 인사개혁의 성과평가와 새 정부의 인사개혁 과제. 한국인사행
　　정학회보, 6(2): 61-96.

박천오·이종훈·김상묵. (2003). 민·관·학·정간의 교류 활성화. 행정개혁시민연합 연구보
　　고서] 행정개혁시민연합 (사) 정부개혁연구소.

박천오·김상묵·이종훈. (2004). 정부·비정부부문간 인사교류. 한국행정연구, 13(2): 65-
　　91.

윤건. (2015). 재난안전관리 공무원 교육훈련에 관한 연구: 문제와 대안을 중심으로. 한국인
　　사행정학회보, 14(2): 99-129.

이근주·이혜윤. (2007). 보상 유형에 대한 차별적 기대가 공무원의 성과에 미치는 영향에
　　관한 연구. 한국행정학보, 41(2): 117-140.

임도빈. (2010). 관료제 개혁에 적용한 신공공관리론, 무엇이 문제인가. 한국사회와 행정연
　　구, 21(1): 1-27.

조주연·이석환·주효진. (2011). 공무원의 시민에 대한 인식유형과 성과관리제도 수용성과
　　의 관계에 대한 분석. 한국행정학회 하계학술발표논문집, 2011(단일호). 1-20.

최관섭·박천오. (2014). 중앙부처 공무원의 성과평가제도 수용성: 성별, 직급별, 연령별 인
　　식을 중심으로. 한국인사행정학회보, 13(3): 89-116.

최무현·이종수·송혜경. (2004). 한국 공무원의 보직 및 경력관리 체계 개선방안 연구. 한국
　　행정연구, 13(2): 125-153.

최순영. (2005). 정부와 민간부문 인사교류의 활성화방안 모색. 한국인사행정학회보, 4(1): 53-89.

허준영·이건·윤건. (2015). 기관 분산에 따른 중앙공무원의 인식 분화 및 원인 탐색. 한국 사회와 행정연구, 26(2): 115-139.

한국인사행정학회. (2013). 공직 전문성 강화를 위한 보직관리 등 개선방안 연구.

박동서. (1994). 「한국행정의 연구」. 법문사.

유민봉. (2010). 한국인사행정론. 박영사.

유민봉·박성민. (2013). 「한국인사행정론」. 경기: 박영사.

이종수 외. (2012). 새행정학. 대영문화사.


Kellough, J. E., L. G. Nigro, and G. A. Brewer. (2010). Civil Service Reform Under George W. Bush: Ideology, Politics, and Public Personnel Administration. Review of Public Personnel Administration, 30(4): 404-422.

U.S. Merit Systems Protection Board. (2006). *Designing an Effective Pay for Performance Compensation System. Washington D.C.: U.S. Government Printing Office.*

# 제5장

# 예산사업 효율성 제고와 부채관리를 위한 예산 제도의 개혁: 발생주의 예산제도의 도입 검토를 중심으로

[김 봉 환]

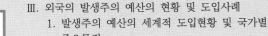

> 제5장
예산사업 효율성 제고와 부채관리를
위한 예산제도의 개혁: 발생주의
예산제도의 도입 검토를 중심으로[1]

# I. 서 론

발생주의 회계의 공공부문 도입은 국제적 추세다. 이에 따라 우리나라도 2009 회계연도부터 국가통합 및 중앙관서의 결산을 발생주의 회계기준에 따라 작성하였으며, 이제 정착단계에 들어섰다. 그러나 예산은 여전히 현금주의로 작성한다. 소수의 국가(OECD국가 중 4국가)만이 예산과정에 발생주의 회계를 도입하고 있음은 전 세계적으로 발생주의 예산의 도입이 일반적이지 않다는 방증이다. 하지만 행정개혁의 가장 중요한 구성부분인 예산개혁은 지난 100여 년 동안 민간부문의 예산과 회계기법을 끊임없이 도입하려는 노력으로 점철되어 왔다(윤성식 2000). 이는 재무보고를 통해 효율적으로 재정을 운용하는 민간부문의 회계기법을 정부도 사용한다면 예산의 비효율적 운영을 해소할 수 있다고 전제하기 때문이다. 따라서 진정한 예산개혁을 이루기 위해서는 결산뿐 아니라 예산에도 발생주의 회계를 도입하는 발생주의 예산제도(이하 발생주의 예산)가 필요하며, 도입 전 이에 관한 논의가 필요하다.

---

1) 본 논문은 2015년도 조세재정연구원 "재정전문가 네트워크 사업" 보고서(부채관리를 위한 방안으로써 발생주의 예산도입 연구, 김봉환)에 기초한 것임.

그럼에도 불구하고 우리나라에서 발생주의 예산제도에 대한 논의나 연구는 미흡한 실정이다. 그동안 선행연구는 주로 발생주의 예산제도의 소개나 해외 사례의 소개를 위주로 다루어졌다. 최근 윤재원(2013)은 발생예산제도를 회계정보 유용성을 극대화 하여 이용하는데 초점을 맞추어 도입 시 필요한 단계를 구체적으로 제언하여 발생주의 예산 연구에 새로이 기여하기도 했다. 하지만 학문적인 논의를 포함한 발생주의 예산제도 도입에 대한 국민적 논의 및 국회의 검토가 충분하지 않아 공론이 형성되지 않고 있다. 정부의 재정활동을 분석하고 문제점을 해결하는 데 발생주의 예산제도가 필요한지, 또 필요하다면 어떻게 도입해야 할지에 대한 학문적·사회적 고민이 충분하지 않았다.

본고는 발생주의 예산으로의 전환이 우리나라에 필요한 것인지 살펴보고, 도입방식을 제언한다. 먼저 발생주의 예산의 개괄을 소개한 후(본론Ⅱ), 이를 위해 선행국가들의 발생예산 도입상황을 살펴볼 것이다. 이로부터 국내에 도움이 될 만한 시사점을 도출한다(본론Ⅲ). 이후, 국내 현황에 비추어 제도 도입과 실현 가능성을 분석해 본다. 재정정책과 관련한 우리나라의 문제점을 알아보고, 이와 연관되어 발생주의 예산이 어떠한 역할을 할 수 있는지, 즉 발생주의 예산 도입의 필요성과 정당성을 분석해본다(본론Ⅳ). 분석 결과 발생주의 예산은 도입이 필요하며, 앞서 살펴 본 선행국가들의 시사점을 참고하여, 국내에 부분적으로 발생주의 예산을 도입할 것을 제언한다. 이 때, 도입 시 요구되는 가상의 재무제표형식을 제안한다(본론Ⅴ).

# Ⅱ. 발생주의 예산제도

## 1. 발생주의 예산제도의 개념 및 특징

예산과정은 경제·사회 상황, 공약, 국민의 바람 등 정보를 가지고 국민, 국회, 이익집단, 공무원 등 다양한 행위자들이 상호작용한 결과 바람직하다고 판단한 정책을 현실화하는 과정이다. 합의된 정치적 의사결정을 내재한 것이 정책이며 정책이 국민에게 전달되기 위해서는 반드시 재원이 필요하며 그 재원을 정책의 우선순위에 따라 배분하는 것이 예산이기 때문이다. 따라서 예산 질(質)은 국민, 국회의원,

공무원 등 예산 의사결정자들이 접근할 수 있는 정보, 의사결정자들의 행태, 예산의 규칙 등에 영향을 받는다. 이러한 점에서 발생주의 예산제도(이하 발생주의 예산)는 발생주의 회계예측치란 정보를 예산과정에 직·간접적으로 사용하는 제도라 할 수 있다.

예산은 효과성뿐만 아니라 효율성을 고려해야 한다(윤성식, 2000). 효과성이란 정부가 목표를 달성했는지를, 효율성이란 원가를 최소화 했느냐를 의미한다. 즉 바람직한 예산이란 효율성과 효과성을 측정하고 평가할 수 있어야 한다. 발생주의 회계는 수입과 지출, 자산과 부채, 현금흐름에 대한 보고서 작성으로 효율성과 효과성을 측정할 수 있기 때문에 공공부문에 도입됐다. 마찬가지로 예산에 발생주의 회계가 도입된다면 효과성 및 효율성을 측정할 수 있다.

예산에서 결산과정에서 달성해야 할 목표를 제시한다면, 예산과 결산에서 이를 비교하여 효과성을 달성했는지 평가할 수 있다. 예산에서도 발생주의 회계를 도입해야만 발생주의로 작성되는 결산과 비교할 수 있다. 즉 발생주의 예산을 통해 예산과 결산의 괴리를 해소하면 효과성이 제고될 것이다. 또 국가의 중·장기적 예산계획을 고려하여 예산의 목표에 반영할 수 있다.

전통적으로 예산에서는 세입보다 세출이 중요하다. 왜냐하면 세입의 집행과 통제가 중요하기 때문이다. 그러나 세출을 기재하는 것만으로는 진정한 의미의 비용을 파악할 수 없다. 발생주의 예산에서는 세출을 부채와 자산의 감소인 비용의 개념으로 바꾸어 생각한다. 비용은 현금지출뿐 아니라 미래에 국가가 부담할 것이 확실한 비용(부채)도 포함하기 때문에 세출보다 국가의 부담을 보다 정확하게 설명한다. 또 윤성식(2000)에 의하면, 효율성을 측정하기 위해서는 무엇보다도 진정한 투입을 측정할 수 있어야 한다. 그리고 이러한 진정한 투입은 완전원가의 계산을 의미하는 발생주의회계의 도입 없이는 불가능하다. 따라서 발생주의 예산은 보이지 않는 비용까지 예산에서 고려하여 진정한 비용을 계산할 뿐 아니라 효율성을 제고할 것이다.

요컨대 발생주의 예산은 지출을 대신해 비용의 개념을 예산에 반영해 의사결정자들의 바람직한 의사결정을 유도하여 예산의 효과성 및 효율성을 도모하는 제도다. 여기에서는 발생주의 예산이 선행국가에서는 어떻게 운영됐으며, 우리나라에 당면한 최우선 과제인 부채관리를 위해 발생주의 개념이 예산서에 반영돼야함을 역설하고, 의사결정자들에게 어떻게 영향을 미치는지 살펴본 후, 실제로 어떻게 반영할지 가상의 예산서를 제시한다.

## 2. 발생주의 예산의 종류

### 1) 광의와 협의의 발생주의 예산

발생주의 회계계정과목을 직접 이용하여 예산안 작성을 하느냐에 따라 발생주의 예산을 광의 혹은 협의로 볼 수 있다.

Lüder and Jones(2003)는 행정부가 발생기준 회계예측치를 산출하고 이를 예산심의, 사업평가, 예산편성 시 의사결정에 사용한다면 현금주의로 예산안이 작성되어도 넓은 의미에서 발생주의 예산을 사용하는 것으로 보았다(윤재원, 2013). 즉, 예산결정에 있어 유용한 정보를 제공하는 분석의 도구(analytic tool)로 발생기준 회계예측치를 사용하는 것을 광의의 발생주의 예산이라고 볼 수 있다.

협의의 발생주의 예산은 발생기준 회계예측치를 단순히 분석도구로 활용하는 것을 넘어, 이를 기준으로 행정부의 예산서를 작성하여 예산심의의 결정규칙으로 이용되는 것을 의미한다. 이 예산서는 현금예산서와 달리, 예측 운영보고서와 예측 재무상태보고서 등을 포함한 예산재무제표이다. 국회의 예산승인 또한 이에 준하여 받는 것까지 이야기한다. 이 때, 발생주의 회계는 예산을 통제하고 구속하는 하나의 결정규칙(decision rule)으로까지 작용한다. 이는 보다 적극적으로 발생주의 예산을 제도로 유용하는 것이다.

### 2) Cash-in-hand model과 No-cash-in-hand-model

행정부가 편성한 발생기준 회계예측치에 대해서 어느 수준까지 의회가 예산을 승인하느냐에 따라 발생주의 예산을 Cash-in-hand-model과 No-Cash-in-hand-model로 구분할 수 있다(Blöndal, 2004). 다시 말해서, 전통적인 현금주의 예산편성의 승인은 예산항목 지출에 대한 의회의 통제를 수반하지만, 발생주의 예산제도에 기초한 예산심의는 비현금지출에 대한 행정부의 재량이 인정될 여지가 발생한다. Cash-in-hand-model이란 행정부는 발생주의로 예산을 편성하여 제출하고, 입법부 또한 발생기준에 따라 현금과 비현금비용 모두에 대하여 예산을 승인하는 제도다. 그렇기 때문에, 당기에 지출되지 않는 비현금비용에 대하여도 행정부는 예산을 배정받고 이후에 사용하게 된다. 예를 들어, 감가상각비처럼 당기에 지출되지 않았으나 배정받은 예산은 이후로 이월되어 미래 자산 구입에 사용할 수 있다. Cash-in-hand-model은 예산의 집행기간을 당기로 한정되지 않고 장기적 관점으로 예산을 배분할 수 있어 예산 배분의 효율성을 제고하여, 발생주의 예산 도입의 근본적인 목표를 달성할 수 있게 한다. 더불어, 이는 예산의 편성-심의-집행-결산에 이르기까지 모든 과정에 발생주의 회계가 적용되는 발생예산제도라 할 수 있다. 다만, 비현금비용에 관한 예산의 통제는 행정부의 예산집행의 재량으로 넘어간다. 즉 배정받았지만 당기에 지출하지 않는 예산을 어떤 방식으로 집행(보관·관리)에 대한 현실적인 문제가 제기될 수 있다.

Cash-in-hand-model의 이러한 문제점을 보완하여 등장한 것이 No-Cash-in-hand-model이다. 이는 행정부는 발생기준에 따라 예산을 편성하여 제출하나, 입법부는 현금기준에 따라 현금지출에 대하여만 예산을 승인하는 제도다. 따라서 입법부가 승인하지 않은 비현금발생비용에 대하여 행정부가 재량을 행사하거나 이월하여 사용할 수 없다(윤재원, 2013).

## 3. 발생주의 예산의 형식

발생주의 예산은 발생주의 회계원칙에 기초한 예산예측치로 편성되고, 이에 따라 발생기준 운영보고서(operating statement), 상태보고서(balance sheet), 현금흐름표(cash flow statement), 조정표(reconciliation)를 작성한다.[2] 발생주의 예산의 형식은 결산회계와 비슷한 형태를 취하고 있다. 다만, 현금예산과 비교할 때, 예산편성항목에 비현금지출비용에 대한 정보를 포함하고 있다. 운영보고서에서는 비용에 고정자산의 감가상각비(depreciation), 연금 및 사회보장기금(superannuation)의 계정항목을 보여

---

[2] 발생주의 예산을 도입한 국가별로 예산편성 및 심의에 따라 다양하게 나타난다. 여기에서는 호주의 예를 보여준다.

158

주고 있고, 순재정운영결과(net operating balance)에서 순자본조정(net capital acquisition adjustment)을 차감하여 재정 흑·적자(fiscal surplus/deficit)의 정보를 추가적으로 제공하고 있다. 재정 흑·적자 계정과목은 자본취득 및 매각 후 정부의 자금상태(흑자 또는 적자)를 보여주고 있다. 즉, 정부가 활발한 자본예산의 활동을 할 경우에는 재정결과는 순재정운영결과보다 낮은 수준을 보여주게 된다. 따라서, 재정 흑·적자는 정부의 자본예산활동의 투자수익균형(investment-saving balance)을 보여주는 지표로 자본예산활동에 대한 자산과 부채에 유용한 정보를 준다(참고 1).

재정상태표에서는 자산을 금융자산(financial asset)과 비금융자산(non-financial asset)으로 구분하고, 부채는 이자, 충당부채(연금), 기타부채로 구성하여, 총자산에서 총부채를 차감한 재정상태(net worth)를 보여준다. 이외에도 유동부채에서 유동자산을 차감하여 순부채(net debt)의 정보를 제공하고, 순부채에서 충당부채(예, 연금)를 합산하여 순금융부채(net financial liabilities)를 측정함으로써 정부의 재정활동의 건전성 및 부채관리에 필요한 정보를 제공한다(참고 2).

현금흐름표에서는 재정활동을 운영활동(operating activities), 투자활동(investment activities), 재무활동(financing activities)으로 나누어 현금예산에서 보여주는 현금거래의 활동내역을 보여준다(참고 3).

## 4. 발생주의 예산의 장·단점

### 1) 발생주의 예산의 장점

첫째, 발생주의 예산은 총비용을 정확하게 인식한다. 현금비용뿐 아니라 비현금비용까지 계산하여 총 비용을 작성하기 때문이다. 윤성식(2004)은 사업의 진정한 원가를 파악할 수 있는 방법은 발생주의 예산이라고 하였다. 총비용을 예산에 반영하게 되면 공공부문의 효율성을 제고하는데 도움이 된다. 예산 편성과 심의과정에서는 어떤 정책이 긴급하면서도 효율적인지 파악하는 것이 중요하다. 이러한 측면에서 발생주의 예산은 정부와 국회의 보다 효율적인 예산 결정에 도움을 준다. 현금지출은 사업원가를 과소 산정할 가능성이 높다. 왜냐하면 총비용의 일부만을 포함하는 정보이기 때문이다. 그래서 현금지출에 기초한 의사결정은 사업의 우선순위 결정을 왜곡해 국가재정의 비효율적 집행으로 이어질 수 있는 것이다. 따라서 정부가 특정서비스를 수행할지를 결정할 때에는 당기의 현금지출뿐 아니라 미지급비용, 선급비용, 자원의 감가상각 등을 모두 고려하는 기준인 총비용을 판단의 기준으로 삼는 것이 자명한 것이다(윤재원, 2013). 또한, 막대한 자본투자가 이루어질 때 한꺼번에 비용을 잡지 않고 감가상각을 고려해 몇 년에 걸쳐 나누어 인식함으로써, 보다 공정한 사업평가를 가능케 한다. 따라서 발생기준에 의한 정확한 총비용의 산정은 궁극적으로 예산배분의 효율성을 제고할 수 있을 것으로 기대되는 것이다.

둘째, 발생주의 예산은 재정의 중장기적 재정건전성(fiscal sustainability)을 확보하는 데 유용하다. 이는 현금예산 하에서는 고려되지 않은, 미래에 발생할 것이 확실한 부채들을 인식하는 데 발생주의 예산이 도움을 주기 때문이다. 이미 발생하였으나 당기에는 현금지출이 수반되지 않는 비현금비용도 지출예산으로 편성된다. 이러한 부채는 미래추정 예산재정상태보고서에 보고되어 정부와 국회, 나아가 국민으로 하여금 보이지 않던 국가의 부채까지 인식하게 한다는 장점이 있는 것이다. 이의 가장 대표적인 예는 공무원연금제도라 할 수 있다. 이 제도의 경우 공무원의 근로제공이나 신입 공무원의 증가를 통해 이미 발생한 비용지급의 의무가 미래시점으로 이연되어 당기의 현금유출을 수반하지 않는다. 오직 현금지출만이 세출예산으로 인식되기 때문에, 이 연금에 대한 국가의 부담이 드러나지 않는 것이다. 하지만 만약 발생주의 예산을 통해 이를 부채로 인식하면, 부채를 보다 정확하게 인식할 수 있어서 중장기적 재정건전성에 도움이 된다는 것이다.

셋째, 발생주의 예산은 예산과 결산과정의 괴리를 없앨 수 있다. 이상적으로는 예산편성과 심의, 집행, 결산 및 심의과정을 지원하는 예산회계와 재무회계는 모두 일관적인 개념으로 연계돼야 한다(Schick, 2007). 예산과 회계의 인식기준이 같아야 발생주의 회계의 정보가 정보 이용자들에게 서로 일치되는 신호와 유인을 제시함으로써 혼란을 막을 수 있다(김진동, 2010). 하지만 우리나라의 현행 결산제도는 발생주의를 병행하고 있는 반면, 예산은 현금주의만을 택하고 있기 때문에 근본적으로 괴리가 있다. 이러한 괴리의 문제점은 현재 우리나라에서 운용하는 발생회계정보를 완전하게 이용하지 못하게 하는 장벽으로 작용하고 있다. 현재 우리나라의 제도는 예산의 집행과 결산과정에서 시스템을 통해 현금기준의 예산집행결과가 발생기준으로 자동 분개된다. 하지만 이러한 자동 분개 시스템은 실무적 편의성을 높이기는 하지만, 관리자의 초점을 여전히 현금기준으로 머무르게 하고 있다. 결국 일선 부서에서 발생회계정보에 대한 기본적인 이해나 관심이 미흡한 것이다. 발생기준 결산 정보는 예산과정에서 유용성을 잃고 기술적으로 작성되기만 하는 것이다. 결국 예산의 편성부터 집행까지 실질적으로는 모두 현금기준으로 이루어지고 있는 실정인 것이다. 이러한 실정에서 만약 발생주의 예산이 도입된다면, 정부가 예산의 편성단계에서부터 현금 외에도 재무적 자원, 부채 및 순 자산 등 발생주의정보를 이용하여 계획이 수립되고 예산심의와 집행, 결산까지 모든 과정이 이에 기초하여 진행될 수 있으므로 예산 전체가 연계될 수 있다.

넷째, 발생주의 예산은 예산과정에 참여하는 행위자들(정치인, 공무원)의 행위를 공익에 부합도록 유인할 수 있다. 발생주의 예산이 의무화된다면, 정치인들이 특정집단의 표를 얻기 위해 과도한 부채를 유발할 가능성이 있더라도 남발하는 공약의 실현을 막을 수 있다. 예를 들어, 공무원 집단의 표를 얻으려는 정치인은 공무원 임금이나 연금을 인상하자고 주장할 것이며 이러한 인상이 재정건전성을 해칠 수 있다 해도, 추진할 수 있다. 현금 예산의 경우, 연금부채가 예산안에 반영되지 않기에 이를 감추고 그 부담을 다음 세대로 미룰 수 있다. 하지만 발생주의 예산에서는 예산편성 때부터 부채를 기재하여 재정건전성을 해치는 공약을 무책임하게 추진할 수 없게 된다. 부채를 고려하면서 장기적인 안목에서 정책을 평가, 추진하게 되는 것이다.

## 2) 발생주의 예산의 단점

첫째, 발생주의 예산 실행을 위한 회계기준치를 만드는 것이 어렵다. 발생주의 예산 도입이 전 세계적으로 이루어진 것이 아니기 때문에, 따를만한 발생주의 예산 작성에 대한 국제적인 표준도 없다. 그렇다고 해서 무작정 민간분야의 회계기준치를 채택할 수도 없는 것이 정부에는 민간영역이 보유하지 않은 특정한 자산이나 부채가 존재하기 때문이다. 예를 들어 문화유산, 군사용품, 사회간접자본, 사회보험프로그램 등이다. 이러한 자산이나 프로그램을 어떻게 회계로 다루어야할지 그 기준을 일일이 선정하는 것은 어렵다(Blöndal, 2004). 정부가 보유한 것들 중 무엇을 인식할 것이며, 보유한 자원의 순원가나 가치를 어떻게 측정할지 등의 문제다. 이처럼 발생주의 회계에서는 추정(estimation)과 가정(assumption)이 많이 필요하기 때문에 그 기준을 세우는 것이 쉬운 작업이 아니다. 또한, 이렇게 기준을 세우기 어려운 상황에서 그 기준을 누가 세우느냐의 문제도 존재한다. 정부회계는 우리나라에서 2009년 도입되었고, 그래서 정부회계 관련 전문가가 많지 않은 실정이다.

둘째, 국가의 예산을 편성·승인하고 집행하는 주체들의 발생주의 회계기준에 대한 이해부족으로 발생주의 예산안 편성과 심의의 질이 저하될 수 있다. 이는 예산의 승인을 담당하는 의원들의 이해도뿐 아니라, 새로운 회계기준치에 따라 예산안을 작성하여야 하는 공무원들의 능력 부족에 기인할 수 있다. 실질적으로 예산안을 기술하는 중앙부처뿐 아니라 지방자치단체의 공무원들이 회계분야의 전문가가 아니기 때문이다. 현재도 발생주의 회계는 자동으로 분개되는 시스템(자동분개시스템)으로 작동되고 있으며, 결산 기간 동안에 민간에서 회계 전문가들을 임시적으로 고용하여 도움을 받고 있다. 공무원을 대상으로 한 회계교육을 할 수 있으나, 복식부기·발생주의의 전문성을 고려해봤을 때 일시적인 교육을 통해서 이들을 단기간에 전문가로 양성할 수는 없는 것이다. 또한, 이에 필요한 전문적인 능력을 갖춘 신임 공무원을 채용한다 해도, 기존 공무원들의 심리적인 저항이나 비용 등의 가능성(feasibility) 여부 또한 고려해야 한다.

셋째, 발생주의 예산에서 제공되는 회계정보의 유용성에 대한 실증적 근거가 부족하다. 발생주의 예산제도 도입국가들을 대상으로 한 연구들은 아직까지 발생주의 예산의 도입효과와 발생주의 회계정보의 유용성에 대해서는 명확한 증거를 제시하고 있지 못하다. Champoux(2006)는 호주와 뉴질랜드의 발생주의 예산도입이 경제성장에 큰 영향력이 없다고 분석하고 있고, Scheers, Streck, & Bouchkaert(2005)에서는 호주와 영국을 사례로 발생주의 예산의 성공요인과 실패요인들을 분석하면서 발생주의 예산 도입 효과에 대해서는 진행 중에 있음을 설명했다. Schick(2007)는 발생주의 예산의 정보는 현금주의 예산정보와 다른 정보를 제공하고 있지만, 예산안을 분석하여 승인하는 입장에서는 현금주의 예산정보와 발생주의 예산정보 중 어느 정보를 선택해야 하는 혼란이 야기될 수 있는 점을 지적하였다.

새로운 행정제도 도입 기준은 그 제도가 공익 증진에 도움이 되느냐에 따라 도입여부다. 일례로, 정부의 결산과정을 현금주의에서 발생주의 회계로 전환한 것 역시 그 편익과 비용을 비교해보았을 때 편익이 더 클 것으로 예측했기 때문이다. 결과적으로 발생주의 회계로의 전환은 정부의 의사결정에 도움을 주고 회계의 투명성을 높이는 등 공익 증진에 기여한다는 것이 전 세계 많은 국가들로부터 실증적으로 입증됐다. 마찬가지로 발생주의 예산 도입 전 현금예산과 발생주의 예산 중 어떤 것이 공익 증진에 도움이 될지 면밀히 따져보는 것이 요구된다. 특히나 전통적 의미에서 예산은 통제적 성격이 강한데다가, 현금예산의 용이성 때문에 기존 제도를 포기하는 결정이 쉽지 않다. 발생주의 예산의 장점이 실증적으로 입증되지 않은 상황에서 더욱 신중한 접근이 필요하다.

## Ⅲ. 외국의 발생주의 예산의 현황 및 도입사례

뉴질랜드, 호주, 미국의 경우 공기업도 정부재무제표 보고주체로 보고 있으며, 국공채를 포함한 차입금, 연금부채를 포함한 사회복지 혜택관련 부채, 발생주의에 따라 인식한 미지급금 등을 재무제표의 부채로 계상하고, 보증 부채와 같이 우발상황의 특성을 지닌 부채는 기업회계기준을 준용한 인식기준에 따라 충당부채와 우발부채를 인식하고 있다.

### 1. 발생주의 예산의 세계적 도입현황 및 국가별 주요특징

#### 1) 도입 현황

전 세계적으로 발생주의 회계를 정부의 결산과정에 사용하는 추세다. 한국도 2007년 국가회계법이 국회에서 통과되고 2009년부터 복식부기 발생주의 회계를 도입했다. 2014년을 기준으로 OECD국가 중 23개 국가가 발생주의를, 15개 국가가 현금주의를 채택했다(Blöndal, 2014). 즉, OECD국가 중 3분의 2정도가 발생주의 결산을 채택한 것이다.

반면, 발생주의 회계를 예산에 도입하는 발생주의 예산은 발생주의 재무결산에 비해 도입이 저조하다. OECD 발표에 의하면, 10개 국가만이 발생주의 예산을 전면적으로 도입했다. 하지만 현금주의 예산을 도입한 국가(29개국)는 이보다 약 3배 더 많다. 또한 발생주의 예산을 채택했더라도, 그 채택 방식이 국가마다 상이하다. 예산의 모든 부문에 총체적으로 도입한 국가(호주, 뉴질랜드, 영국)도 있으나, 공무원연금제도(public service pension)에 도입하지 않는 국가(오스트리아, 벨기에, 덴마크, 스위스)들도 있으며, 감가상각(depreciation)을 제외하고 도입한 국가(칠레, 덴마크, 아이슬란드)들도 있다. 또, 기본적으로 현금주의 예산이지만 필요에 따라 발생주의 예산을 사용하는 국가(에스토니아, 핀란드, 이탈리아, 노르웨이, 스웨덴, 미국)들도 있다.

뿐만 아니라, 전면적으로 발생주의 예산을 도입한 선행 국가들 사이에서도 도입의 취지는 상이하다. 호주와 뉴질랜드의 도입목적은 공공부문의 효율성과 성과를 개선하기 위해서였다. 각 부처는 감가상각, 공무원 연금에 대한 비용, 환경 부채 등 비현금 지출에 대해 예산을 지원받게 된다. 즉, 총비용을 예산으로 지원받음으로써

〈표 1〉  2014년도 OECD국가의 발생주의 예산제도 도입 현황

| 발생주의 예산<br>도입여부 | 도입방식 | 국가 명 | 국가수 |
|---|---|---|---|
| ○ | 모든 분야에 전면적 도입(Full Accruals) | 호주, 뉴질랜드, 영국 | 3 |
| ○ | 공무원연금제도(public service pension) 제외 | 오스트리아, 벨기에, 덴마크, 스위스 | 4 |
| ○ | 자산자본화(capitalization) 및 감가상각(depreciation) 제외 | 칠레, 덴마크, 아이슬란드 | 3 |
| △ | 현금주의예산에 발생주의 예산을 부분적 도입 | 에스토니아, 핀란드, 이탈리아, 노르웨이, 스웨덴, 미국 | 6 |
| × | 현금주의 예산 | 브라질, 캐나다, 중국, 체코, 한국, 멕시코, 이스라엘, 일본 등 | 23 |

출처: Blöndal, 2014.

관리자가 부처 정책의 총비용을 인식하게 한다. 이렇게 되면 부처가 추진하는 사업의 비용이 더 정확하게 인식되기 때문에 공공영역의 효율성이 보다 제고되는 것이다. 영국의 경우, 성과에 대한 기대보다 현금통제(cash control)를 강화하기 위해 발생주의 예산을 도입했다. 일선 부처의 비현금지출에 대한 지출(resources, 자원)을 지원하되 이의 사용한도를 강력히 통제하는 방식으로 도입했다. 이렇게 지원된 비현금비용은 다른 용도에 사용할 수 없다. 그 내용을 구체적으로 살펴보면, 이들은 자원예산에 의해 감가상각, 공무원연금 등의 발생주의에 기초한 비현금 비용을 완전하게 지원한다. 하지만, 지원된 비현금비용을 다른 용도에 사용하는 것을 제한함으로써 현금통제를 하는 것이다. 영국 의회는 현금 총액 외에도 이 자원, 즉 부처의 서비스에 대한 발생주의에 기초한 총비용에 대해서 승인을 한다(우석진·조진권, 2007).

## 2) 전면적 발생주의 예산 도입 국가: 호주, 뉴질랜드, 영국

호주, 뉴질랜드, 영국은 발생주의 예산을 전면적으로 도입한 국가다. 이들은 정부의 재정 효율성을 도모하고자 하는 목적으로 1990년 대 초반에 발생주의에 기반한 회계를 도입하였다. 국가별로 추진체계 및 방법은 다르게 진행되었지만, 발생회계를 공공부문에 도입함으로써 정부의 재정활동의 투명성과 효율성 제고 및 정부의 재정책임성을 높이고자 하는 것은 공통적이다(Chan, 2003).

호주, 뉴질랜드, 영국은 현재 예산편성과 결산에 발생주의 회계를 도입한 국가로 예산과정에서 지출기준의 현금주의에서 발생주의 회계로 전환한 국가에 해당된다. 호주는 결산의 발생회계를 도입 몇 년 후에 발생주의 예산을 도입하는 단계적 접근을 취하였고, 영국은 집행부서에 우선적용 후 중앙정부가 도입을 한 반면, 뉴질랜드는 발생회계와 발생주의 예산을 동시에 도입하였다. 뉴질랜드의 동시도입은 뉴질랜드가 뉴질랜드의 공인회계사 기준의 GAAP(Generally Accepted Accounting Principle)으로 통일된 회계기준을 공공부문에 정립하였기 때문에 가능했다. 반면, 호주는 민간기업의 IFRS(International Financial Reporting Standards)와 GAAP와 GFS (Governmental Finance Statistics)의 기준에 조화를 추구하는 도입방법을 취하는 단계적 접근을 취하였다. 반면, 영국은 뉴질랜드와 호주의 회계개혁과 달리, 공공부문의 재무관리의 개선을 목적으로 발생주의 회계제도의 형태인 자원예산회계제도(Resource

Accounting and Budgeting: RAB)를 도입하여, 자원을 중심으로 투입과 부처목표, 목적, 산출물 연계를 추구하는 발생주의 성과예산관리 개념의 형태로 발전시켰다.

공공부문의 발생회계제도의 도입은 공공부문의 효율성을 높이고자하는 신공공관리론의 패러다임에서 시작되었다는 것이 많은 학자들의 주된 논의이다. 그 논의의 중심에는 정치적 예산과정 내에서 공공서비스를 제공하는 정부의 재정활동에 민간부문의 회계관리기법이 적용가능한지의 여부이다. 기존의 현금주의 예산회계에서 제공하지 못한 재정정보(예를 들면, 비현금비용 추계에 따른 부채관리)를 제공함으로써 지속가능한 정부의 재정관리를 도모할 수 있다는 긍정적인 평가(Chan, 2003; Robinson, 2009; Schick, 2007)와 공공부문은 제도적(정치, 경제, 행정, 문화) 특성(Barton, 2005; Blöndal, 2004;Champoux, 2006; Diamond, 2002; 2006; Pausslon, 2006; Zimmerman, 1977)을 고려하여야 하고, 공공부문의 자산 및 비용처리에 관한 회계측정방법의 제고(OECD, 2002)가 선행되어야 한다는 주장들이 지속적으로 논의되고 있다.

위의 주요국들을 비교할 때, 호주, 뉴질랜드, 영국의 경우에는 행정부의 발생주의 예산편성에 현금 및 비현금지출비용을 포함하고, 의회는 비현금지출비용에 대해서도 승인을 함으로써 행정부는 예산지출 재량권을 부여받고, 의회는 예산지출 통제 목적을 동시에 달성할 수 있는 제도를 수행하고 있다. 호주와 뉴질랜드의 경우에는 정부의 성과를 높이기 위한 목적으로 발생주의 예산을 도입하였다. 호주의 경우에는 부처별로 자율적 예산집행에 따른 예산지출 성과의 책임이 전제되어 있기 때문에 행정부에 자율성을 부여하되, 비현금지출비용 등의 장기적 재정활동의 결과를 통해서 의회에서는 재정활동의 통제가 가능한 구조로 볼 수 있다. 반면, 영국의 경우에는 의회의 현금통제에 대한 강화를 유지하되(예, 부처별 예산한도 설정), 그 구조 내에서 자원의 효율적 집행을 통해서 재정활동의 효율성을 높이고자 하였다. 하지만, 이와 같은 제도는 의회의 예산 심의의 전문성이 선행되어야 하고, 행정부의 재량권이 부여되는 제도적 조건이 적용되어야 가능하다. 위의 주요국들은 전문적인 회계위원회에서 주도적으로 발생회계 및 발생주의 예산을 도입하였고, 회계위원회를 중심으로 정부의 발생주의 회계원칙에 따라 단계적 시행을 시도하였다.

Scheers, Streck, & Bouchkaert(2005)는 호주와 영국의 발생주의 예산제도의 도입에 따른 정부의 재무관리시스템을 평가하여 성공적 요소와 실패적 요소를 분석하였다. 12개의 분야에 대해서 호주와 영국을 비교하였는데, 회계정보의 질, 투명성, IT 시스템, 전문성 있는 실무가의 요소에서는 두 국가가 모두 성공적이지 못하다는 분석을 하였다. 반면, 성과중심의 문화와 현금정보의 제공, 일선관료의 책임성, 부처들의 협력은 성공적 요소로 분석하였다. Champoux(2006)은 뉴질랜드와 호주의 발생주의 예산 도입 후 경제적 성장과 재정지속성을 분석한 결과, 효과를 발견하기 어렵다는 결론을 도출하였다.

OECD(2002)는 발생주의 예산에서 발생주의 회계의 가장 중요한 문제로 장기자산의 자본화와 감가상각에 대한 이슈를 제기하였다. 왜냐하면, 고정자산의 유형에 따른 가치를 측정하는 것이 어렵고, 대상의 포함여부 및 감가상각의 측정 또한 국가별로 다양하기 때문이다. 예를 들면, 뉴질랜드는 건물과 토지의 평가는 순실현가능가치로 사회간접자본은 감가상각대체원가를 이용하여 감가상각은 정액법과 정률법 사용을 대상별로 적용하고 있다. 호주의 경우에는 자산은 현재 시장가치로 평가하되, 대부분의 고정자산은 기록된 대체비용으로 평가되며, 평가 불가능한 문화 및 환경자산 등은 재정상태표에서 포함하지 않는 경우가 있다.

### 3) 부분적 발생주의 예산 도입 국가: 미국

상기한 국가들과 달리, 미국은 발생예산의 도입을 2000년이 되어서야 고려했고, 그래서 발생예산 사용의 취약점이나 문제점을 고찰할 기회가 있었다. 미국은 선행국가들의 경험에 기초하여 현금주의 예산을 유지하되, 발생예산을 부분적으로 도입했다. 현재, 융자사업을 담당하는 기관(Fannie Mae & Freddie Mac)에 한정하여 도입하고 있다.[3]

GAO(2007)는 소수의 프로그램들을 선정하여 이에 발생주의 예산의 도입을 제안한다. 이러한 프로그램을 선정한 기준은 현금주의 예산으로는 그 프로그램의 비용 중 미래에 발생할 것이 확실한 비용을 파악할 수 없는 경우이다. 예를 들어, 대출사업(Credit program), 이자지출(interest payment), 환경부채(environmental liabilities), 연방 공무원연금(public pension service), 퇴직자 건강보험(retiree health care) 등이 있다.

---

3) 이러한 의사결정에 관한 내용은 미국 Government Accountability Office (GAO) 보고서, 「Accrual budgeting useful in certain area but does not provide sufficient information for reporting on our nation's longer-term fiscal challenge(2007)」에 기초하고 있다.

이들 사업들은 당기 이후 미래에 현금지출이 발생할 것이 확실한 사업이기 때문에 발생주의 예산을 도입하는 것이 적실하다고 제안하였다.

현재 Loan and guarantee program에 발생주의 예산을 사용하고 있는데, 대표적 예가 학자금대출(student loan)과 같은 대출사업(Credit program)이다. 또한 발생주의 회계계정 중에서 고정자산의 감가상각은 제외되고 있으나, 사업형 펀드 및 수탁관리형 펀드에서 회계 처리되는 고정자산의 감가상각은 기록하고 있다. 반면, 연금이나 보험의 경우 발생주의 예산을 도입하지 않는데, 이는 발생주의 예산으로 부채를 계산하여 예산안에 반영했을 시, 지나치게 큰 액수로 국가재정의 부담을 줄 수 있기 때문에 발생주의 예산도입을 유보하고 있는 것으로 보여진다. Schick(2007)은 미국이 발생주의 예산을 전면적으로 도입하지 않은 이유로 의회가 행정부의 예산통제를 강화하기 목적이라고 지적하고 있다. 또한, 의회의 발생주의 예산에 대한 전문성이 미비하고 발생주의 예산의 도입에 따른 효과의 검증이 이루어지지 않은 것도 부분 도입의 이유로 설명된다.

〈표 2〉  주요국의 발생회계 및 발생주의 예산제도의 특징

| | 호주 | 뉴질랜드 | 영국 | 미국 |
|---|---|---|---|---|
| 발생<br>회계 | 도입 | 도입 | 도입 | 도입 |
| 적용<br>기관 | • Federal gov<br>• general gov entities<br>• public nonfinancial corp.<br>• public financial corp. | • government | • central gov | • 미도입: Army Force Exchange Service, Board of Governor of the FRS, USA education Inc. (Sallie Mae) |
| 발생<br>주의<br>예산 | 발생회계 도입 이후 발생주의 예산 도입 | 발생회계와 동시 도입 | 집행부서에 발생회계 도입 이후 중앙정부에 발생회계 및 발생주의 예산 도입 | 미도입<br>• 현금주의 및 지급원인행위기초 |
| 개혁<br>동기 | 공공부문 축소 | 재정적자와 공공부문 축소 | 공공부문 관리향상/ 재무관리 개선 | 성과주의 예산도입 |

| 내용 | • 정부의 효율성 제고<br>• 민간 회계사회 주도 | • 중앙 및 지방정부의<br>재정 건전성 확보<br>• 중앙정부 추진<br>• 민간회계사 주도 | • 자원 효율적 배분<br>• 자원예산회계제도 | • 프로그램 원가도입<br>• 회계책임성 강화<br>• 성과관리 강화 |
|---|---|---|---|---|
| 법제화 | (Charter of Budget Honesty Act) | 1989년 재정법<br>(Public Finance Act) | 1995년 백서<br>(White Paper) | 1990년 주임재무관법<br>(Chief Financial Officers Act) |
| 시범<br>사업 | 3년간<br>(1992-1994) | 3년간<br>(1989-1991) | 4년간<br>(1997-2001) | 5년간<br>(1991-1996) |
| 전면<br>시행 | 1995년 | 1992년 | 2001-2002<br>회계연도 | 1997-1998회계연도 |
| 제정<br>기관 | AASB<br>(Austrailian Accounting Standards Board) | FRSB<br>(Financial Reporting Standards Board) | FRAB<br>(Financial Reporting Advisory Board) | * 지방정부 GASB<br>(Governmental Accounting Standards Board) |
| 발생<br>주의<br>예산<br>특징 | 예산할당-수정발생주의<br>• 감가상각: 발생주의<br>• 장기충당금-발생주의<br>• 이외의 비용: 현금주의 | 1년에 두 번 이상 예산 관련 재정추계 작성 (GAAP기준) | 중앙정부: 재무성 지방정부: 지자체 | 융자사업에 대한 발생주의 예산(예, Fannie Mae) |

출처: 임동완(2011), 우석진·조진권(2008), 김종면(2013) 재구성.

## 2. 외국사례의 시사점

### 1) 발생주의 예산제도 도입국가의 공통점

Schick(2007)는 발생주의 예산을 도입한 국가들은 다음과 같은 두 가지 공통점이 있다고 한다. 첫째, 이 국가들은 회계를 잘 관리하고 다룰 능력(best managed countries)이 있다. 발생회계는 현금회계보다 작성하기 까다롭고, 복잡한 판단을 요구한다. 그래서 이 국가들이 발생예산을 도입할 수 있던 이유로 복잡한 발생회계를 사용·관리하고 이를 예산안에 적용할 만큼 충분한 기술과 능력이 준비돼 있었음을 꼽을 수 있다. 둘째, 이들 국가는 공무원에게 광범위한 관리 재량권(broad operational discretion)을 준다. 왜냐하면 이러한 권한이 허용될 때만 공무원이 자원을 효율적으로 이용하는 것이 가능하기 때문이다. 이러한 재량권이 없다면, 공무원은 발생예산을 자원의 효율적 집행과 지출과 무관하게 기술적으로만 사용하는 데 그칠 것이다. 실제로 노르웨이는 부처의 자율성이 높지 않아 발생예산의 도입을 포기했다. 개별 부처가 투입에 기초하여 통제되고 있기 때문이다(우석진·조진권, 2008).

## 2) 발생주의 예산제도 도입국가 사례의 시사점

앞서 살펴본 발생주의 예산의 장·단점 및 선행 국가의 발생주의 예산제도 도입의 현황이 우리에게 시사 하는 바는 다음과 같이 네 가지로 요약된다.

### ① 제도도입의 신중한 접근

먼저, 발생주의 예산 도입 전에 충분한 논의를 거쳐 신중하게 접근하는 것이 필요하다. 발생회계가 전 세계적으로 도입되지 않은 사실은 발생주의 예산의 장점이 현금예산의 단점을 보완하고도 뛰어넘을 만큼 크지 않거나, 발생주의 예산을 도입해도 큰 효과가 없을 수 있다는 것을 암시한다. 현재 발생주의 예산의 확대는 느린 속도로 진행되고 있다. 심지어, 앞선 Champoux(2006)의 연구 등 여러 실패 사례들은 발생주의 예산의 장점이 실증적으로 검증되지 않았다고 보기도 한다. 이러한 상황에서 섣불리 발생주의 예산을 도입하기 보다는 철저한 준비와 논의를 통한 신중한 접근이 필요하다고 하겠다.

### ② 정치적 고려와 수용성이 필요

발생주의 예산의 도입은 그 나라 사정에 맞추어 이루어져야 한다. 같은 발생주의 예산제도라 해도, 국가마다 도입의 방식이나 취지가 다르다는 점이 이를 방증한다. 한국의 재정상황을 파악하고, 재정의 문제를 해결하는 데 발생주의 예산이 효과적일지 판단하는 것이 선행돼야 한다는 것이다.

발생주의 예산을 실현하기 위해서는 공무원의 광범위한 재량권이 뒷받침돼야 한다. 그래서 제도를 도입하기 전, 예산 사용에 대한 공무원의 재량권을 확대해야 하는데, 이에 대한 입법부의 저항을 예상할 수 있다. 특히, 발생주의 예산을 Cash-in-hand-model로 운용한다면, 비현금비용 부분까지 확장돼 공무원의 재량권이 더 커진다. 요컨대, 행정부에 어느 정도 집행의 자율성을 부여할지, 그리고 이에 따라 예상되는 정치권의 저항 어떠할지에 대한 고려와 국민적 합의가 이루어져야 한다.

**③ 회계 전문가의 육성과 국회의 발생주의 회계에 대한 인식이 필요**

공공분야에서 발생주의 회계는 현재 정착단계다. 불과 5년 전인 2009년부터 결산과정에 발생주의 회계가 공식적으로 도입됐기 때문이다. 그래서 정부회계분야의 전문가의 수도 적다. 또, 회계분야를 전문적으로 다루는 공무원이나 회계분야를 전담하는 부서가 존재하지 않는다. 현재 결산과정의 발생주의 회계는 자동분개시스템으로 사용되고, 임시적으로 민간분야의 회계전문가가 발생주의 재무회계를 돕는 실정이다. 이처럼 공무원들이 발생주의 회계에 대한 이해도가 부족한 상황에서, 발생주의 예산을 도입한다 해도 그 실제적 운용은 현실적으로 어려울 것이다. 따라서 공공분야의 회계전문가의 육성이 필요하다. 더불어, 예산을 심의해야할 국회에서도 발생주의 회계에 대한 지식이 있어야만 발생주의 예산안을 읽고 이해하여 심의할 수 있다. 발생주의 예산정보의 유용성을 높이고 제도가 실질적으로 운영되기 위해서는, 이를 작성하고 심의하는 관련자들의 발생주의 회계에 대한 이해도가 선행되어야 한다.

**④ 부채관리와 사업의 총 비용에 근거한 예산 심의 등을 위한 장점을 극대화하기 위한 장치 마련**

현금주의 예산의 단점은 부채에 대해 정확히 인식할 수 없다는 점이다. 하지만, 발생주의 예산은 현금비용 뿐 아니라 비현금비용까지 인식하며, 이를 연계하여 부채까지 인식할 수 있게 한다. 발생주의 예산이 제공하는 이러한 부채와 비용에 관한 정보의 활용을 극대화하기 위해서는 법적·제도적 제반 여건이 요구된다. 예산과정에서 발생주의 정보를 고려하여 국회가 심의하는 것이나, 결산에서 발생주의 예산과 연계하여 심사·평가하는 것을 법적으로 의무화한다면 발생주의 예산이 제공하는 정보의 유용성을 제고할 수 있을 것이다.

# Ⅳ. 우리나라에의 적용가능성 검토

## 1. 도입의 필요성

우리나라의 특수한 맥락에서 비추어 볼 때 발생주의 예산의 도입 필요성은 다음과 같다. 첫째, 장기적 부채관리가 중요하다는 점이다. 2009년 발생주의 회계를 도입한 이래 제공된 우리나라 국가의 부채는 지속적으로 증가되고 있다. 2014회계연도 국가결산의 내용을 보면 우리나라 부채규모는 1,211.2 조원으로 전년 대비 93조 수준이 증가하였다. 연금과 퇴직수당충당부채 등의 장기충당부채는 692조원의 규모로 총 부채의 48.5%를 상회하여 현금주의 예산편성에서는 보여줄 수 없는 암묵적 부채의 비중이 계속 증가되고 있다. 저출산 고령화 추세를 감안할 때 향후 더 빠른 속도로 증가하는 미래 복지재정 수요에 따른 부채의 선제적 관리가 더욱 필요한 시점이다.

둘째, 장기에 걸쳐 지속적으로 비용투입이 요구되는 사업 및 잠재적 부채를 유발하는 사업에 대해서는 예산심의과정에서 관련 예산비용의 종합적 고려가 요구된다. 규모가 지속적으로 증가하는 우리나라 SOC 사업은 미래에 중대한 유지보수 비용을 발생시켜 지속적으로 정부의 세출예산을 증가시킬 수 있다. 또한 공무원 임금인상 및 신규 공무원 채용 또한 장기적으로 공무원 연금지급을 위한 국가의 부담을 증가시킨다. 특히, 국민들의 권리의식변화로 사업시행 시점에서 가시적으로 비용 처리하지 않는 환경비용(예: 기본권 침해에 따른 국가에 대한 소송제기 등)도 예산 집행 시 고려되어야 할 것이다.

셋째, 현행 국가 예산과정에서 발생주의 재무결산과 연계한 예산편성 도입이 시급하다. 우리나라는 2009년 발생주의 재무회계 결산을 도입한 이후 중·장기 차원에서 국가의 재정활동을 관리할 수 있는 제도적 여건을 마련하고 있다. 국가의 예산과정은 예산심의, 집행, 결산의 순환에 따라 연속선상에서 재정관리가 될 때 재정활동의 안정성을 보장받는다. 현금주의 예산편성을 발생주의 재무회계결산과 연계하여 발생주의 예산편성으로 전환할 때 예·결산 과정이 선순환적으로 국가재정 관리가 가능해진다. 또한, 원가에 기초한 예산심의도 가능하게 될 것이다.

## 2. 도입의 정당성

발생주의 예산은 정부 재정활동의 투명성 및 책임성을 높이기 위한 수단이다. 특히, 정착된 발생주의 결산이 발생주의 예산과 연계가 될 경우에는 발생주의 회계제도에 기반 하는 재정정보가 예산 정책결정의 규칙이 됨으로써, 현금주의 회계방식에 따른 통제중심의 예산결정이 아닌, 중·장기적 차원의 국가의 재정활동을 고려하는 예산과정을 기대할 수 있다. 이와 같이 발생주의 예산은 여러 장점을 갖지만, 본고는 특히 발생주의 예산이 효과적으로 국가의 부채관리를 한다는 데 주목한다. 왜냐하면 상기한대로 우리나라의 경우 부채관리가 국가의 재정 운용에 있어 중요한 과제이기 때문이다.

발생주의 예산은 예산과정에 참여하는 행위자들에게 부채를 고려하게 하는 동기를 부여한다. 예산과정의 의사결정자인 국민, 국회의원, 공무원이 부채를 인식하고 줄이게끔 동기를 부여하고, 이들이 예산과정에 참여하면서 편성부터, 심의, 집행, 결산에 이르기까지 전(全) 예산과정에서 부채가 인식되고 줄이려는 의사결정이 이루어진다. 이러한 부채관리는 국가재정운용계획과 연계되면 더 효과적일 것이며, 궁극적으로 발생주의 예산은 국가재정건전성 도모에 기여하게 된다.

〈표 3〉 부채관리

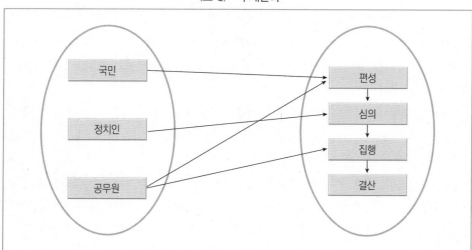

발생주의 예산이 도입된 후 의사결정자는 이전과 달리 부채를 인식하고 부채를 줄이려는 동기를 가지고 의사결정을 하게 된다. 구체적으로, 국민은 예산의 편성과정에서 영향을 미친다. 정치인은 편성과 심의과정에서 영향을 미친다. 공무원은 편성과 집행과정에서 영향을 미친다(〈표 3〉).

## 1) 국민의 참여와 감시로 예산 편성과정의 민주성 증진

현재의 현금주의 예산안으로는 각 부처 및 기관이 계획한 정책에 수반될 것으로 예상되는 비용(세출)만을 파악할 수 있다. 그러나 이처럼 세출액만을 제공하는 단순한 예산안은 국민들에게 추진될 정책의 자세한 속성을 파악하는 데 필요한 정보를 충분히 제공하지는 못한다는 한계를 갖는다. 만약 발생주의 예산이 도입된다면, 국민들은 추진될 정책의 경제적 비용에 관한 더 많은 정보를 얻을 수 있다. 예산집행의 결과로써 나타나는 국민의 장래부담(부채)에 대한 정보가 구체적으로 드러나기 때문이다. 해당연도 이후로도 지속해서 발생할 장래부담의 액수가 구체적으로 공개되기 때문에, 국민들은 경각심을 갖고 예산편성에 대해 관심을 가지고 참여하게 된다. 당장의 혜택이 발생하더라도 이후에 지속적으로 발생할 부채까지 함께 고려하게 되기 때문에, 근시안적인 관점으로 정책을 지지하지 않을 것이다. 게다가 이러한 정보 제공은 대리인인 부처와 기관이 정보공개를 최소화하는 것을 막아, 정보의 비대칭성을 해소하는 데 기여할 수 있다.

발생주의 회계 정보가 포함된 예산안이 공개되면, 부채가 과도하게 유발될 것으로 예상되는 등 문제가 있는 부분은 특히 언론을 통해 국민들에게 전달될 것이다. 이에 대해 여론이 형성되면서 정책집행과 예산사용에 대한 비판 그리고 피드백이 활발해질 것이다. 대통령 혹은 정치인의 독단적인 판단에 기인한 일방적인 정책 추진으로 미래의 부채가 현금 예산안에서는 숨겨진 채로 가중되던 것을 방지할 수 있게 된다. 선거공약이 충분한 토의와 의견 수렴 없이 예산안 편성기관의 일방적 주도 하에 예산에 반영되는 것이 우리나라의 문제인 상황에서, 이와 같이 발생주의 예산이 갖는 투명성, 여론형성, 그로 인한 국민의 예산과정 참여와 감독강화는 예산과정의 민주성을 증진할 것으로 기대된다.

즉, 발생주의 예산이 대통령의 표심 사기용 혹은 무분별한 정책이 실현되는 것을 방지할 수 있다는 것이다. 왜냐하면 장기적이고 잠재적인 부채가 예산안에 드러나 미래에 우발될 부채에 대한 정보를 제공해주면 부채발생이 지나치게 많은 사업에 대해서 경각심을 가질 수 있기 때문이다. 예를 들어, 논란이 많았던 지난 정부의 4대강 사업도 발생주의 예산이었더라면 환경부채를 포함하여 기재될 정책이었기 때문에, 그 정책추진의 정당성이나, 투명성, 합리성에서 더 바람직한 의사결정을 내릴 수 있었을 것이다.

### 2) 예산 편성과 심의에서 정치인의 시계(視界, time horizon) 확대

발생주의 예산으로 인해, 정책을 대하는 정치인의 시계(視界, time horizon)를 확대할 수 있다. 의무적으로라도 장기적인 관점에서 부채를 덜 유발하는, 즉 더 공익적인 정책을 추진하게끔 한다. 혹여나 전문성의 부족으로 발생할 실수를 방지할 정보를 제공하기도 하는 것이다.

먼저, 정치인들이 표심을 사기 위해 남발하는 공약을 줄일 수 있다. 즉, 발생주의 예산으로 정치인의 도덕적 해이를 방지할 수 있다. 왜냐하면 정책을 주장하기 전, 실제로 그 정책이 발생주의 예산에서 어떻게, 얼마의 액수로 반영될 것인지를 고려해야하기 때문에 선불리 부채가 지나치게 발생하는 정책을 추진하기 어려운 것이다.

또한, 심의과정에서 발생주의 예산은 정치인(국회의원)에게 부채에 관한 추가적인 정보를 제공한다. 전문성의 부족으로 국회가 의도하지 않게 미처 진정한 원가나 비용을 계산하거나 고려하지 않고 예산으로 배분하고 승인할 수 있는데, 이러한 실수를 감소시킬 수 있는 것이다.

### 3) 예산 편성과 집행에서 공무원의 책임성 확대와 의사결정권한 약화

발생주의 예산은 정책에 대한 공무원의 책임성을 강화할 수 있고 공무원 위주의 의사결정을 약화시키는 데 도움이 된다.

먼저, 발생주의 예산은 공무원의 정책에 대한 책임성을 강화할 수 있다. 사업을 추진하여 예산을 배정받게 돼 얻는 혜택은 이를 추진하는 해당 기관이 받게 된다. 하지만 사업 추진 결과 발생하는 부채는 국가에 귀속되기 때문에, 정책추진으로 인한 혜택과 책임을 받는 대상이 분리된다. 그래서 해당 부처가 정책 추진으로 유발할 부채에 대해 무책임하다는 문제가 생긴다. 이 때 발생주의 예산이 해결방안이 될 수 있는데, 예산안에서 사업에 따른 책임과 결과를 같이 보여주어 종합해 심의하기 때문이다.

이처럼 발생주의 예산을 도입하면, 부처에 자율성을 부과하되 동시에 부채에 대해 책임성도 부여할 수 있다. 현재는 과도하게 유발된 예상치 못한 부채에 대한 책임소재가 명확하지 않아 부채가 발생해도 책임을 지지 않는다는 점이 있다. 하지만 발생주의 예산을 도입하면, 예산 편성과정에서부터 부채를 고려하게 되기 때문에 과도하게 우발된 부채에 대해 이후 책임을 물을 수 있게 된다.

또한, 「정부의 예산안편성과 국회의 예산안 심의 확정권의 상호관계 연구」에 의하면, 우리나라 예산편성의 문제로 정보의 독점성과 집행의 효율화 추구라는 논리로 예산 편성권자에 권한이 집중되어 있다는 점을 지적한다. 국민의 관심이나 국회의원의 전문성 부족으로 예산 편성의 권한이 공무원에 집중된다는 것이다. 하지만 상기한대로, 발생주의 예산은 예산과정에 대한 국민의 참여를 유도하고 국회의원에게 부채에 관한 정보를 추가적으로 제공하기 때문에, 공무원에게 집중된 권력을 완화할 것으로 기대된다. 즉, 국민과 정부가 정보를 공유함으로써 행정부 독주의 위주의 의사결정권한이 약화된다.

# V. 발생주의 예산제도의 도입

## 1. 발생주의 예산제도 도입 시 고려사항

앞서 발생주의 예산이 우리나라가 당면한 부채관리라는 과제에 어떻게 도움이 될 수 있는지 분석해보았으며, 이를 통해 발생주의 예산 도입의 정당성을 밝혀내었다. 아무리 제도의 정당성이 충분하다해도, 이를 현실적으로 실현하는 일은 완전히 다른 차원이기 때문에 도입 전 여러 가지 점을 고려해 보아야 한다. 본고는 우리나라에 발생주의 예산을 현실적으로 구현하기 위해 고려해야 할 네 가지 조건－발생주의 예산의 도입 정도, 발생주의 예산 도입의 대상사업, 발생주의 예산의 승인방법, 발생주의 예산 도입의 인프라 확충—을 설정하였다. 이러한 조건을 설명해보자면 다음과 같다.

첫째, 발생주의 예산제도를 전면적 도입할지 부분적으로 도입할지 고려해야 한다. 호주, 뉴질랜드, 영국의 경우에는 발생주의 예산제도가 전면적으로 도입되어 예산과정 상 편성과 결산의 연계를 통해 국가의 재정활동의 성과 및 효율성을 추구하고 있다. 반면, 유보적 단계에서 부분적으로 도입을 고려하고 있는 미국의 경우 중·장기 국가 재정 및 부채관리에 요구되는 보증, 연금, 건강보험 등의 분야부터 단계적으로 도입하고 있다.

둘째, 발생주의 예산제도의 단계적 도입이 요구된다면, 발생주의 예산제도 내에서 우선적으로 도입해야 하는 사업을 선정해야 한다. 발생주의 예산제도는 중·장기적 국가의 재정 관리를 안정적으로 수행하려는 데 목적이 있다. 따라서 발생주의 예산제도에서 추가적으로 제공되는 비현금비용 지출에 관련한 회계계정과목 또는 비현금비용지출과 관련이 있는 사업이 무엇인지 지정해야하는 것이다.

셋째, 전통적인 예산편성은 의회에 행정부의 지출에 대한 통제권을 보장한다. 현금주의 예산항목편성에 대한 집행권을 지닌 행정부는 의회의 감시 하에 예산을 집행할 권한을 갖고 있다. 하지만, 발생주의 예산제도가 도입될 경우, 비현금지출비용에 대해서 의회가 통제를 할 것인지 여부에 대해 고려해야 한다. no-cash-in-hand model은 의회가 현금비용지출에 대해서 승인을 고려하고, 비현금지출비용에 대해서는 승인을 하지 않는 반면, cash-in-hand model에서는 비현금지출비용에 대해서도 승인하기 때문에 전면적인 발생주의 예산제도의 도입 내에서 예산편성과 결산을 연계한다.

넷째, 발생주의 예산제도를 도입하기 위한 인력 및 하드웨어 등 인프라의 준비 (예, 전산시스템)여부가 고려되어야 한다.

## 2. 발생주의 예산제도 도입 시 예상되는 장애요인

발생주의 예산을 도입했을 때 발생될 것으로 우려되는 장애요인은 다음과 같다.

첫째, 제도를 도입하기까지 이를 이해하고 정치적으로 여론이 형성될 수 있냐는 점이다. 국민이나 의원들의 회계 지식이 충분하지 않고 전 세계적으로도 이 제도가 완전히 도입되지 않은 상태에서 발생주의 예산제도에 대한 논의가 이루어지고 관심을 받기란 현실적으로 쉽지 않은 일일 것이다. 또한, 발생주의 예산 하에서는 의원들에게 정보나 비용이 더 들어 성가신 일이 되고 더 통제를 받게 되는 일이기 때문에 현실적으로 의원들의 이를 추진할 지, 국회의 통과까지 받을 수 있을지 문제다.

둘째, 설사 제도를 도입이 확정되더라도 구체적인 회계기준을 누가 설정하느냐의 문제다. 발생주의 회계는 현금주의 회계와는 달리, 미래의 관점에서 추정이 필요하다. 이를 임의대로 활용하는 일을 막기 위해, 회계기준과 원칙을 마련하는데 이를 어떻게, 누가 정하는지 필요하다. 현재 국제적으로 합의된 기준이 마련된 것도 아니며, 참고할 만한 국가도 많지 않다. 미래의 부채의 양을 예상하는 것은 복잡한 일이므로, 이를 할 자격을 누구에게 부여하는지가 중요한 일이다. 충당부채나 보증사업의 경우, 연금이나 이자율과 같은 구체적이고 확정적인 수치가 있어 부채를 예상하는 데 도움이 될 것이다. 그러나 소송이 제기될 가능성이 있는 사업이나 환경부채의 경우 현실적으로 예산안에 반영하기 어렵다. 소송이 제기될 가능성이 있는 사업이나 환경오염을 유발하는 사업의 조건을 무엇이라고 정해야하는지, 환경오염을 유발하는 사업의 경우 얼마의 금액을 어떻게 측정하여 기재할지 등의 문제다.

셋째, 예산안을 작성하는 공무원들의 발생주의 예산안 활용의 문제다. 부채를 유발하는 사업을 추진할 때, 부채를 작성해야하기 때문에 이를 얼마로 측정해야하는지 전문성을 가지고 계산하기 어렵다. 아무리 공무원에게 회계지식을 부여하더라도, 현실적으로 어렵다. 게다가 이후 발생하는 부채에 대한 책임을 공무원에게 지운다면, 부채를 과소계상하는 문제점이 예측된다.

넷째, 발생주의 예산과 예비타당성 조사의 중복문제다. 예비타당성조사란, 기획재정부의 주도로 대규모 신규 사업에 대해 실시하는 사전적인 타당성 검증 및 평가 제도다. 예비타당성 조사에서는 비용편익분석결과, 정책효과, 지역균형 등을 종합적으로 고려하여 신규 사업 추진의 타당성 유무를 정하고, 사업 간 투자 우선순위를 정한다. 이러한 예비타당성 조사가 사업추진의 비용을 따져 사전적으로 사업추진의 정당성을 따진다는 점에서 발생주의 예산과 유사한 제도라는 비판이 제기될 수 있다.

　　이러한 문제점에 대한 대책은 다음과 같다. 부채관리가 시급한 상황에서 발생주의 예산이 도움이 되기 때문에, 공익에 부합한다는 것을 회계전문가가 언론을 통해 꾸준히 제기한다면 납세자인 국민들의 동의를 얻어 공론이 모아질 수 있을 것이다. 게다가 발생주의 회계 상 미래시점에서 추정과 평가하는 것은 어렵지만 이를 현재도 민간에서 이미 성공적으로 시행하고 있다. 발생주의 회계제도의 공공부문 도입 전에도 회계기준의 설립과 관련된 우려가 제기되기도 했지만, 현재 성공적으로 운영되고 있다. 또한, 2009년부터 회계사 시험에 정부회계가 포함된 만큼 정부회계에 관한 지식을 보유한 전문가가 늘어났고, 정부부문의 회계투명성을 위해 추가적으로 공공부문 회계전문가를 양성·지도하는 것을 고려할 수 있다. 마지막으로, 발생주의 예산은 예비타당성조사가 할 수 없는 여러 기능을 수행할 수 있는 제도다. 예비타당성 조사와 달리 발생주의 예산은 공식적인 절차와 형식을 가지로써 국회가 행정부가 제출한 보고서를 승인한다. 그래서 이런 절차는 부채부문에 초점을 맞추어 더욱 엄격하게 관리 할 수 있다는 장점이 있다.

## 3. 발생주의 예산의 도입방식의 제안

### 1) 발생주의 예산 도입 가능 사업

　　위에서 제기한 고려사항을 현재 우리나라 상황에 비추어 검토한 결과 다음과 같은 도입방식을 제안하고자 한다. 우선, 발생주의 예산제도 도입형태는 현 시점에서는 즉각적이고 전면적인 도입은 현실적으로 불가능할 것으로 보이기 때문에 단계적 접근이 요구된다. 발생주의 예산으로의 전환은 매우 급진적인 개혁이다. 오랜 기간 현금주의로 통제해온 기존의 예산제도를 아예 바꾸는 것이기 때문이다. 다른 나라에서 현재 그 유용성이 완전히 입증되지 않은 상태에서 예산제도를 전면적으로 바꾸는 것은 큰 혼란을 가져오고 이로 인해 제도의 도입으로 인한 편익보다 비용이 증가할 수 있다. 따라서 단계적 도입을 제안한다. 단계적 도입을 전제할 때 발생주의 예산안 도입이 필요한 사업에 대해 시범적으로 발생주의 예산을 도입한 후 추가 확대여부를 고려해 볼 수 있다.

〈표 4〉는 발생주의 예산안을 시범적으로 도입할 수 있는 사업을 보여준다. 이러한 사업을 선정한 이유는 이들이 미래에 부채를 유발할 것으로 기대되기 때문이다. 이러한 사업은 현금주의 하에서는 예산안에서 부채가 발생한다는 것을 나타낼 수 없다. 따라서 이러한 사업에 한하여 부분적으로 발생주의 예산을 적용하는 것으로도 부채관리에 도움이 될 것으로 기대된다.

제안하는 발생주의 예산에서는 발생주의 회계방식을 예산안의 수입부분까지 적용하지 않고, 지출에만 적용하는 것을 제안한다. 발생주의 회계를 예산안에 전면적으로, 완전한 형태로 도입한다면 수입 또한 발생주의로 기재할 수도 있다. 예를 들어, 완전한 발생주의 예산 하에서는 발생 조세 수입(accrual tax revenue)을 추정해 기록할 수도 있다. 하지만, 우리의 경우 수입 면에 있어서까지 발생주의를 제안을 하지 않는 이유는 첫째, 아직 부분적 도입단계인데 수입까지 발생주의 회계로 기재하는 것이 현실적으로 어렵기 때문이다. 둘째, 한국의 경우 예산개혁의 초점이 부채관리이고, 부채를 유발하는 것은 지출이기 때문에 지출 면에 한정해 도입한다. 셋째, 조세저항 등을 고려할 때 재정건전성을 도모하기 위해서는 지출부문의 집중적인 관리와 통제가 필요하다는 것이다. 따라서 새로이 도입할 발생주의 예산안에서도 지출을 관리하는 것이 중점이 돼야 하는 것이다.

발생주의 예산을 우선적으로 도입할 사업은 다음과 같다. 첫째, 충당부채가 발생하는 공무원의 임용이나 임금인상 등 공무원 인건비 예산이다. 이 때, 당해의 현금비용의 증가뿐 아니라 미래에 발생하는 연금비용에 대한 정보를 함께 기재하여, 예산심의에 활용할 수 있다. 둘째, 잠재적 손해배상이나 소송의 가능성을 일으킬 수 있는 사업에 대해 소송관련 잠재적 부채를 기재해 예산심의과정에 고려해본다. 예를 들어 잠재적 환경파괴나 어업권의 피해를 일으키는 항만시설 혹은 댐건설이나 소음에 의해 손해배상을 일으키는 공항건설 등이 그 사례다. 셋째, 지속적이고 중대한 유지·보수가 필요한 SOC 사업(예: 교량건설) 등에도 미래의 유지보수비용을 감안한 종합적인 비용에 근거해 예산심의를 할 수 있을 것이다. 마지막으로 장기에 걸쳐 이자지급이 발생하는 채권의 발행이나 우발채무를 일으키는 보증사업도 시범사업의 대상이 될 수 있다. 이러한 사업에 대해 발생주의 회계로 작성되는 추가 예산안을 작성할 것을 예산편성지침에 포함한다.

앞서 제안한 4가지 사업 중 특히 공무원 인건비 예산에 대해서 발생주의 회계를 우선적으로 도입할 것을 제안한다. 그 이유는 첫째, 현재 공무원 연금관련 충당부채가 전체 우리나라 국가부채의 50% 이상을 차지할 만큼 큰 비중을 차지하고 있고 둘째, 현재 국가결산재무제표에 별도의 항목으로 기재되어 있기 때문에, 예·결산의 부채 규모를 비교하기 수월하다.

발생주의 예산승인의 형식과 관련하여서는 현재 현금주의 예산서에 발생주의에 근거한 예산서를 첨부하여 심의과정 시 검토하는 방안을 제안한다. 특정사업단위에서 미래에 발생하는 비용에 대한 현재가치를 계산하여 부채의 증가분을 예산서에 부가한다. 즉, 현행 예산안에서 보이는 총수입 및 총지출에 더하여 발생주의 예산의 비현금지출비용을 추가하여 보여주는 것을 고려할 수 있다. 이와 같은 발생주의 예산회계에 근거한 예산서가 첨부되기 위해서는 우선적으로 발생주의 비현금지출비용에 필요한 금액을 추정하기 위한 기준이 마련돼야 할 것이다.

〈표 4〉 발생주의 예산제도 도입 고려사항 및 도입방식의 제안

| 고려사항 | 주요내용 | 도입방식의 제안 |
|---|---|---|
| 형태 | 전면적 도입 또는 단계적 도입 | 단계적 도입 |
| 대상사업 | 대상항목 및 담당기관 | 일부사업 적용<br>• 충당부채 발생항목: 공무원 연금<br>• 손해배상 가능사업: 환경관련사업, 공항건설<br>• 유지보수 요구되는 사업: SOC 사업<br>• 이자지급 비용발생사업: 보증사업, 국채발행 |
| 예산승인 | 의회의 예산승인권<br>cash-in-hand model vs. no cash-in-hand model | 현금예산서에 발생주의 회계에 근거한 예산서 첨부하여 심의과정 검토 |
| 인프라준비 | 인력 및 전산시스템 | 회계인력 확보를 고려한 사업 확대<br>현재 전산시스템과 연계방안 |

## 2) 발생주의 예산안 예시

### ① 공무원 인건비

예산이 재무적 가치를 배분하는 과정이라고 한다면, 발생주의 예산은 부채를 배분하는 과정이라고 할 수 있다. 즉, 과거 예산과정은 자산과 재무를 누구에게 얼마나 배분하는 데만 기능했다. 하지만 부채의 관리가 시급해졌기 때문에 부채 역시 배분의 대상으로써 삼아야 한다. 왜냐하면 부채 역시 언젠가는 국민이 반드시 부담하게 되는 것이기 때문에 얼마만큼의 양을, 어느 세대가, 언제 부담하는지를 배분해야 하고 그 신호로써 발생주의 예산안을 사용할 수 있다.

이 발생주의 예산안 예시는 2013 회계연도 결산 재무제표가 작성되기 전, 2014 회계연도 예산안 작성 시기를 가정하였다. 공무원 보수에 대한 발생주의 예산안은 크게 현금비용과 비현금비용 부문으로 나뉜다. 먼저, 현금비용 부분에는 올해 공무원에게 임금으로 지급할 현금의 액수를 기재한다. 이는 기존 현금주의 예산안에서 기재하고 있는 공무원에게 지급해야 할 보수(Wages)와 동일한 내용이다. 하지만 기존 예산안으로는 지급할 보수의 총액만 알 수 있지만, 발생주의 예산안에는 신규 채용할 공무원 수 그리고 임금인상률도 추가적으로 기재한다. 이는 정보이용자로 하여금 공무원 보수에 중요한 영향을 미치는 두 요인인 신규채용한 공무원 수와 기존 공무원의 임금인상률을 고려하게 하여 진정한 의미의 공무원 보수를 파악하게 하려는 의도다. 게다가 이러한 작성이 의무화되어 감시가 더 커지면, 임의대로 신규채용 수를 정하거나 임금을 인상하는 것이 어렵다. 또 이러한 정보는 이후 연금비용 부분에서 연금충당부채를 계산하는 기반이 된다. 또 이를 기반으로 2014년도 재무제표에서 예상되는 추정액수도 적는다.

다음으로, 비현금비용인 연금비용을 적는다. 이 내용이 발생주의 회계로 공무원 보수를 계산하는 핵심적 부분이다. 현 재무제표에서 연금충당부채로는 총 연금비용만 적혀있고, 신규 공무원 채용과 기존 공무원의 임금인상률로 더해지는 충당부채는 알 수 없다. 발생주의 예산안에 이러한 충당부채의 기재가 의무화되면, 미래의 부담까지 고려하여 보다 신중하게 신규 공무원 채용 수와 임금인상률을 정할 것으로 기대된다.

 공무원 신규 채용 그리고 임금인상률로 인한 충당부채는 현재 사용하는 예측단위적립방식(PUCM, Projected Unit Cost Method)과 예측급여채무(PBO, Projected Benefit Obligation) 개념을 적용하여 산정한다. 본 예시에서는 편의상 평균 액수를 곱하여 단순 산정했다. 인사혁신처 「행정부 국가공무원 인사통계」에 따르면, 2014년에 신규 임용한 국가공무원의 수는 총 31,589명이다. 이 때 행정부 국가공무원은 일반직공무원, 특정직 공무원(외무, 경찰, 소방, 검사, 교육), 기타(별정직, 계약직, 고용직) 공무원을 의미한다. 입법·사법부 등 헌법기관 국가공무원 및 지방공무원은 제외한 수다.

<표 5> 공무원 인건비 발생주의 예산안 예시

| (예시) '14 발생주의 예산안 – 공무원 인건비 | | | | |
|---|---|---|---|---|
| 1.현금비용 | | '14 예산 | '13 예산 | 전년대비 증감률 |
| | 총 보수 | 25.1조 | 24.3조 | △3.3% |
| | • 신규 채용 공무원 수 | 31,589명 | 22,776명 | △38.7% |
| | • 임금인상률 | 1.7% | 2.8% | ▽1.1%p |

| | | '14 예산 추정액수 | '13 결산 추정액수 | 전년대비 증감률 |
|---|---|---|---|---|
| 2. 비현금비용 | 연금충당부채 | 596.3조 | 436.9조 | △36.5% |
| | • 공무원 신규 채용으로 인한 충당부채 | 0.83조 | 0.76조 | △9.21% |
| | • 임금인상률로 인한 충당부채 | 19.7조 | 16.3조 | △20.8% |

(* 음영부분이 현금주의 예산과 차별화되는 부분)

② 신항만 건설 공사

 두 번째 예시는 신항만 건설에 관한 발생주의 예산안이다. 이 예시는 실제로 현재 진행 중인 신항만 건설을 기반으로 작성했다. 현 예산안은 신항만 건설로 인해 올해 발생하는 현금비용만 기재한다. 하지만 신항만 건설로 인한 오염과 어업권 침해에 관한 손해배상이 제기될 가능성이 있다. 또한, 대규모 시설이기 때문에 완공 후에도 장기에 걸쳐 유지·보수비용이 발생할 가능성이 높다. 이러한 소송비용과 유지보수비용에 대한 미래비용(부채)을 현재가치로 환산해 발생주의 예산안에 기입하여야, 신항만 건설에 관한 진정한 비용을 파악하고 정보를 제공할 수 있다. 추정근거부분에는 회계전문가들의 전문적인 의견과 어떻게 부채의 액수를 추정했는지 합당한 설명을 기재한다. 또한, 이러한 부채 추정액수는 이후 당해 결산안의 재무제표에서, 이 사업이 국가의 올해 충당부채 증가에 얼마나 영향을 미쳤는지 그 비중을 계산할 때 사용한다. 이러한 비중 추정은 특정 사업이 국가부채 증가에 얼마나 기여했는지 파악할 수 있게 하는 장점이 있다.

〈표 6〉 신항만 건설공사 발생주의 예산안 예시

| (예시) '15 발생주의 예산안 – 신항만 건설 공사 | | |
|---|---|---|
| | '15 예산 | '14 예산 |
| 1. 현금비용 | 5,304억 원 | 5,053억 원 |

| 2. 비현금비용 | '15 추정액수 | 추정근거 |
|---|---|---|
| 손해배상:<br>어업권침해<br>소송대비<br>충당부채 | XXX 억 | 부산항 신항만 건설공사로 인근해의 오염이 심각해지고 건설 기간 동안 인근 구역이 통제됨. 이 지역 어민들의 어류 포획양이 줄어들 것으로 예측.<br>이로 인한 어민들의 피해액은 연간 XXX 억 원으로 추정됨. |

두 번째 예시는 신항만 건설에 관한 발생주의 예산안이다. 이 예시는 실제로 현재 진행 중인 부산항 신항만 건설을 기반으로 작성했다. 현 예산안은 부산항 신항만 건설로 인해 올해 발생하는 현금비용만 기재한다. 하지만 신항만 건설로 인한 소음공해와 어업권 침해에 관한 손해배상이 제기될 가능성이 있다. 또한, 대규모 시설이기 때문에 완공 후에도 장기에 걸쳐 유지·보수비용이 발생할 가능성이 높다. 이러한 소송비용과 유지보수비용에 대한 미래비용(부채)을 현재가치로 환산해 발생주의 예산안에 기입하여야, 올해 진행되는 부산항 신항만 건설에 관한 진정한 비용을 파악하고 정보를 제공할 수 있다. 추정근거부분에는 회계전문가들의 전문적인 의견과 어떻게 부채의 액수를 추정했는지 합당한 설명을 기재한다. 또한, 이러한 부채 추정액수는 이후 당해 결산안의 재무제표에서, 이 사업이 국가의 올해 충당부채 증

가에 얼마나 기여했는지 그 비중을 계산할 때 사용한다. 이러한 비중 추정은 특정 사업이 국가부채 증가에 얼마나 기여했는지 파악할 수 있게 하는 장점이 있다.

이처럼 시범사업에 대해 우선적으로 발생주의 예산을 도입한 평가를 거쳐 추가적인 확대를 논의해 볼 수 있을 것이다. 또한 발생주의 예산과 결산의 지속적 발전을 위한 시스템의 정비와 인력육성도 이루어져야 할 것이다.

## VI. 결  론

본고에서는 현금주의 예산에서 발생주의 예산제도로의 전환이 필요한지 검토해보았다. 먼저 OECD 국가들의 제도 도입상황을 살펴보고, 이로부터 향후 우리나라의 발생주의 예산에 참고하기 위한 시사점을 도출했다. 또 우리나라의 재정에서 부채관리가 시급하기 때문에 이에 초점을 맞춘 재정개혁이 필요하다는 점도 예산제도를 개선할 때 고려해야함을 밝혔다. 발생주의 예산은 전 예산과정에서 모든 참여자의 의사결정을 부채관리에 기여하도록 유도한다. 그 결과 국가재정건전성이 도모된다. 즉, 발생주의 예산은 부채관리의 문제를 해결하는 데 적절하며, 제도 도입될 충분한 정당성이 있다고 보여 진다. 이를 위해 발생주의 예산을 도입을 할 필요성은 있으나 문제점을 최소화하기 위해 부채를 유발하는 사업에 한정적으로 도입할 것을 제언한다. 본고에서는 이를 위해 도입할 경우에 사용할 예산서의 양식을 제시했다. 이 연구는 발생주의 예산에 관한 논의가 적은 상황에서 선행연구와 달리 부채관리의 방안으로써 발생주의 예산을 논하고 추가 예산안 형식 등 현실적인 도입방안을 제시했다는 점에서 의의가 있다.

## 참고문헌

김종면. (2013). "OECD 발생주의 국가회계 심포지엄 출장 결과보고".

김진동. (2010). "지방자치단체 회계제도의 평가와 개선방안".「국제회계연구」, 32: 39-54.

우석진·조진권. (2008). "주요국의 발생주의 예산제도의 도입 현황과 정책과제".「재정포럼」, 13(5): 29-44.

윤성식. (2004). "예산개혁과 정부회계: 발생주의예산과 발생주의회계를 중심으로".「한국정책학회보」, 13(2): 21-36.

윤재원. (2013). "발생주의 예산회계제도 도입의 유용성에 관한 연구".「세무와 회계저널」, 14(3): 279-306.

이효·김헌. (2002). "발생주의 정부회계제도의 이론과 쟁점분석".「한국행정학보」, 36(4): 21-42.

임동완. (2011). "정부의 발생주의회계 정착과 발생주의 예산도입에 관한 연구".「국제회계연구」, 35: 230-260.


Barton, Allen. (2005). Issues in Accrual Accounting and Budgeting by Government. Agenda, 12(3). pp. 211-226.

Blöndal, Jon. R. (2004). Issues in Accrual Budgeting. OECD Journal on Budgeting, 4(1). pp. 103-119.

Blöndal, Jon. R. (2014). The OECD Accruals Survey. 14th annual OECD Accruals Symposium (in Paris). March 3. http://www.oecd.org/gov/budgeting/14thannualoecdpublicsectoraccrualssymposiumparis3-4march2014.htm

Champoux, Mark (2006). Accrual Accounting in New Zealand Australia: Issues and Solutions. Harvard law School Federal Budget Policy Seminar Briefing Paper No. 27.

Chan, J. L. (2003). Government Accounting: an assessment of theory, purposes and standards. Public Money & Management, 23(1). pp. 13-20.

Diamond, J. (2002). Performance Budgeting-Is Accrual Accounting Required?. IMF Working Paper

GAO (2007). Accrual Budgeting Useful in Certain Areas but Does Not Provide Sufficient Information for Reporting on Our Nation's Longer-Term Fiscal Challenge.

Khan, A. & Mayes, S. (2009). Transition to Accrual Accounting. IMF Technical Notes and Manuals.

Lüder, K. and Jones, R. (2003). The diffusion of accrual accounting and budgeting in European governments.

OECD (2002). Accrual Accounting and Budgeting: Key Issues and Recent Developments.

Paulsson, G. (2006). Accrual Accounting in the Public Sector: Experiences form the Central Government in Sweden. Financial Accountability and Management, 22(2): 47-62.

Robinson, Marc. (2009). Accrual Budgeting and Fiscal Policy. IMF Working Paper.

Scheer, B., Streck, M. & Bouckaert, G. (2005). Lesson from Australian and British Reforms in Results-oriented Financial Management. OECD Journal on Budgeting, 5(2). pp. 134-162.

Schck, Allen (2007). Performance Budgeting and Accrual Budgeting: Decision Rules or Analytic Tools?. OECD Report.

Zimmerman, J. L. (1977). The Municipal Accounting Maze: An Analysis of Political Incentives. Journal of Accounting Research, 15 (supplement). pp. 107-144.

제6장

# 스마트 정보기술의 발전에 따른 전자정부의 변화

[엄 석 진]

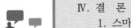

> 제6장
스마트 정보기술의 발전에 따른
전자정부의 변화

# I. 서 론

인터넷의 등장과 이후 정보통신기술은 지속적으로 발전해 왔다. 매년 처리속도는 더 빨라지고, 저장 용량은 더 커져 왔으며, 대규모의 데이터와 이를 처리하기 위한 더 강력한 컴퓨팅 능력을 가진 소프트웨어가 등장해 왔다. 연결, 공유, 협력에 기반한 업무방식의 혁신은 대부분 정보기술의 역량 확대를 기반으로 하고 있다. 정보통신기술(Information and Communication Technology: ICT)의 발달은 기업에게는 새로운 상품의 개발, 개인 맞춤형 서비스의 창출, 기업 효율성의 개선을 통한 새로운 경쟁력 제고 기회를 제공함과 아울러, 공유경제라는 새로운 경제 시스템의 등장을 가져왔다(Benkler, 2011; Shirkey. 2008). 아울러, 인터넷과 모바일 기기가 보편화되면서 디지털 시민들(digital citizens)이 등장하고 있다. 디지털 시민들은 디지털 서비스에 대한 접근성의 확대를 향유하고 요구하면서, 콘텐츠를 스스로 창조하고, 인터넷을 통한 협력과 공유를 실천하고 있다. 이와 같은 디지털 시민들의 등장은 사회 및 경제 각 분야에 혁명적인 반향을 일으켜 왔을 뿐만 아니라, 인터넷 자체의 성격을 변화시켜 온 것으로 평가된다. 당연히, 프라이버시, 정보보안 등 정보화에 따른 사회적 비용에 대한 경고 역시 크다(Schmidt & Cohen, 2013; McKinsey Global Institute, 2013; Tapscott, 2009).

정부 역시 새로운 ICT의 영향력에서 결코 자유롭지 않다. 최근 스마트폰을 중심으로 한 ICT 발전이 정부 및 공공기관의 정책역량, 정책과정, 그리고 거버넌스에 미치는 영향력이 점차 확대되면서, 기존의 전자정부(e-government) 개념을 확장하여 '스마트 정부(smart government)'의 개념으로 재정립하려는 움직임이 나타나고 있다 (Petrov, 2013; Gil-Garcia, 2012). 1990년대 초 인터넷의 확산과 함께 제시된 전자정부 (e-government)가 당시 정부의 공공관리 및 대국민 서비스 제공, 정책결정의 타당성과 신뢰성 제고에 중요한 전환점으로 작용했던 것과 마찬가지로, 소셜 미디어, 스마트폰 등 모바일 ICT의 적용, 정보자원의 저장과 분석기법의 발달에 기반한 빅데이터(Big Data) 등에 기반한 스마트 정부의 제도화는 정부의 정책역량 제고와 정부와 시민사회간의 연결성 강화, 그리고 참여, 협력, 그리고 투명성 제고를 통한 민주주의의 확대를 위한 가능자(enabler)로 작용할 것으로 기대되고 있다(Mergel, 2013; World Economic Forum, 2012; Dunleavy et al., 2006).

그러나, 새로운 ICT 발전이 정부에 미치는 영향력이 확대되고 있음에도 불구하고, 이에 대한 연구는 이제 출발선상에 있다는 평가이다(Eom & Kim, 2014; Criado et al., 2013; Fountain, 2012; Sandoval-Almazan et al., 2011). 첫째, '스마트 정부'에 대한 개념이 아직 충분히 성숙되지 못한 것으로 보인다. 최근 스마트폰을 기반으로 한 ICT 발전이 정부와 행정에 미치는 영향력이 기존의 그것과는 다르다는 점에서 새로이 '스마트 정부'라는 개념이 제안되기는 하였으나, 그것이 기존의 전자정부와는 어떤 점에서 다르고 어떤 점에서 연속적인지, 스마트 정부를 구성하는 기술적, 제도적, 관리적 구성요소들은 무엇인지, 스마트 정부의 기술적, 정치적 실현가능성 등은 어느 정도인지 등과 같은 세부적인 논의로는 발전되고 있지 못한 실정이다. 이와 같은 개념적 모호성으로 인해 새로이 등장하는 스마트 정부에 대한 종합적인 그림(big picture)과 그 특성 및 구성요소들을 분석해 내지 못하는 한계로 이어지고 있다.

둘째, 연구 방법론적 측면에서 연구의 타당성이 제한적이다. 스마트 정부와 관련된 국내외의 연구들이 선진사례(best practice)의 분석을 중심으로 이루어지고 있어 전반적인 현황 분석으로 이어지지 못하고 있다. 나아가 스마트 정부와 관련된 비교연구 역시 거의 전무한 실정이다. 스마트 정부 구축에 있어서도 기존의 제도적, 문화적 특성이 반영될 것으로 예상되는데 비교연구의 부족으로 인해 기존의 전자정부와의 제도적 지속성이나, 서로 다른 국가에서 제도화되는 스마트 정부의 차이점과 유사점에 대해서는 논의가 부족한 실정이다.

위와 같은 연구의 한계를 극복하고, 스마트 정부에 대한 이해를 제고하기 위해, 이 연구에서는 다음과 같은 주제를 다루고자 한다. 첫째, 기존의 전자정부와 구별되는 스마트 정부의 개념을 정의하고 그 특성과 구성요소를 검토하고자 한다. 정보환경의 변화와 전자정부의 진화, 그리고 새로운 정책과제의 대두라는 측면에서 스마트 정부의 개념과 특성을 검토해 보려는 것이다(제2장). 둘째, 한국의 스마트 정부의 현황과 수준을 살펴보기 위해 스마트 정부의 대표적 도구라 할 수 있는 정부 모바일 앱의 현황을 실증적으로 분석해 보고자 한다. 2012년에 진행된 중앙행정기관 및 광역·기초자치단체의 스마트폰 앱에 대한 전수조사 결과를 분석하여, 스마트폰 기반 모바일 정부의 현황과 수준을 제시하고자 한다(제3장). 셋째, 현재 나타나고 있는 스마트 정부와 관련된 이론적 쟁점을 검토하고 스마트 정부를 추진과정에서 정부가 견지해야 할 원칙과 정책적 시사점을 제안하고자 한다(제4장).

## II. 스마트 정부: 개념, 특성, 구성요소

### 1. 스마트 정부의 개념

스마트폰, 소셜 미디어, 빅데이터 등 새로운 ICT를 활용하여 정부 내부 운영 방식 및 시민들과의 소통방식이 변화하고 있다. 예를 들면, 스마트폰을 통해 세금이나 주차위반 벌금을 납부하거나, 정부 민원서류, 면허, 허가를 발급 받을 수 있게 되는 등 스마트폰 기반의 ICT 활용을 통해 공공 서비스의 개선이 이루어지고 있다. 소셜 미디어의 확대는 국민들의 참여 가능성을 높이고 있다. 예를 들면, 소셜 미디어를 통해 시민들과 정부의 정책결정자가 직접 연결될 수 있다. 이와 같은 연결성의 강화는 정책결정자들과 국민들간의 상호작용 확대를 가져와 국민의 의사에 반응할 수 있도록 만든다. 나아가서는 ICT 기술의 진화에 따라 국민들의 차별화된 요구와 특성을 파악할 수 있는 정보를 얻을 수 있는 가능성도 증가하고 있다(Sobaci & Karkin, 2013).

이와 같은 정보환경의 변화와 그에 따른 정부 운영방식의 변화로 인해, 기존의 유선 인터넷 기반의 전자정부 개념이 발전된 '스마트 정부'의 개념이 모색되고 있다 (Petrov, 2013; Gil-Garcia, 2012). '스마트 정부'의 개념은 한 사회가 당면한 정책문제의 해결을 위한 최근 등장하는 새로운 정보기술의 조합과 그 활용으로 정의될 수 있다 (Gil-Garcial et al., 2014). 스마트 정부의 등장의 기저에는 스마트폰, 소셜 미디어 등 새롭게 등장하고 있는 정보기술을 활용한 커뮤니케이션과 사회적 조정 방식의 변화가 자리하고 있다. 우선 스마트폰의 활용을 통해 개인간, 개인과 조직간, 조직과 조직간 커뮤니케이션의 방식과 네트워크 구축 가능성이 높아지고 더 확장되었다. 이를 통해, 집단 형성에 소요되는 비용과 상호 조정에 드는 비용이 크게 낮아지게 되었다. 이를 통해 어느 때보다도 더 많고 더 널리 흩어져 있는 개인들간에 소통, 공유, 협력이 가능해 지면서 공통 목적을 가진 집합행동이 가능해 졌다(Shirky, 2008).

기존의 유선 인터넷 기반의 전자정부가 웹사이트를 통해 일방향 서비스와 기초적인 수준의 쌍방향 서비스를 제공하는 전자정부에서 크게 벗어나지 못한 형태의 전자정부 구현에 머물 수밖에 없었다면, 스마트 정부는 다양한 모바일 기술을 통해 국민들과의 쌍방향 소통을 고도화시키고 정부 중심의 정보 제공이 아닌 국민 중심의 정보 제공이 이루어지는, 소통, 공유, 협력을 통한 공동 작업이 가능해진 전자정부로의 진화로 볼 수 있다(한국정보화진흥원, 2011: 296-299).

## 2. 스마트 정부(S.M.A.R.T)의 특성과 구성요소

### 1) 소셜(Social) 정부

'스마트 정부'를 한 사회가 당면한 정책문제의 해결을 위한 최근 등장하는 새로운 정보기술의 조합과 그 활용으로 정의할 경우, 새로운 정보기술을 기준으로 다음과 같은 특성과 구성요소를 도출할 수 있다. 첫째, 소셜 정부이다. 소셜 미디어와 집단지성을 이용하여, 개인화된 서비스를 제공하면서도 정부-사회간 협력을 촉진하여 공적 가치를 창조하는 정부이다. 소셜 미디어는 사람들이 의견과 생각, 경험, 관점 등을 서로 공유하기 위해 사용하는 온라인 툴과 플랫폼을 총칭한다(CIO Council,

2009). 소셜 미디어는 상호작용과 관계성이라는 중요한 특징을 갖고 있다. 소셜 미디어는 개인화된 계정간의 상호작용과 다양한 계정간의 연계를 통한 관계의 형성과 유지가 가능하다(엄석진·황한찬·윤영근, 2014).[1]

　　이런 특징 때문에 공공부문에서도 소셜 미디어의 활용에 따른 기대효과가 다음과 같이 제시되고 있다. 첫째, 정보 제공의 개선 가능성이다. 이미 활성화되어 시민들이 많이 사용하고 있는 트위터를 통하여 정부는 적은 비용으로 시민에게 정보를 제공해 줄 수 있다는 것이다(Mossberger et al, 2013; Snead, 2013). 둘째, 정부에 대한 시민의 참여(participation)와 개입(engagement)의 증대 가능성이다(Mergel, 2013). 공공부문에서의 트위터 활용이 정부와 시민의 의사소통을 활성화시키고 시민의 의견개진을 증가시킬 것으로 기대하는 것이다. 셋째, 공공서비스의 개선 가능성이다. 공공서비스의 질이 어떠한지, 전달방식은 적합한지, 수혜자의 의사에 반응적인 것인지 등이 트위터를 매개로 정부와 시민 간에 공유될 수 있으며, 이를 통해 공공서비스의 질적 개선이 이루어질 수 있다는 것이다(엄석진·황한찬·윤영근, 2014).

## 2) 모바일(Mobile) 정부

　　둘째, 모바일 정부이다. 모바일 정부는 시민, 기업, 그리고 정부기관을 비롯한 다양한 이해관계자들의 유·무형적 이익을 향상시키기 위해 모든 종류의 무선 및 모바일 기술, 서비스, 애플리케이션, 그리고 기기를 활용하는 전략과 이러한 전략의 실행을 일컫는다(Kushchu, 2007). 초기에는 모바일 정부를 전자정부의 일부분 혹은 보조적인 현상으로 간주하는 경향이 있었지만(Kumar & Sinha, 2007; Kushchu & Kuscue, 2003), 최근에는 모바일 정부 서비스가 모바일 기기의 이동성을 활용하여 기존 전자정부에서는 실현될 수 없었던 서비스 내용 및 기능을 빠르고 다양하게 제공하고 있다는 점을 강조하면서, 모바일 정부의 독특한 측면이 부각되고 있다(Hung, Chang, & Kuo, 2013; World Economic Forum, 2011). 다음 〈표 1〉은 모바일 정부의 개념과 특성을

---

1) 대표적인 소셜미디어인 트위터의 경우, 누군가의 트윗을 받은 사용자는 "리트윗(ReTweet; RT)"을 통해 자신이 받은 트윗을 자신의 팔로워들에게 그대로 전달하거나, "인용" 기능을 통해 자신의 의견을 덧붙여 전달할 수 있다. 한 번 전달된 트윗은 팔로워들이 어디에 있든 간에 실시간으로 전달과 확산이 반복될 수 있고, 이 때문에 정보의 전달 속도가 대단히 빠른 특징이 있다. 트위터 계정 간의 상호작용성과 연계성이라는 소셜 미디어의 특성으로 인해 가능한 것이다(엄석진·황한찬·윤영근, 2014).

〈표 1〉 전통적 정부, 전자정부, 모바일 정부 개념 개요

| 항 목 | 전통적 정부 | 전자정부 | 모바일 정부 |
|---|---|---|---|
| 원칙 | 관료주의적 절차 (전화, 팩스) | IT를 이용한 프로세스 리엔지니어링 (인터넷, PC) | 무선 기기와의 원활한 통합 및 연결 |
| 서비스 시간 | 하루 8시간, 주 5일 | 하루 24시간, 주 7일 | 하루 24시간, 연중무휴 |
| 서비스 공간 | 직접 방문, 팩스, 전화 | 인터넷을 이용한 고객의 가정과 사무실 | 고객이 위치한 곳, 물리적 위치 |
| 서비스 형태 | 관련기관에 수차례 방문 | 몇 번의 클릭으로 웹포털 접속 | 필요한 서비스에 한번에 접속 |

출처: Uhm(2010).

전통적 정부 및 전자정부와의 비교를 통해 제시하고 있다.

　　모바일 정부는 구현된 이동성 및 편재성을 통해 편리함 및 신속함을 갖춘 더욱 개인화된 공공서비스를 제공하고, 이에 따라 시민들은 의견 표출 및 교환, 참여 측면에서 고도화된 상호소통 및 양방향서비스를 향유한다. 구체적으로, 모바일 정부의 장점은 다음과 같다(OECD, 2012). 첫째, 모바일 서비스의 특성인 이동성과 편재성을 통해 기존 행정시스템을 통해 구현할 수 없었던 서비스를 제공할 수 있다. 예를 들어, 환경 및 거리상의 제약으로 인해 행정서비스 혜택을 누리기 어려웠던 시민들에게도 행정서비스에 대한 접근성과 편리성을 높일 수 있고, 공무원 또한 시민들에게 행정서비스를 모바일 기기를 통해 간편하게 전달할 수 있다. 둘째, 위치기반서비스(LBS: Location Based Service)를 바탕으로 개인의 위치를 정확히 파악해 서비스를 제공하기 때문에 사용자 친화적인 서비스를 제공할 수 있다. 셋째, 모바일 서비스를 통해 정부와 시민들 사이의 소통이 늘어나 시민들의 의견을 많이 수용할 수 있고, 정부의 정보공개 또한 증가함으로써 정부의 투명성 및 책임성도 강화되는데, 이러한 과정을 통해 높은 수준의 민주주의 또한 실현시킬 수 있다. 마지막으로, 즉각적인 최신 정보 제공, 기관 간 정보교류 활성화, 업무 프로세스 간소화, 비용절감 등과 같은 장점이 있다.

### 3) 분석적(Analytic) 정부

셋째, 분석적 정부이다. 빅데이터 분석, 센서 등을 이용하여 수집된 정책정보를 분석하여 더 좋은 서비스와 더 정확한 정책결정을 수행하는 정부를 의미한다. 1990년대 이후 센서 기술, 데이터베이스 관련 기술 및 컴퓨팅 용량 및 분석 기술이 발달하면서, 모든 분야에서 '데이터 기반의 문제해결'이 가능해지는 선순환 고리가 구축되기 시작하였다. 전 사회적으로 그리고 하나의 조직 내에 축적되는 데이터의 양이 크게 증가하였다. 데이터의 용량과 처리속도, 그리고 데이터 확보의 원천이 다양해지면서 전례없이 풍부하고 대규모의 데이터를 확보할 수 있게 되었다.

빅데이터의 구축과 컴퓨팅 역량의 증가의 의의는 정부 기능 수행과 의사결정과정에서의 증거기반(evidence-based) 의사결정을 촉진하는데 있다(Mayer-Schonberger & Cukier, 2013). 구체적으로는 데이터 분석을 통해 특정 문제에 대한 유형을 발견할 수 있다. 조직의 문제해결과 신속한 의사결정, 그리고 업무 효율화 등 미션과 비전을 실행하기 위하여 관련된 내부 데이터와 외부 데이터를 모두 수집하고 이를 분석함으로써 특정 유형을 발견할 수 있다.

이와 같은 분석적 정부는 이미 가시적으로 나타나고 있다. 예를 들면 국민건강보험공단이 건강보험가입자 전원에 관련된 19년치 데이터를 분석하여 폐암과 흡연의 상관관계를 분석해 낸 사례, 서울시가 심야버스 노선 선정에 효율성을 높이기 위해 심야 통화기록 30억건, 심야택시 승하차 관련 데이터 500만건을 분석한 사례 등을 들 수 있다. 이들 사례들은 빅데이터 분석을 통해 공공부문에서 데이터/증거기반의 의사결정이 이루어지고 있음을 보여주는 사례이다.[2]

### 4) 반응적이고 투명한(Responsive and Transparent) 정부

넷째, 반응적이고 투명한 정부이다. 공공정보의 개방을 통해 행정의 반응성과 투명성, 책임성을 제고하고, 시민들의 참여를 촉진하는 정부를 의미한다. 세계 각국은 인터넷의 양방향성을 활용하여 적극적인 정부정보의 공개나 정책 결정에 시민참여를 촉진하는 '열린 정부(open government)'를 적극 추진하고 있다. 소셜 미디어, 빅

---

2) 미래창조과학부 편, "창조경제 실현을 위한 2013 빅데이터 국내 사례집" 참조.

데이터, 모바일 기술 등을 활용하여 정부가 보유하고 있는 공공정보의 개방을 통해 행정의 투명성과 책임성을 제고하고, 시민참여에 기반한 정책결정을 확대하고자 하는 것이다. 아울러, 새로운 ICT 활용은 필연적으로 정보보안과 사생활 보호의 문제를 가져올 수밖에 없다. 무분별한 공공정보의 공개가 자칫 개인정보의 유출로 이어질 수 있다. 확고한 정보보안과 사생활 보호가 스마트정부의 기반이 되어야 한다(Petrov, 2013).

미국의 오바마 행정부는 '투명성과 열린 정부(Transparency and Open Government)' 정책의제를 중심으로 트위터 등 다양한 소셜 미디어를 활용하여 연방정부가 보유한 정보를 제공 및 공유할 뿐만 아니라, 'We the People'이라는 국민 청원 플랫폼 등을 개설하였다. 이에 따라, 모든 연방기관들이 소셜 미디어를 개설하고 활용하고 있다(Mergel, 2013). 미국 회계감사원(Government Accountability Office: GAO)의 보고서에 따르면 미국 연방정부 기관들은 소셜 미디어에 보유한 행정정보를 게재 또는 재게재(posting and re-posting)하거나, 홈페이지에 게재하지 않은 정보를 게재하는데 사용하기도 하고, 콘텐츠에 대한 응답이나 기관정책에 대한 코멘트 요청, 또는 비정부기관 웹사이트와의 링크 제공 등에 사용하고 있는 것으로 조사되었다(GAO, 2011).

## 3. 스마트폰과 정부 모바일 앱

스마트 정부를 구현하는데 있어 다양한 기술적 수단들이 주목을 받고 있다. 즉 스마트 정부의 특성을 구현하는데 활용되는 새로운 기술적 수단들이 텍스트, 이미지, 오디오, 비디오 등 다양한 형태를 가지고 있으며, 블로그, 유투브(YouTube) 등과 같은 동영상 소셜 미디어, Twitter와 같은 단문 블로그 및 메시지 보드, 팟캐스트(Podcast) 등 다양한 형태를 갖고 있기 때문이다. 그런데, 이와 같은 다양한 기술적 수단들이 스마트폰에 집적되어 사용자에게 서비스가 제공되고 있다. 따라서 스마트폰이 스마트 정부 구현을 위한 전방위적이고 다양한 공공 서비스가 집적되어 제공되는 핵심채널로 기능하고 있다.

스마트폰을 핵심 채널로 하여 다양한 서비스가 제공되는 변화는 이미 시민들의 생활 속에서 현실화 되고 있다. 예를 들면, 국민 중 약 79%가 스마트폰을 이용하고

있고, 10 - 40대의 스마트폰 보유비율은 90% 이상이다. 일상생활에서 스마트폰의
중요도(46.4%)는 전년(43.9%)보다 높아져 TV(44.1%)보다 더 필요한 매체로 부상했다.
세부적으로 10대(67.9%)와 20대(69.5%)는 스마트폰을, 50대(57%)와 60대 이상(86.6%)
은 TV를 가장 필수적인 매체로 선택했다(방송통신위원회, 2016).

공공 서비스 분야 역시 스마트폰 기반의 서비스가 확대되고 있다. 공공 서비스
전달에 있어 스마트폰 모바일 애플리케이션이 웹을 대체하고 있다. 모바일 앱은 모
바일 애플리케이션(application)의 줄임말로, 모바일 환경 아래에서 휴대용 단말기를
통해 구현되는 응용 소프트웨어이다(김성수 외, 2011). 위의 모바일 애플리케이션의 정
의와 유형 등을 고려할 때, 정부 모바일 앱은 모바일 전자정부 서비스의 일환으로
정부 및 공공기관이 내부업무 효율화와 대국민 서비스 제고를 목적으로 제작하여
모바일 애플리케이션 마켓을 통해 무선 단말기에 적합한 형태로 제공하는 네이티브
앱으로 정의할 수 있다(Eom & Kim, 2014).

정부 모바일 앱을 통한 정부 서비스 제공은 앞서 제시한 소셜 정부나 모바일
정부의 장점에 더해, 공공 서비스의 다양화를 추구하는 수단이 된다. 정부 관계자뿐
만 아니라 민간인 또한 정부 모바일 앱 개발자가 되어 일반 국민에게 편리함을 제
공하는 모바일 앱을 만들어낼 수 있다. 사용자 편의성을 고려하여 위치기반서비스
등 모바일 기술을 가미한 텍스트 서비스 혹은 민간서비스와 연계한 매쉬업 서비스
가 제공되는 모바일 앱의 개발이 가능하다.

각국 정부는 이와 같은 변화에 부응하여 다양한 정부 모바일 앱을 제공하고 있
다. 예를 들면, 한국의 중앙정부는 기존 유선 인터넷 기반의 전자정부와 함께, 스마
트폰에 기반한 전자정부 서비스의 확대를 진행해 왔다. 정부는 2010년 3월부터 「스
마트폰을 통한 모바일 행정서비스 시범사업」을 실시해 오고 있으며, 중앙행정기관
을 비롯한 지방자치단체, 그리고 공공기관들은 앱 공모전 등을 통해 앱을 제작, 배
포하고 있다(국회입법조사처, 2011).3) 미국 연방정부는 2013년 11월 현재, 422개의 스
마트폰 애플리케이션을 apps.usa.gov 사이트를 통해 제작, 배포하고 있으며, 배포

---

3) 이와 함께 정부 모바일 앱의 제작과 활용을 위한 기반 확대를 위한 제도적 노력 역시 진행되어 왔다. 2010년 6월
에는 「공공정보활용 지원센터」 개소 및 「공공정보 목록서비스」를 오픈하였고, 전자정부 서비스 호환성 준수 지침
을 고시하였다. 또한 2011년 9월에는 「모바일 앱 접근성 지침」(행정안전부고시 제2011-38호)을 발표하였다(국
회입법조사처, 2011).

된 스마트폰 앱을 통해 연방정부가 공개한 정부 정보의 검색과 활용이 가능하도록 양자간의 선순환 구조 구축에 노력하고 있다(Eom & Kim, 2014).

## Ⅲ. 한국의 스마트 정부: 스마트폰 기반 정부 모바일 앱을 중심으로[4]

### 1. 기관별 현황

이 절에서는 중앙행정기관과 지방자치단체가 제공하는 모바일 앱 현황을 분석한다.[5] 〈표 2〉에 제시되고 있는 바와 같이, 중앙행정기관의 경우, 부 단위 기관들은 평균 5.33개의 모바일 앱을 제작 및 배포하고 있는 반면, 처·청 단위 기관들과 기타 기관들이 제공하는 평균 모바일 앱 개수는 각각 3.28개와 2.2개이다. 상위 5개 모바일 앱 제공기관을 살펴보면, 행정안전부, 식품의약품안전청, 문화재청, 지식경제부, 그리고 경찰청이 각각 29개, 8개, 8개, 7개, 그리고 6개를 제공하는 것으로 파악되었다. 특히 행정안전부가 다른 기관에 비해 다수의 앱을 제공하고 있다는 점이 두드러진다.[6]

지방자치단체의 경우, 광역자치단체들은 기관당 평균 6.88개의 모바일 앱을 제공하고 있는 반면, 기초자치단체들은 단지 1.61개의 모바일 앱을 제공하고 있다. 지방자치단체의 5개 모바일 앱 제공기관을 살펴보면, 서울특별시, 경기도청, 부산광역시청, 경상북도청, 그리고 대전광역시청이 각각 25개, 14개, 13개, 9개, 그리고 8개를 제공하고 있는 것으로 파악되었다(〈표 2〉 참조).

---

4) 이 절의 내용은 Eom & Kim(2014)의 관련 부분을 재구성한 것이다.

5) 분석 대상 기관은 중앙행정기관의 경우 정부조직법에 따라 15개 부 단위 기관, 20개의 처·청 단위 기관, 그리고 대통령 및 국무총리 산하에 속하는 12개의 기타 기관(대통령실, 감사원, 국가정보원, 국가인권위원회, 방송통신위원회, 국가과학기술위원회, 원자력안전위원회, 국무총리실, 특임장관실, 공정거래위원회, 금융위원회, 국민권익위원회)이다. 지방자치단체는 17개의 광역자치단체와 224개의 기초자치단체이다.

6) 행정안전부가 제공하는 모바일 앱 중에서 모두 29개 이지만 이 중 19개는 지도 및 안내 기능을 담당하는 '생활공감지도' 앱을 여러 지역 버전으로 제작한 것이기 때문에 기술적으로 동일한 것이어서 실제로는 11개의 앱을 제공하고 있는 것이다.

〈표 2〉  기관별 현황

| 기관유형 | | 모바일 앱 개수 | 모바일 앱 제공 기관 수 | 평균 | 표준편차 | 최대값 | 최소값 |
|---|---|---|---|---|---|---|---|
| 중앙행정기관 | 부 | 80 | 15 | 5.33 | 6.84 | 29 | 1 |
| | 처·청 | 59 | 18 | 3.28 | 2.35 | 8 | 1 |
| | 기타 | 11 | 5 | 2.20 | 1.30 | 4 | 1 |
| | 합계 | 150 | 38 | 3.95 | 4.67 | 29 | 1 |
| 지방자치단체 | 광역자치단체 | 110 | 16 | 6.88 | 6.20 | 25 | 1 |
| | 기초자치단체 | 145 | 90 | 1.61 | 0.97 | 6 | 1 |
| | 합계 | 255 | 106 | 2.41 | 3.14 | 25 | 1 |

## 2. 다운로드 건수별 현황

구글 안드로이드 마켓에 나타난 모바일 앱의 다운로드 건수를 범주화하여 분석한 결과는 〈표 3〉와 같다. 지방자치단체에 의해 제공되는 전체 모바일 앱의 절반이 넘는 모바일 앱이 1,000회 미만의 다운로드 건수를 기록하고 있는 것으로 나타났다. 이는 지방자치단체가 앞으로 모바일 앱을 제작 및 배포하는 데 있어서 보다 많은 시민들의 관심을 유발하는 방안을 강구하거나 유용한 정보 혹은 서비스를 제공하기 위한 전략이 필요하다는 점을 시사한다.

〈표 3〉  다운로드 건수별 현황

| | 중앙행정기관 | | 지방자치단체 | |
|---|---|---|---|---|
| | 개수 | 비중(%) | 개수 | 비중(%) |
| 1,000회 미만 | 27 | 18.0 | 132 | 51.8 |
| 1,000회 이상 5,000회 미만 | 44 | 29.4 | 65 | 25.5 |
| 5,000회 이상 10,000회 미만 | 21 | 14.0 | 23 | 9.0 |
| 10,000회 이상 50,000회 미만 | 32 | 21.3 | 28 | 11.0 |
| 50,000회 이상 | 26 | 17.3 | 7 | 2.7 |
| 합계 | 150 | 100.0 | 255 | 100.0 |

## 3. 서비스 유형별 현황

구글 안드로이드 마켓에서 제시하는 26개의 앱 서비스 유형을 바탕으로 모바일 앱의 서비스 유형을 분석한 결과는 〈표 4〉와 같다. 먼저 라이프스타일과 여행 및 지역정보가 중앙행정기관과 지방자치단체가 제공하는 모바일 앱 유형 중에서 가장 많은 두 가지 유형이라는 점이 두드러진다. 라이프스타일은 물가정보, 일자리 정보 등과 관련된 유형인데, 주로 일상생활과 관련된 실용적인 정보에 관련된 유형이다.

〈표 4〉 서비스 유형별 현황

| | 중앙행정기관 | | 지방자치단체 | |
|---|---|---|---|---|
| | 개수 | 비중(%) | 개수 | 비중(%) |
| 라이프스타일 | 35 | 23.3 | 43 | 16.9 |
| 여행 및 지역정보 | 27 | 18.0 | 114 | 44.7 |
| 비즈니스 | 23 | 15.3 | 8 | 3.1 |
| 교육 | 11 | 7.3 | 6 | 2.3 |
| 건강 및 운동 | 10 | 6.7 | 2 | 0.8 |
| 도서 및 참고자료 | 9 | 6.0 | 6 | 2.3 |
| 뉴스 및 잡지 | 6 | 4.0 | 21 | 8.2 |
| 교통 | 5 | 3.3 | 14 | 5.5 |
| 도구 | 5 | 3.3 | 3 | 1.2 |
| 금융 | 4 | 2.8 | 1 | 0.4 |
| 커뮤니케이션 | 3 | 2.0 | 22 | 8.6 |
| 엔터테인먼트 | 3 | 2.0 | 1 | 0.4 |
| 만화 | 2 | 1.3 | 0 | 0.0 |
| 미디어 및 동영상 | 2 | 1.3 | 2 | 0.8 |
| 소셜 콘텐츠 | 2 | 1.3 | 4 | 1.6 |
| 날씨 | 1 | 0.7 | 2 | 0.8 |
| 라이브러리 및 데모 | 1 | 0.7 | 1 | 0.4 |
| 사진 | 1 | 0.7 | 0 | 0.0 |
| 데코레이션 | 0 | 0.0 | 1 | 0.4 |
| 생산성 | 0 | 0.0 | 3 | 1.2 |
| 스포츠 | 0 | 0.0 | 1 | 0.4 |
| 합계 | 150 | 100.0 | 255 | 100.0 |

## 4. 스마트폰 앱 발전 수준

### 1) 공공 스마트폰 앱 발전모형

전자정부 발전모형에 대한 논의를 종합하여, Eom과 Kim(2014)은 '공공 스마트폰 앱 발전모형'을 구성하였다. 공공 스마트폰 앱 발전모형을 구성하는 각 단계의 정의 및 측정지표는 〈표 5〉와 같다. 공공 스마트폰 앱 발전모형을 구성하는 차원은 시민 중심성과 기술적 복잡성이다. 첫째, 시민 중심성은 모바일 앱에 탑재되어 있는 기능이 정부 및 공공기관과 시민 간의 상호작용을 용이하게 하고 시민의 참여를 용이하게 할수록 스마트폰 앱의 발전수준이 높아짐을 의미한다.

둘째, 기술적 복잡성은 시민의 편의를 증진시키기 위해 스마트폰 앱에 탑재된 기술이 더 복잡할수록 스마트폰 앱의 발전수준이 높아짐을 의미한다. 스마트폰에 적용된 기술들의 복잡도가 증가할수록 더 고차원적인 서비스가 가능해 지기 때문이다. 특히, 최근에 소셜 미디어가 스마트폰 앱과 연동되는 추세에 주목할 필요가 있다. 사용자가 스마트폰 앱과 연동된 공공기관의 소셜 미디어에 접근하여 추가적인 정보를 제공받을 수도 있고, 소셜 미디어를 활용하여 정부기관에 질의를 하는 등 상호작용을 할 수도 있으며, 사용자 자신의 소셜 미디어 계정을 통해 트위터의 팔로워(followers)나 페이스북의 친구(friends)에게 정보를 공유할 수 있어 공공 스마트폰 앱의 효용성을 증가시킬 수 있기 때문이다.

〈표 5〉 공공 스마트폰 앱 발전모형

| 단 계 | 정 의 | 측정지표 |
| --- | --- | --- |
| 1단계<br>(단순제시) | 스마트폰 앱을 통해 공공 서비스를 제공하는 것 자체에 의의를 두는 단계 | 텍스트, 그림, 동영상 등 단순 정보 제공 |
| 2단계<br>(복합제시) | 단순 정보 제시 차원을 넘어 다양한 모바일 기술을 장착한 스마트폰 앱을 통해 정보제공에 있어 기술적 편리성을 추구하는 단계 | 정보 및 서비스의 분류 및 검색<br>개인 맞춤형 서비스<br>(예: 입력된 개인정보에 기반한 서비스 제공)<br>LBS, QR코드, 로고 인식 등 모바일 기술을 활용한 서비스 제공 |

| | | E-book, 웹 페이지, 다른 앱 등으로 연동되어 서비스 제공 |
|---|---|---|
| 3단계 (단순상호작용) | 스마트폰 앱을 통해 정부와 사용자간의 단순한 형태의 소통이 가능한 단계 | 사용자 의견과 반응을 제시할 수 있는 기능 제공 (예: 별점주기 등) |
| | | 묻고 답하기, 상담 등 정부의 업무 담당자와 상호소통이 가능한 기능 및 서비스 제공 |
| | | 신고, 건의사항 등 공급자와 업무상 소통이 가능한 기능 제공 |
| 4단계 (복합상호작용) | 다양한 모바일 기술을 장착한 스마트폰 앱을 통해 정부와 사용자간의 상호소통이 고도화되는 단계 | 푸쉬 알림 등이 가능한 모바일 기술을 적용하여 개인화 되고, 주도적인 의사소통 기능 제공 |
| | | 소셜 미디어와의 연동을 통해 공급자가 먼저 소통을 시도하거나 공급자로부터 더 많은 정보를 지속적으로 받을 수 있도록 하는 기능 제공 |
| 5단계 (업무처리) | 스마트폰 앱을 활용하여 금전적 거래 및 업무처리 프로세스 및 정보의 가공이 가능해지는 단계 | 상품 구매 대금, 세금 등을 신용카드 등의 결제수단을 통해 지불하는 거래(transaction) 기능 제공 |
| | | 택배, 입찰, 민원서류 발급, 예약 등 단순 상호소통을 넘은 공공업무 처리 기능 제공 |
| 6단계 (통합) | 스마트폰의 기능이 다양한 정보시스템과 포괄적으로 연동되면서 원스톱 서비스가 구현되는 단계 | 서로 다른 기관의 업무를 일괄적으로 처리할 수 있는 기능 제공 |
| | | 소셜 미디어 등을 통해 정부를 포함한 이해당사자 및 사용자간의 정보공유 및 소통, 커뮤니티 형성이 가능한 기능 제공 |

출처: Eom & Kim(2014).

## 2) 모바일 앱 발전 수준 측정 결과

위 모형에 따른 모바일 앱 발전 수준 측정 결과는 〈표 6〉과 같다. 모바일 앱 수준 측정 결과를 중앙행정기관과 지방자치단체가 제공하는 모바일 앱으로 구분하여 살펴보면, 각 단계에 따른 모바일 앱 분포 측면에서 중앙행정기관과 지방자치단체 모두 비슷한 특성을 보인다. 즉 중앙행정기관과 지방자치단체에서 제공되는 모든 모바일 앱 중에서 2단계에 속하는 모바일 앱이 절반 이상을 차지하고 있고, 5단계에 속하는 모바일 앱이 전체 모바일 앱에서 차지하는 비중은 작은 것으로 분석되었다.

〈표 6〉  모바일 앱 발전 수준 현황

| | 중앙행정기관 | | 지방자치단체 | | 합 계 | |
|---|---|---|---|---|---|---|
| | 개수 | 비중(%) | 개수 | 비중(%) | 개수 | 비중(%) |
| 1단계 | 5 | 3.3 | 10 | 3.9 | 15 | 3.7 |
| 2단계 | 94 | 62.7 | 151 | 59.2 | 245 | 60.5 |
| 3단계 | 24 | 16.0 | 51 | 20.0 | 75 | 18.5 |
| 4단계 | 23 | 15.3 | 41 | 16.1 | 64 | 15.8 |
| 5단계 | 4 | 2.7 | 2 | 0.8 | 6 | 1.5 |
| 6단계 | 0 | 0.0 | 0 | 0.0 | 0 | 0.0 |
| 합계 | 150 | 100.0 | 255 | 100.0 | 405 | 100.0 |

## 5. 소 결

　지금까지의 분석결과를 요약하면 다음과 같다. 첫째, 스마트 정부의 핵심 채널이라 할 수 있는 스마트폰 기반의 정부 모바일 앱이 다수의 중앙행정기관 및 지방자치단체에 의해 다수 제공되고 있음을 확인할 수 있었다. 2012년 9월 1일 현재, 38개 중앙행정기관과 106개 지방자치단체에 의해 총 405개의 모바일 앱이 제공되고 있는 것으로 분석되었다. 이들 모바일 앱이 제공하는 서비스 유형 역시 매우 다양한 것으로 부석되었다. 라이프스타일과 여행 및 지역정보가 중앙행정기관과 지방자치단체가 제공하는 모바일 앱 유형 중에서 가장 많은 서비스 유형이지만, 비즈니스, 운동, 교육 유형의 서비스를 제공하는 앱도 다수 발견할 수 있었다. 이와 같은 정부 모바일 앱의 확산이 스마트폰의 수입이 본격화 된 2010년부터 2012년까지의 3년 동안 이루어졌다는 점을 고려할 때, 기존의 유선 인터넷 기반 전자정부의 발전 속도를 고려할 때, 매우 빠른 것으로 평가될 수 있다.

　둘째, 모바일 앱 발전 수준의 측면에서 볼 때, 낮은 단계인 1, 2단계의 발전 수준의 모바일 앱이 다수인 것으로 분석되었다. 특히, 시민중심성 측면에서 볼 때, 시민들의 의견을 수렴하거나 참여를 유도하는 기능을 갖추고 있는 모바일 앱은 많지 않은 것으로 드러났다. 구체적으로, 모바일 앱 수준 측정 결과 2단계에 해당하는 모바일 앱이 전체 모바일 앱 중에서 절반 이상을 차지하였다. 이는 한국에서도 모바일 앱은 최근에 등장한 정보통신기술 현상이기 때문에 정부기관들이 시민중심적인 기능에 대한 고려 없이 많은 양의 모바일 앱을 제공하는 데 초점을 맞추고 있는 것으로 해석될 수 있다.

## IV. 결 론

### 1. 스마트 정부로의 변화의 동인

정부 모바일 앱의 제공 현황 및 성숙도 수준의 측면에서 볼 때, 스마트 정부로의 변화는 과거의 유선 인터넷 기반 전자정부의 발전 속도에 비해 매우 빠른 것으로 평가할 수 있다. 이와 같은 급속한 변화의 동인(動因)은 무엇인가? 우선, 유선 인터넷 기반의 전자정부 추진의 유산과 경험을 들 수 있다. 세계 각국은 인터넷의 등장 이후 꾸준하게 전자정부를 추진해 왔으며, 이 와중에서 다양한 서비스 제공을 위한 데이터의 축적과 서비스 제공 모델을 개발해 왔다. 유선 전자정부 시기에 축적된 데이터와 전자정부 추진 경험은 무선 모바일 기술과 컴퓨팅 능력의 향상과 접목되어 스마트 정부 서비스의 활성화로 이어진 것으로 보인다.

한국의 예를 들어 설명한다면, 2010년부터 2014년 현재에 이르기까지 UN 전자정부 평가에서 세계 1위를 차지한 우리나라는 기존 발달된 시스템 하에서 행정서비스를 전달할 때 어떤 방식이 효율적인지를 학습하였기 때문에 무선인터넷 시대의 모바일 정부 시대에도 빠른 정부 모바일 앱 서비스 구축 및 발달을 달성할 수 있었다고 해석될 수 있다.

둘째, 정부 모바일 앱의 경우 제작 및 배포에 있어서 유선인터넷의 웹사이트에 비해 간편하고 비교적 적은 비용이 소요되므로 빠르게 제공되고 수정 및 보완 역시 빠르게 이루어지는데, 이러한 특성이 단기간 동안 정부 모바일 앱 제공에 있어서 나타난 급격한 변화를 설명할 수 있다. 기존 유선인터넷 전자정부 서비스에 비해 모바일 앱은 구글 플레이나 애플 앱스토어 등의 앱 시장에 업로드되어 전파되기 때문에 확산의 속도가 빠를 뿐만 아니라, 정부기관이 더 많은 앱을 제작, 배포하기 수월하다. 특히, 최근에는 정부 또는 공공기관이 보유한 대규모 공공데이터를 제공함으로써 정부 모바일 앱 제작과 배포에 일반 시민들의 참여를 제고하려는 정책적 지향이 강하게 나타나고 있다. 정부가 직접 제작, 배포한 앱 이외에도 시민들이 자발적으로 제작, 배포해서 공적 기능을 수행하는 앱도 크게 증가할 것으로 예상된다.

셋째, 정부 모바일 앱이 다른 공적 서비스 또는 서비스 인프라와의 연동이 가능하기 때문이다. 예를 들면, 서울시의 '서울 택시 안심서비스' 앱의 경우, 택시의 NFC태그에 휴대폰을 접촉하면 앱에 등록된 지인들 총 10명에게까지 탑승하고 있는 택시의 현재위치, 택시번호, 운수회사 정보 등을 SMS로 전송한다. 이 앱은 NFC (Near Field Communication)라는 10cm 이내의 가까운 거리에서 다양한 무선 데이터를 주고받는 통신 기술을 기존의 택시와 연계하고, 이를 통신망과 연동했기 때문에 가능한 것이었다.

미국의 시카고도 스마트 도시의 예로 자주 제시되고 있다.[7] 도시 전체에 센서와 CCTV 등을 설치하여 공공데이터를 축적하고 그 분석결과와 서비스를 스마트폰 앱을 통해 제공하고 있다. 예를 들면, 스마트 폰 앱을 활용하여 시카고 시에서 운영하는 자전거 공유시스템에 접속하여 가까운 자전거 대여소의 위치와 보유현황을 파악하고 대여 및 결재까지 할 수 있다. 스마트폰 앱을 단말로 하고, 이와 연동된 시의 IT 및 도시시설 인프라를 결합, 연동한 것이다. 향후 스마트폰을 통한 모바일 금전 결제, 사물인터넷과의 연동 등 스마트폰과 관련된 다양한 기술적 진보와 서비스의 혁신이 정부 모바일 앱에 새로운 도전과 기회를 부여할 것으로 판단된다. 이와 같은 기술적 발전을 적극적으로 반영할 필요도 크다.

## 2. 스마트 정부 고도화를 위한 정책 제언

정보기술의 기대효과가 발현되기 위해서는 그에 적합한 제도적, 행태적 맥락이 요구된다. 스마트폰을 중심으로 하는 스마트 정부의 구현과 발전도 마찬가지이다. 스마트 정부 수준의 심화와 기대효과가 발현되는데 있어 작용하는 제약요인을 식별하고, 그에 대한 해결책을 모색하는 것이 요구된다. 예로서, 최근 스마트앱을 통한

---

7) 한국경제 "현장리포트-스마트 시티로 거듭나는 미 시카고" 2014. 10. 25.

콜택시 서비스인 우버(UBER) 서비스가 한국을 비롯한 전 세계에서 논란을 불러일으키고 있다. 가장 대표적인 논란은 법적 논란으로, 한국의 경우, 우버가 '여객자동차운수사업법'을 따르지 않고 있다는 주장이다. 이로 인해 우버는 한국에서 영업정지 처분을 받았다. 택시 면허가 없는 사람도 손쉽게 영업하고 요금도 자유로워 택시업계를 위협하고 있다는 것이다.[8] 이와 같은 이유로 우버는 전 세계에서 택시 사업자들과 법적 다툼을 벌이고 있다. 이처럼 스마트 정부는 기존의 법제도적 제약과 함께 기존의 이해관계에서 자유로울 수 없다. 그렇다면 스마트 정부에 대한 제약요인 극복과 해결, 그리고 지속적 발전을 위해서 무엇이 요구되는가? 어떤 정책적 지향을 요구되는가?

## 1) 제도적 혁신의 필요성

스마트 정부의 발전을 위해서는 관련 법제도의 합리적 정비가 필요하다. 법제도나 공식적 절차와 같은 제도적 요인들은 정책과정에서 행위자의 행위를 제약하거나 기회를 부여하고, 행위자들이 자신의 선호체계를 발견하는 기준을 설정함으로써, 정보시스템의 도입, 구성, 구축 그리고 활용의 결과를 설명하는 중요한 요인이 된다 (Foutain, 2001: 88-98). 특히 정부는 구체적인 공식적 절차와 법률에 의해 구성되고 운영된다. 정부조직으로의 정보기술의 도입과 관리 그리고 활용과정에서도 수많은 법률과 규정화된 절차가 고려되며, 이와 같은 법률과 규정화된 절차들이 정보기술 활용의 결과 및 산출에 주요한 원인변수로서 작용한다.

첫째, 정보기술의 활용과 그 성과에 영향을 미치는 법률과 규정화된 절차로서 포착되는 대표적인 것으로 예산 절차를 들 수 있다. 대부분의 정부에서 운영하고 있는 단년도 예산제도는 전자정부 추진과제의 운영과 관리, 그리고 그 구현결과에 큰 영향을 미치는 것으로 보고되고 있다(OECD, 2005; Fountain, 2001: 197). 아울러, 사생활 보호권이나 정보 보안관련 법령이나 규칙 등도 전자정부 구현에 영향을 미치는 제도의 대표적인 예라 하겠다(Moon, 2002).

둘째, 전문적인 관료들이 프로그램이나 정책에 영향을 미칠 수 있는 역량을 의미하는 재량권이나 기관 자율성도 중요한 제도적 변수로 제시되어 왔다. 즉 정부기

---

8) 허핑턴포스트 2014. 7. 6.

관과 정책 프로그램의 독립적이고 자율적인 성격은 전자정부 추진과정에서 다른 정부기관이나 프로그램의 특성 및 존재를 인정하지 않는 경향이 있으며, 이러한 경향은 전자정부 추진에 있어 기관 중심의 '난로 연통식(stove-piped)' 정보화 추진으로 귀결된다는 점이다. 즉 기관 자율성이 다부처를 연계하고 정보를 공유하기 위한 전자정부 추진을 저해함으로써 정보시스템의 구축과 활용 그리고 관리를 제약한다는 것이다(Dawes and Pardo, 2002; Fountain, 2001: 98-103).

셋째, 개인정보보호 및 프라이버시에 대한 제도적 혁신이 필요하다. 예를 들어, 업무처리를 특징으로 하는 5단계 정부 모바일 앱에서 개인정보 보호의 취약성과 함께, 바이러스 및 해킹의 우려가 있다. 특히 최근에 개인정보 유출에 대한 사회적 우려가 심각하게 제기된 바 있기 때문에, 개인정보에 대한 보안은 정부 모바일 앱의 급속한 발달과 함께 충분히 논의하고 대책을 수립해야 할 문제이다. 이와 같은 관점에서 볼 때, 스마트 정부의 발전을 위해서는 기존의 전자정부 나아가, 행정제도를 규정하는 법적, 제도적 장치들을 스마트 정부의 시대에 부합하도록 개편하는 것이 요청된다. 예를 들면, 호주 정부는 공공정보의 이용·재활용 정책과 실현의 선도적 위치를 선점하기 위해 노력하고 이를 촉진하기 위해 '정보자유(FOI, Freedom Of Information)법'정비하며 연방·주정부가 'Information Commissioner Offices'를 설립하는 등의 제도적 정비를 추진한 바 있다.

## 2) 관리적 혁신의 필요성

둘째, 스마트 정부의 발전을 위해서는 다양한 정보자원 및 행정자원의 관리 혁신과 투자가 필요하다. 정보기술의 효과가 발현되기 위한 조건으로서의 관리적 혁신의 필요성은 일찍이 제기되어 왔다. '관리적 행위주의(managerial actionalism)'로 불리는 이와 같은 연구관점은 환경의 중요성을 완전히 무시하지는 않지만, 관리자의 행위를 정보시스템의 변화와 성과에 가장 중요한 원인으로 제시하고 있다(Kraemer et al., 1989: 14). 물론 관리자들이 조직 내 유일한 행위자도 아니며, 계층과 직무별로 다양한 관리자들이 존재하지만, 일반적으로 조직의 관리자가 정보시스템의 활용과 그를 통한 성과 및 조직의 변화에 가장 주요한 작용을 한다는 것이다. 이외에도 전자정부 추진과 그 성과에 있어서 관리자의 태도나 IT 리더십과 같은 행태가 유의미한

원인들 중 하나임을 밝히는 연구들이 제시되고 있다(Heintze & Bretschneider, 2000). 같은 맥락에서 정보시스템 구축 프로젝트의 관리도 중요한 요인으로 제시되어 왔다. 선행연구를 통해 전자정부 및 정보시스템 구현 결과와 성과에 영향을 미친 변수로는 프로젝트의 규모와 수행기간, 전략적 목표의 이해도, 업무 절차의 변화 정도, 프로젝트 관리기법, 정보시스템 구현을 위한 지침의 유무 등이 제시되고 있다(Dawes & Pardo, 2002; Brown & Brundney, 1998; Dawes & Nelson, 1995).

스마트 정부가 가능하기 위해서는 우선 과거로부터 축적된 정보자산에 대한 체계적 관리와 투자가 요구되며, 그 기반 위에서 좀 더 효율적이고 효과적인 서비스가 제공될 수 있다는 점이 고려되어야 한다. 아울러, 정보 현행화에 대한 관리적 방안이 마련되어야 한다. 정보의 신뢰성과 적시성을 확보하기 위해 시스템 연계의 안정성, 부처 간 정보 교류 등의 제도적 체계가 필요하다. 구체적으로 정보의 추가적 보완, 사용자 증가를 고려하여 시스템 확장성, 용량증설에 대한 대책을 마련하고 구축 후에도 원활히 운영할 수 있도록 조직제도도 마련되어야 할 것이다. 결론적으로, 정보자원의 관리, 서로 다른 이해관계의 조정, 역량있는 관리자의 활동 등이 향후 스마트 정부의 발전에 중요한 조건이 될 것이다.

### 3) 다양한 기관 및 이해당사자간 협력의 촉진

그동안 분업의 원리에 바탕을 둔 정부조직 할거주의와 조직 이기주의는 관련 공공 서비스의 원스톱(one-stop) 제공의 가장 큰 걸림돌로 지적되어 왔다. 스마트 정부의 수준에 대한 결정요인에 대한 분석결과에서도 알 수 있듯이, 더 좋은 스마트 정부를 구현하기 위해서는 관련 부서들, 나아가 정부와 민간부문의 이해당사자들간의 협력이 필수적이다.

미 연방정부의 "Whale Alert" 앱이 좋은 예이다.[9] 이 앱엔 다양한 정부조직과 관련 이해당사자들이 참여하고 있다. 예를 들면, 미국 서부 해안의 고래 보호와 관련된 "Whale Alert-West Coast"는 연방기관인 미국 연방 해양 및 기후청(National Oceanic and Atmospheric Administration: NOAA) 해안보호구역국(연방정부), 해양환경 관련 정보기술 및 분석 업체인 Consereve.IO, 조류 및 각종 야생동물 보호 및 연구를 위

---

9) 자세한 사항은 http://www.whalealert.org 참조.

한 과학자 단체인 Point Blue, 동물 보호 국제 기금인 International Fund for Animal Welfare(IFAW) 등이 참여하고 있다. 이들 기관들은 협력적 파트너십을 맺고 다양한 전문성과 기술, 자원을 제공하고 교육 및 각종 관련 서비스를 제공하고 있다.

이론적으로 다양한 기관 및 이해당사자간의 협력이 촉진되기 위해서는 제도, 사람, 그리고 업무처리과정의 변화가 수반되어야 한다(Fountain, 2013). 첫째, 제도적으로 부처간 협업이 일어나기 위해서는 책임성과 예산, 그리고 법률의 시스템이 공유된 관할권, 자원 및 활동이 상호 연계될 수 있도록 조정되어야 한다. 공공부문에서는 특히 예산과 관련된 제도들이 중요하다. 전통적으로 예산과정은 각 부처에게 필요한 예산을 배분하는 방식으로 집행되었고, 부처 간 협업이 시작된 이후에는 공유 예산을 개발하기 전에 의회의 승인이 필요하기 때문에 부처간 협업을 제약하는 가장 큰 제도적 요인으로 제시되어 왔다. 이처럼 공공관리 혁신은 제도와 자주 충돌한다.

둘째, 사람을 통한 협력이다. 아무리 철저한 시스템이라도 관리자가 다른 사람의 권한 및 전문성에 대해 알 수 없고 신뢰할 수 없는 경우 제대로 작동하지 않는다. 특히, 협업은 관리자의 대인 관계 기술에 큰 영향을 받는다. 성공적인 부처 간 협업은 언제나 다양한 이해관계와 관점을 가진 개인과 부처 사이에서 중개를 촉진하는 정책 선도자(policy entrepreneur)를 필요로 한다. 아울러, 개인간 신뢰와 팀의 능력, 유연성 등도 중요한 요인들이다. 신뢰는 성공적인 협업을 위한 주요 요소이며, 팀의 능력, 유연성, 적응성과 밀접한 연관을 가지고 있다. 대인 관계에서 발생하는 신뢰는 기관 간 신뢰에도 영향을 미치며 네트워크 내 조직들 간의 협상의 종류와 질에도 영향을 미친다.

마지막으로는 업무 과정을 통한 협력이다. 명확하고 중요한 목표의 설정, 기능적 전문성에 바탕을 둔 분업과 책임성 확보, 공식적인 합의 구조와 이를 뒷받침하는 시스템, 부처간 협력을 위한 공감대 형성 및 커뮤니케이션의 표준화 등이 고려된 과정의 재설계가 필요하다.

### 4) '지식 중개자'로서의 공무원

앞서 언급한 바와 같이, 스마트 정부는 기존의 법제도적 개편, 기존 정보자원 및 행정자원의 재배치와 새로운 투자가 요청된다. 이와 같은 개혁과 새로운 투자는 기득권의 반발과 이해관계의 충돌을 가져온다. 이와 같은 충돌과 이해관계의 조정을 효과적으로 수행할 수 있는 리더십이 필요하다. 이와 같은 리더십은 스마트 정부로의 전환을 이해하고, 이에 대한 설득과 이해관계를 조정할 수 있는 조정역량을 갖추어야 할 것이다.

이러한 맥락에서 '지식중개자(knowledge broker)'로서의 창조적 역량을 갖춘 공공부문 리더십과 공무원들이 필요하다. 지식 중개자는 다양한 지적, 실무적 집단들에 참여하면서, 한 집단의 지식이나 실무를 다른 집단에 전파하고, 조정, 연계하며 이를 통해 학습과 혁신을 위한 새로운 기회를 창출하는 개인이나 조직으로 정의된다(Wenger, 1998; Brown & Duguid, 1998). 지식중개자는 서로 분리되어 존재하는 두 부문을 중개하면서, 하나의 맥락에서 생산된 지식이나 정보, 또는 다른 유형의 자원을 학습하고 습득하여 그것이 알려지지 않은 다른 부문에 소개하는 역할을 수행한다(Mayor, 2010; Pawlowski & Robey, 2004). 어떠한 경우에는 과거에 생산된 경험과 지식, 또는 자원을 현재 당면한 문제 해결이나 미래를 위한 혁신에 연결하기도 한다(Hargadon, 2002).

스마트 정부 시대의 공무원들은 민간부문의 스마트 정보기술의 변화를 적극적으로 받아들이면서도, 공공부문의 특성에 부합하는 서비스를 개발할 수 있는 지식중개자로서의 역할을 수행해야 할 것이다. 스마트 정부의 구축이라는 혁신을 이루기 위해서는 정부의 주요 리더십과 공무원들이 지식중개자가 되어 공공부문과 민간부문을 연결하고 중개하며, 민간부문에서의 관련 지식을 학습, 흡수하여 공공부문으로 전파하며, 다시 공공부문의 특성을 고려하여 민간부문의 지식을 재구성하는 역할을 담당해야 할 것이다.

## 참고문헌

국회입법조사처. (2011). 정부 모바일 앱 현황과 발전방안. 현안보고서, 141. 서울: 국회입법조사처.

김성수 외. (2011). 모바일 애플리케이션 이용의도에 관한 실증적 연구. 한국정보기술학회논문지, 9(8): 213-228.

김형찬·홍승표·주신홍. (2011). 모바일 애플리케이션 유형에 따른 성능 분석. 한국컴퓨터종합학술대회 논문집, 38(1): 9-12.

나종회·최영진·정승호·오강탁·강동석·나종희. (2008). 웹2.0 기반의 전자정부서비스 제공전략에 관한 연구. 한국IT서비스학회지, 7(1).

류한석 (2009). 트위터 열풍과 소셜미디어의 진화. DigiEco Focus. KT경제경영연구소.

방석현. (1989). 행정정보체계론. 서울: 법문사.

방송통신위원회. (2016). 2015년 방송매체이용행태조사. 방송통신위원회.

배재권. (2010). 모바일 어플리케이션 마켓의 수용의도 영향요인에 관한 연구. 대한경영학회지, 23(5): 2399-2422.

송희준·조희정. (2013). 「소셜미디어와 정부PR」. 서울: 대영문화사.

엄석진·황한찬·윤영근. (2014). 광역자치단체장의 트위터 활용: 누가 어떻게 트위터를 행정에 활용하는가?. 「한국행정학보」, 48(3).

정수희 외. (2013). 지방자치단체의 모바일 앱 서비스 이용 활성화 방안에 관한 연구: 부산광역시를 중심으로. 한국산업정보학회, 18(2). 71-83.

커넥팅랩. (2014). 모바일트렌드 2015. 미래의 창.

한국정보화진흥원 (2011). 「스마트 사회 실현을 위한 IT 이슈와 전략」. 한국정보화진흥원.

Bencler, Yochi. 이현주 옮김. (2011). 「펭귄과 리바이어던: 협력은 어떻게 이기심을 이기는가?」. 반비.

Brown, M. M., and Brudney, J. L. (1998). A smarter, cheaper, and faster government?.

Contracting for geographic information systems. *Public Administration Review*, 58.

Brown, J. S., and Duguid, P. (1998). Organizing Knowledge. *California Management Review*, 40(3).

CIO Council. (2009). *Engaging through social media: A guide for civil servants.*

Criado, J. Ignacio, Rodrigo Sandoval-Almazan, J. Ramon Gil-Garcia. (2013). Government innovation through social media. *Government Information Quarterly*, 30(4).

Dawes, S. S., and Pardo, T. A. (2002). Building Collaborative Digital Government Systems. Systematic Constraints and Effective Practices. In W. J. McIver and A. K. Elmagarmid (Eds.). *Advances in Digital Government. Technology, Human Factors*, and *Policy*. Norwell, MA: Kluwer Academic Publishers.

Dawes, S. S., and Nelson, M. R. (1995). Pool the risks, share the benefits: Partnership in IT innovation. In J. Keyes (Ed.). *Technology trendlines. Technology success stories from today's visionaries*. New York: Van Nostrand Reinhold.

Dunlevy, P. et al (2006). New Public Management Is Dead-Long Live Digital-Era Governance. Journal of *Public Administration Research and Theory*, 16(3).

Eom, S. & Kim, J. (2014). The adoption of public smartphone applications in Korea: Empirical analysis on maturity level and influential actors. *Government Information Quarterly*, 31(S1): S26-S36.

Fountain, Jane. (2013). *Implementing Cross-Agency Collaboration: A Guide for Federal Managers*. IBM Center for The Business of Government.

_____(2012). Promise and Pitfalls of Social Media Use in Government. *Public Administration Review*, 73(2).

_____(2001). Building the Virtual State: Information Technology and Institutional Change. Washington D.C.: Brookings Institution Press.

Gil-Garcia, J. Ramon. (2012). Towards a smart State? Inter-agency collaboration, information integration, and beyond. *Information, Polity* 17.

_____. (2012a). *Enacting electronic government success: An integrative study of gov-ernment-wide websites, organizational capabilities, and institutions*. New York: Springer.

Gil-Garcia, J., Helbig, N., & Ojo, A. (2014). Being smart: Emerging technologies and innovation in the public sector. *Government Information Quarterly*, 31(S1): I1-I8.

Giusti, L., Schladow, A., Boghani, A., Pomeroy, S., Wallen, N., & Casalegno, F. (2013). Designing a platform for participatory urbanism: Transforming dialogue into action in underserved communities. Human computer interaction−INTERACT 2013 (pp. 796-803). Berlin Heidelberg: Springer. http://dx.doi.org/10.1007/978-3-642−40483-2_57.

Government Accountability Office (2011). SOCIAL MEDIA: Federal Agencies Need Policies and Procedures for Managing and Protecting Information They Access and Disseminate. GAO.

Heintze, T., and Bretschneider, S. (2000). Information technology and restructuring in public organizations: Does adoption of information technology affect organ−izational structures, communications, and decision making?. *Journal of Public Administration Research and Theory*, 10(4).

Holzer, A. & Ondrus, J. (2011). Mobile application market: A developer's perspective. *Telematics and Informatics*, 28(2011): 22-31.

Hung, S., Chang, C., & Kuo, S. (2013). User acceptance of mobile e-government services: An empirical study. *Government Information Quarterly*, 30(1): 33-44.

Kraemer, Kenneth L., John Leslie King, Debra E. Dunkle, and Joseph P. Lane. (1989). *Managing Information Systems: Change and Control in Organizational Computing*. San Francisco: Jossey-Bass Publishers.

Kumar, M. & Sinha, O. (2007). M-government: Mobile technology for e-government, in the proceedings of the Fifth International Conference on E-Governance. Hyderabad, India.

Kushchu, I. (2007). *Mobile Government: An emerging Direction in e-government*. Hershey, PA: IGI Publishing.

Kushchu, I. & Kuscue, H. (2003). From e-government to m-government: Facing the inevitable, in the proceedings of the European Conference on e-Government. Dublin: Trinity College.

Mayer-Schönberger, V., & Cukier, K. (2013). *Big data: A revolution that will transform how we live, work, and think*. Houghton Mifflin Harcourt.

Mayor, Morgan. (2010). The Rise of the Knowledge Broker. Science Communication,

32(1).

McKinsey Global Institute, (2013). *Clouds, big data, and smart assets*: Ten *tech-enabled business trends to watch*. McKinsey Global Institute.

Mergel. I. (2013). *Social Media in the Public Sector*. *A Guide to Participation, Collaboration, and Transparency in the Networked World*. Wiley.

Mickoleit, A. (2014), "Social Media Use by Governments: A Policy Primer to Discuss Trends, Identify Policy Opportunities and Guide Decision Makers". OECD Working Papers on Public Governance, No. 26. OECD Publishing. http://dx.doi.org/10.1787/5jxrcmghmk0s-en

Moon, M. Jae. (2002). "The Evolution of E-Government among Municipalities: Reality or Rhetoric?". *Public Administration Review*, 62(4).

Mossberger, K., Wu, Y. H., and Crawford, J. (2013). Connecting citizens and local governments? Social media and interactivity in mayor U.S. cities. *Government Information Quarterly*, 30(4): 351-358.

Noveck, B. S. (2009). *Wiki government: how technology can make government better, democracy stronger, and citizens more powerful*. Brookings Institution Press.

OECD. (2005). "E-Government for Better Government." Paris: Public Management Service. OECD.

OECD/International Telecommunication Union. (2012). *M-Government: Mobile Technologies for Responsive Governments and Connected Societies*. OECD Publishing.

Pawlowski, Suzanne D. and Daniel Robey. (2004). Bridging User Organizations: Knowledge Brokering and the Work of Information Technology Professionals. *MIS Quarterly*, 28(4).

Petrov. O. (2013). Open Data as a Key Enabler of Smart Government. A paper presented at Global e-Government Forum 2013. Seoul, Korea.

Sandoval-Almazan, R, Gil-Garcia, J, R, Luna-Reyes, L. (2011). The use of Web 2.0 on Mexican State Websites: A Three-Year Assessment. *Electronic Journal of e-Government*, 9(2).

Schmidt, E. and J. Cohen. 이진원 역 (2013). 「새로운 디지털 시대」. 시공사.

Shirkey, Clay. 송연석 옮김. (2008). 「끌리고 쏠리고 들끓다」. 갤리온.

Snead, J. T. (2013). Social media use in the U.S. Executive branch. *Government Information Quarterly*, 30(1): 56-63.

Sobaci, M. Z. and Karkin, N. (2013). The use of twitter by mayors in Turkey: Tweets for better public services?. *Government Information Quarterly*, 30(4): 417-425.

Tabscott. D. (2009). 「디지털 네이티브」. 비즈니스북스.

Uhm, O. (2010). Introduction of m.government & IT convergence technology. KAIST Institute for IT Convergence.

Wenger, E. (1998). *Communities of Practice: Learning, Meaning and Identity*, Cambridge University Press. Cambridge, UK.

World Economic Forum. (2012). The Future of Government: Lesson Learned from around the World. Geneva, Switzerland.

## 편저자 약력

### 김 동 욱

학 력

1987-1993 미국 Ohio State University 정책학 박사
1982-1984 서울대 행정대학원 행정학 석사
1978-1982 서울대 경제학과 경제학사

주요경력

1994-현재 서울대학교 행정대학원 교수
2011-2013 정보통신정책연구원 원장

### 최 태 현

학 력

PhD in Policy, Planning, and Development (Public Management), University of Southern California Master of Public Administration, University of Southern California Master of Public Administration, Graduate School of Public Administration, Seoul National University Bachelor of Law, College of Law, Seoul National University

주요경력

2015. 9-present Associate Professor, Graduate School of Public Administration, Seoul National University
2013. 9-2015. 8 Assistant Professor, Graduate School of Public Administration, Seoul National University
2011.10-2013.07 Affiliated faculty, Public Policy Center, University of Hawaii at Manoa
2011. 8-2013.07 Assistant Professor, Department of Public Administration, University of Hawaii at Manoa

### 김 순 은

학 력

서울대학교 법과대학 졸업(법학사)
서울대학교 행정대학원 졸업(행정학석사)
Kent State University(행정학박사)

주요경력

1989. 1.-1991.12. Kent State University 강사(Teaching Fellow)
1995. 7.-2003. 1. University of Cambridge 객원교수
1998. 7.-1998. 8. 런던정경대학(London School of Economics and Political Science) 객원교수
2000. 1.-2001. 1. 와세다(早稻田)대학 객원교수
2010. 9.-2011. 8. 게이오대학(慶應義塾)특임교수(특별연구교수)
2012. 7.-2012. 7. 리츠메이칸(立命館)특임교수
1992. 2.-2012. 8. 동의대학교 전임강사-교수(기획처장, 연구교류처장, 대외협력처장)

## 이 수 영

### 학 력

1998. 서울대학교 인류학과(문학사)
2002. 서울대학교 행정대학원(행정학 석사)
2003. University of Southern California(행정학 석사)
2009. University of Georgia(행정학 박사)

### 주요경력

2015. 기획재정부 공공기관 경영평가위원
2013. 보건복지부 산하공공기관 평가위원
2013. 9~ 서울대학교 행정대학원 부교수
2011. 3~2013. 8 서울대학교 행정대학원 전임강사, 조교수
2009. 9~2011. 2 한국외대 행정학과 전임강사

## 김 봉 환

### 학 력

2010: Washington University in St. Louis, 경영학과 경영학 박사
2000: University of Michigan, 경영학과 MBA
1992: 서울대학교 경제학과 경제학사

### 주요경력

서울대학교 행정대학원 부교수(2014. 9-현재)
서울대학교 행정대학원 조교수(2012. 8-2014. 8)
American University 경영학과 조교수(2010. 6-2012. 7)
서울시 금융도시담당관(2006)
한국 다우케미칼, 자금 부장(2002-2005)
농림수산부, 행정사무관(1993-1998)

## 엄 석 진

### 학 력

2008. 서울대학교 대학원 행정학과 행정학 박사
2001. 서울대학교 행정대학원 행정학 석사
1996. 서울대학교 농경제학과 경제학사

### 주요경력

서울대학교 행정대학원 부교수(2013. 3-현재)
서울대학교 행정대학원 조교수(2010. 9-2013.2)
순천향대학교 행정학과 전임강사(2009. 3-2010. 8)
한국행정연구원 초청연구원(2008. 8-2008. 12)
미국 National Center for Digital Government, The University of Massachusetts Amherst, Doctoral
    Research Fellow(2006. 9-2007. 8)
LG CNS Entrue Consulting Partners, Consultant(2001. 11-2004. 3)
대한민국 공군. 군수 및 계획 장교(1997. 3-2000. 6)

정부역할의 재정립 : 행정편

초판인쇄    2016년 6월 15일
초판발행    2016년 6월 25일

편  저      정책지식허브연구센터 행정편
펴낸이      안종만

편  집      한두희
기획/마케팅  강상희
표지디자인   조아라
제  작      우인도 · 고철민

펴낸곳      (주) 박영사
           서울특별시 종로구 새문안로3길 36, 1601
           등록  1959. 3. 11. 제300-1959-1호(倫)

전  화      02)733-6771
f a x      02)736-4818
e-mail     pys@pybook.co.kr
homepage   www.pybook.co.kr
ISBN       979-11-303-0310-9   94350
           979-11-303-0308-6   (세트)

정 가      20,000원